어린이가 주인공이 되는
사회 수업
이야기

어린이가 주인공이 되는
사회 수업
이야기

**쉽게 가르치고 재미있게 배우는
사회 수업을 생각하다**

박현진 지음

지식프레임

추천의 글 1 ⎯ ⎯ ⎯ ⎯ ⎯

어린이가 즐거워하는
사회 수업을 위하여

- 남상준(한국교원대학교 초등교육과 명예교수)

교수주의에 기울어져 있던 교육의 흐름이 최근 학습주의와의 균형을 추구하는 쪽으로 방향이 바뀌고 있습니다. 가르치면 배울 것이라고 보는 교수주의는 교사와 성인이 주도하여 그들이 중요하다고 판단한 내용을 가르칩니다. 이에 비하여 학습주의는 학습자에게 의미 있는 내용을 그들이 흥미 있어 하는 방식으로 다루도록 장려합니다.

교수주의와 학습주의의 균형을 추구하는 최근의 교육사조는 그동안 어린이를 미성숙한 존재로서 성인을 향하여 발달해 가는 과정에 있는, 무엇인가 결핍된 존재라는 관점이 온당하지 않다고 말하고 있습니다. 어린이의 삶은 그 자체로서 내재적인 가치를 지니는 것입니다.

그렇다고 하여 교육을 배우는 자인 어린이들이 전적으로 주도

할 수는 없습니다. 교사가 정해 놓은 주어진 답을 향한 길을 답습하는 것이 아니라, 스스로 발견한 문제의 답을 찾아갈 수 있도록 느슨하게, 채워 넣어야 할 빈 곳이 많게 구성된 학습의 놀이터에서 어린이들이 주도적으로 놀 수 있도록 하는 것이 중요합니다.

이 책의 저자 박현진 선생은 한국교원대학교 대학원 초등 사회과교육 전공 석사과정에 2년 동안 파견되어 연구한 바 있습니다. 이 기간 동안에 박현진 선생이 특히 어린이가 주인공이 되는 사회과 교육에 대하여 지속적으로 연구하고 체계화하고자 노력했던 점을 기억합니다. 박현진 선생은 이 책의 주제와 관련되는 여러 강의들에서 매우 활발하게 자신의 견해를 발표하고 토론에 임했으며 이때 '어린이 중심'이라는 일관된 자세를 견지했습니다.

박현진 선생은 나아가 교사 연구자로서 초등학교 사회과 교육에 관심을 지닌 초등교사들에게 필요한 것이 무엇인가를 이미 체감하고 있었습니다. 그가 여러 해 동안 이 책의 원자료가 될 만한 글들을 다양한 매체에 투고해 오고 있었다는 것이 이 사실을 말해 줍니다. 나아가 그러한 조각 글들이 문자 그대로 조각들이 아니라 어린이 중심이라는 큰 그림의 일부분이었다는 점에서 더욱 그러합니다.

이 책은 사회과 교육에 관심을 가진 초등 교사들에게 어린이 중심 사회과에 대한 이론에서 그치지 않고 실천적 경험을 공유하고 있다는 점에서 큰 의의를 지닙니다. 특히 저자 자신이 실천한 사례들을 바탕으로 어린이 중심 사회과 수업의 실제적 모습을 상세하게, 학년과 학교의 상황에 따라서 변형하여 적용할 수 있도록 융통성 있는 방식으로 제시해 주고 있어서 현장 활용성이 매우 높다고 볼 수 있습니다. 많은 초등학교 선생님들이 이 책의 아이디어를 바탕으로 어린이가 즐거워하는 활기 있는 사회과 교실을 실현하게 되기를 기대합니다.

오늘도 좋은 사회 수업을 위해
고민하는 선생님께

– 기성준(쌍봉초등학교 교사)

학생이었던 시절, 사회 수업에 대해 제가 갖고 있는 기억은 사회과 부도 교과서를 펼치는 장면에서 시작됩니다. 사회과 부도는 우리나라와 세계 여러 나라에 대한 지도와 지리 정보에 대한 내용 등으로 구성되어 있는데, 이 책을 보는 것만으로도 여행을 다녀온 기분이 들었지요. 그리고 세계 지도와 여러 나라의 국기를 보며 '언젠가는 비행기를 타고 이 도시를 꼭 한번 가봐야겠다.'라고 다짐하면서 저만의 즐거운 상상의 나래를 펼쳤던 시간이 바로 사회 수업이었어요.

물론 사회 수업 시간에 공부했던 내용이 모두 지도와 국기에 대한 내용만은 아니어서 선생님께서 말씀하시는 이야기에 집중하지 못해 가끔씩 난처했던 순간과 마주했던 적도 있었지요. 그리고 교실에서 지도와 함께 시간을 보내고 집으로 돌아오면 친구들과 모여서 세계를 여행하는 보드게임을 자주 했었어요. 게임을 통해 알게 되었던 도시와 나라가 어디에 있는지 지도에서 확인하며 다음 여행을 기다리던 모습이 제가 기억하는 사회 수업의 한 장면입니다.

어느덧 시간이 흘러 학교라는 공간에서 교사가 되어 마주한 사회 수업은 개인적으로 기대했던 모습과 전혀 다른 모습이었어요. 교사, 성인의 관점에서 당연하게 이해되는 교과서의 개념이 막상 수업과 학습 지도라는 관점에서 보니 많이 달랐습니다. 특히 아이들이 이해하는 데 낯설어하거나 어려워하는 모습을 보니 당황할 수밖에 없었습니다. 아이들이 만나는 사회 교과서 속의 개념, 여러 가지 도표와 사진 자료 등이 아이들의 눈에는 그저 어른이 사용하는 언어 혹은 기호로 느껴질 수도 있겠다는 생각이 들었어요.

물론 과거에 비해 인터넷이나 유튜브 등에서 다양한 교수 학습 자료를 제작하거나 이용할 수 있고, 선생님들의 많은 도전과 노력을 통해 사회 수업의 내용이 양적인 면에서나 질적인 면에서 많은 향상을 이루었습니다. 교육 현장에서 직접 만나는 선생님들뿐만 아니라 여러 매체를 통해 접하게 되는 선생님들의 모습을 통해 긍정적인 자극을 받으면서 많이 배우게 되고, 이를 통해 보다 나은 수업을 위해 열심히 해야겠다는 다짐도 하게 되었어요.

박현진 선생님은 사회 수업을 주제로 실천했던 내용을 많은 사람과 함께 나누기 위해《어린이가 주인공이 되는 사회 수업 이야기》라는 책을 준비했어요. 여기에는 학교에서 아이들과 함께 좋은 사회 수업을 하기 위한 선생님의 고민과 노력의 과정이, 그리고 교사로서 성장하는 모습이 담겨 있답니다. 책의 주제는 사회 수업이지만 평소에도 박현진 선생님은 아이들과 함께하는 다양한 활동에 관심이 많고 기존에 있는 수업 방법이라도 그 수업에 참여하는 아이들의 관심과 특성에 맞게 '아이들이 주인공이 되는 수업'을 위해 많은 노력을 해왔어요. 아이들이 가지고 있는 사소한 고민이나 이야기에 귀 기울여 들어주며, 수업 시간에 주고받는 대화의 내용이나 교과 내용을 아이들의 눈높이에 맞추어 주는 모습에서 저도 교사로서 어떻게 노력을 해야 하는지 되돌아보게 해주었지요.

아이들이 주인공이 되는 사회 수업을 위해 선생님은 전국의 선생님들과 교류하며 선행 연구로 진행되었던 좋은 수업 사례에 대한 내용도 이해하기 쉽게 정리하여 알려주기 때문에 이 책을 통해 수업을 바라보는 새로운 눈을 기를 수 있게 될 것입니다. 특히 이 책의 내용을 유의미하게 읽기 위해서는 사회과 교육과정을 구성하고 있는 다양한 이론과 개념들이 필요해요. 하지만 이론과 개념들을 내용 그대로 받아들이기에는 재미도 없고 이해하기 어려운 부분이 있기 마련이죠. 그래서 박현진 선생님은 직접 아이들과 대화한 내용이나 경험했던 사례들을 활용하여 사회과 교육과정을 이해하는 데 필요한 이론과 개념들을 쉬운 언어로 알려줍니다.

책의 마지막 구성은 선생님이 실제로 아이들과 함께했던 수업 사례 중에서 크게 10가지 주제로 정리하여 이 글을 읽는 독자들을 선생님과 아이들이 함께하는 교실로 안내해요. 각 주제는 사회 수업에 대해 많은 고민을 하고 계시는 선생님들이 학급의 상황에 따라 재구성하여 실천할 수 있는 내용으로 구성되어 있어요. 주제별로 살펴보면 수업 내용과 관련된 핵심 개념, 성취기준 등과 같은 이론에 대한 부분과 박현진 선생님이 수업을 진행하면서 아이들과 나누는 대화 내용이나 에피소드 등의 사례들이 잘 정리되어 있습니다.

이 책의 내용은 사회 수업을 경험했던 선생님들이 공감할 수 있는 고민을 함께 이야기하면서 시작해요. 박현진 선생님이 준비한 한 장 한 장 속에 담겨 있는 내용을 읽어내려가면서 경력이 많은 선생님이라면 그동안 사회 수업을 하면서 겪었던 시행착오와 반성의 순간을 떠올릴 수도 있고, 이제 사회 수업을 시작한 신규 선생님이라면 앞으로의 수업에 대해 미리 고민할 수 있는 부분에 대해 좋은 안내를 받을 수 있을 것입니다.

오늘도 많은 선생님들이 아이들과 함께하는 좋은 수업을 위해 다양한 노력을 하고 계세요. 각자의 자리에서 최선을 다하고 있지만 책을 통해서 수업을 주제로 소통하고 싶다면《어린이가 주인공이 되는 사회 수업 이야기》가 많은 분들에게 힘이 되어줄 것이라고 생각해요. 이 책을 넓게는 교육에 관심을 갖고 있는 많은 분들에게, 그리고 교실에서 아이들과 함께하고 있는 선생님들에게 추천해 드리고 싶습니다. 교육 현장에 필요한 좋은 책 한 권에 감사드리며 이 글을 마칩니다.

어린이를 사회 수업의
조연에서 주인공으로

아이들과 함께 지내다 보면 배우는 것이 참 많습니다. 그중 가장 저를 놀라게 만드는 것은 어린이도 그들만의 특별한 세계를 가지고 있다는 점입니다. 일반 사회에서 볼 수 있는 다양한 협력의 모습, 사회적 갈등 그리고 해결의 과정들을 교실에서도 쉽게 찾아볼 수 있죠. 즉, 초등학교 교실도 어린이라는 사회 구성원들이 함께 관계를 맺어가는 하나의 작은 사회인 것입니다. 교실은 수업을 통해 배움이 일어나는 공간을 넘어서 사회 구성원인 어린이들의 삶이 들어 있는 특별한 사회적 공간이라는 것을 우리는 이해해야 합니다.

저를 포함한 많은 사람들은 어린이를 단순히 어른의 축소판으로 생각해 왔을지도 모릅니다. 그래서 우리는 어린이가 '훌륭한 어른'으로 성장하는 것에만 교육의 초점을 맞춰왔던 것이죠. 초등학교 사회 수업 시간에 어린이가 학생 시절을 지나 어른이 된 후 맞이하게 될 미래의 사회에 대해서만 줄곧 가르쳐왔던 것도 바로 이 때문입니다. 물론 초등학교 교실에서 배우는 사회 교과의 내용도 어린이들에게 매우 유익하고 중요합니다. 우리나라의 정치 체제, 다양한 법의 종류, 경제 활동이 일어나는 이유, 세계 여러 나라의 지리, 우리나라가 겪은 유명한 전쟁과 나라를 위해 희생한 위인⋯⋯. 어느 것 하나 빼고 공부할 수 없는 사회 교과의 필수적인 지식입니다.

하지만 중고등학생들과는 다르게 초등학생들에게는 이 내용이 너무나 멀게 느껴진다는 것이 문제입니다. 우리 동네 이야기가 나오지 않으니 물리적 거리가 멀게 느껴지고, 역사 시간에는 먼 옛날의 사건들이 나오며, 정치, 경제를 배우는 시간에는 어른들만의 이야기가 나오니 시간적 거리, 심리적 거리가 멀게만 느껴집니다. 사회 수업 시간은 초등학생들을 위한 배움의 시간임에도 어린이가 주인공이 아닌 조연이 되어서 '나'의 이야기 아닌 '그들'의 이야기로 3인칭 시점에서 바라보게 되는 것입니다.

많은 초등학교 선생님들이 사회 교과를 가르치기 어려운 교과라고 말합니다. 또한 학생들 대부분 역시 사회 교과를 지루한 과목, 어려운 과목, 외우는 과목, 왜 배우는지 알 수 없는 과목으로 생각하고 있습니다.

이렇게 교육의 주인공들인 선생님과 학생들에게 사회 교과가 외면당하는 이유는 여러 가지가 있습니다. 그중에서는 교실 안에서 해결하기 어려운 것들도 참 많죠. 하지만 선생님과 어린이들이 함께 조금만 노력하면 달라지는 것들도 있습니다. 그건 어린이가 주인공이 되는 사회 수업 시간을 만들어주는 것입니다. 너무 어려울 것 같다고요? 아닙니다. 쉬운 방법이 있습니다. 그 방법을 알기 쉽게 설명하는 것이 이 책의 가장 중요한 역할이 되겠죠.

이 책은 현재 사회 수업의 문제점을 알아보고, 어린이가 주인공이 되는 사회 수업이 되기 위한 방향과 수업의 실천 내용을 담았습니다. 제가 이 책을 쓰게 된 계기는 2017년부터 2년 동안 한국교원대학교 대학원에서 파견 근무를 한 경험에 있습니다. 저는 학부 시절에 사회 심화를 전공했고, 중등 일반사회교육을 함께 공부했습니다. 그만큼 사회라는 과목에 관심이 정말 많았습니다. 그래서 교사가 되면 가장 자신 있게 아이들과 함께 공부할 수 있는 과목을 사회라고 생각했죠. 그런데 2011년에 처음 신규 교사로 발령받아 학교 현장에 막상 가보니 담임 교사로서 한 과목을 집중적으로 공부하고 준비하는 것은 너무나도 어려운 일이었습니다. 교과서 내용을 그대로 가르치기도 버거웠죠.

그렇게 6년 동안 학교 현장에 있다가 노력 반 행운 반으로 한국교원대학교 대학원에서 2년간 초등 사회 교과를 공부할 기회를 얻었습니다. 그 기간이 저에게는 매우 의미 있고 소중한 순간이었습니다. 초등 교사로서 한 과목만 오롯이 집중해서 공부한다는 건 솔직히 상상하기 어려운 일이었으니까요. 전담 교사가 아닌 이상 담임 교사로서 7과목 이상을 가르쳐야 했고, 행정 업무와 생활교육에도 상당한 시간을 할애해야 했죠. 사회 수업을 준비한다고 하더라도 좁게는 한 차시의 수업, 크게는 그해 맡은 학년의 사회 교과 내용을 대충 들여다보는 것이 제가 할 수 있는 최대의 노력이었습니다. 하지만 대학원에서 보낸 2년의 시간은 사회 교과에 대해서만 진지하게 고민해 볼 수 있었기에 지금도 부족하지만 아주 조금이라도 사회 수업에 대해 안목을 넓혀주는 의미 있는 시간이 되었습니다.

대학원에서 공부를 하는 동안 교과와 관련된 다양한 책과 논문을 열심히 들여다보고 제 생각을 표현해 보면서 내린 결론은 이것이었습니다. 지금의 초등학교 사회 수업 속에는 어린이가 중심에 있지 않다는 것이죠. 초등학교 사회 교과 내용은 중고등학교의 사회 교과와 같은 내용을 적은 분량으로, 어려운 용어는 조금 더 쉽게 설명했을 뿐이니까요. 그래서 저는 어린이가 사회 수업의 진정한 주인공이 되기 위한 학습 소재를 찾아서 정리하기 시작했습니다. 예를 들면, 아이들이 그리는 심상 지도, 어른의 중심지가 아닌 어린이들이 생각하는 중심지 이야기, 국민의 권리가 아닌 아동의 권리 같은 소재들이죠. 그리고 그 소재들을 많은 어린이와 교사, 학부모가 함께 읽을 수 있도록 이야기 자료로 만들어 네이버의 스쿨잼이라는 플랫폼에 2018년부터 2년간 연재했습니다. 또한 그 콘텐츠를 이용해 제가 함께 생활한 어린이들과 즐거운 사회 수업을 해나갔죠. 이 책은 이 과정 동안 제가 사회 수업을 위해 열심히 준비하고 고민한 노력의 결과물이기도 합니다.

PART1에서는 우리가 왜 사회 교과를 어려워하는지 설명하였습니다. 사회 교과 자체가 가지는 내적 요인은 물론 현장에서 아이들과 함께 사회 수업을 만들어가는 가장 일선의 실천가 관점에서 느껴지는 초등학교 사회 수업의 어려움과 문제점에 대해 정리하였습니다.

PART2에서는 어린이가 주인공이 되는 사회 수업의 방향에 대해 정리하였습니다. 우리는 어른, 청소년과는 다른 어린이만이 가지고 있는 특별함을 주목해야 합니다. 그래야 수업 속에서 어린이를 주인공으로 만들 수 있으니까요. 모험과 놀이를 좋아하는 어린이, 스스로 무언가 할 수 있다는 점을 깨달았을 때 힘이 생기는 아이들의 특성, 역사학과 지리학을 배우기 전에 습득하고 있는 어린이 개개인의 역사와 지리에 대한 선지식 등에 대해 우리는 이해하고 존중해 주어야 합니다.

PART3에서는 어린이가 주인공이 되는 사회 수업의 실천 사례를 소개하였습니다. 총 10개의 수업 주제를 소개했고, '이런 수업은 어때요?'에서 제시한 것까지 합치면 20개의 사례입니다. 물론 방대한 사회 교과 내용 중에 아주 일부의 주제만 다루었지만 이 책을 읽는 선생님들과 학부모님들이 어린이들과 하나씩 실천하다 보면 사회 수업은 조금씩 천천히 긍정적인 방향으로 변화해 나갈 것이라고 믿습니다.

저는 이 책을 모든 교육 주체가 함께 읽었으면 합니다. 이 책의 주요 내용이 사회 교과에 대한 것이긴 하지만 저는 '어린이가 주인공이 되는 수업'이 우리가 앞으로 추구해야 하는 초등교육 전체의 방향이라고 보기 때문입니다. 또한 사회 교과의 목표는 우리나라 교육의 목표와도 같습니다. 바로 민주시민의 자질을 기르는 것이죠. 이런 의미에서 사회 교과를 본질 교과 또는 중핵 교과라고 부르기도 합니다. 이런 점에서 이 책이 단순히 사회 교과에 관심 있는 사람들만을 위한 것이 아닌, 어린이들의 바람직한 초등교육에 관심이 있는 사람들이라면 누구나 함께 읽고 고민할 수 있는 모든 교육 주체들을 위한 책이 되었으면 합니다.

아울러 사회 수업을 어떻게 하면 즐겁게 할 수 있을지 고민하는 교사들과 대학에서 앞으로 사랑스러운 어린이들을 만나기 위해 공부하고 있는 예비 교사들이 교양서를 읽듯이 편안한 마음으로 이 책을 읽었으면 합니다. 차분히 이 책을 읽다 보면 도무지 이해하기 어려웠던 아이들의 행동과 마음을 읽어내고 공감할 수 있을 것입니다.

이 책이 나오기까지 도움을 주신 분들이 너무나 많습니다. 가장 먼저, 제가 교사로서 존재하는 이유이기도 한 사랑스러운 제자들에게 고마움을 전합니다. 청주의 개신초, 덕벌초, 사천초에 근무하면서 아이들과 정말 행복한 시간을 보냈습니다. 특히 이 책을 준비하면서 사회 수업을 함께 실천한 2019년 사천초 4학년 1반, 2020년 4학년 5반 사랑스러운 어린이들이 있었기에 이 책을 완성할 수 있었습니다. 진심으로 사랑합니다. 올해 같은 학년에서 근무하면서 제가 이 책을 쓸 수 있도록 많은 도움을 준 사천초 4학년 선생님들과 동료 선생님들께도 감사 인사를 전합니다.

한국교원대학교 대학원에서 지리교육과 사회과교육에 대해 큰 가르침을 주신 남상준 교수님, 권정화 교수님께도 감사 인사를 드립니다. 사회과 수업을 위한 노력의 결과물을 이 책에 실을 수 있도록 선뜻 허락해 주신 채유정 박사님, 이지영 박사님, 오소영 선생님, 서영석 선생님께도 고마움을 전합니다. 항상 사회 수업에 대해 함께 고민해 주고 제 책 내용에 대해 진지하게 조언해 준 기성준 선생님과 남경인, 하정은 선생님도 정말 큰 도움이 되었습니다. 책 집필을 격려해 주시고 응원해 주신 사천초등학교의 심신동 교장 선생님과 김태선 교감 선생님께도 감사의 인사를 드립니다. 제 부족한 원고의 가치를 알아봐주시고 책으로 출판될 수 있게 도움을 주신 지식프레임 윤을식 대표님께도 깊은 감사의 말씀을 전합니다.

끝으로 가족들에게 인사를 전하고 싶습니다. 묵묵히 가정을 지키며 사랑과 행복을 주는 제 아내 예지와 사랑하는 두 아들 세현, 도현이 그리고 항상 저를 격려해 주는 부모님과 누나에게 이 책을 바칩니다.

지은이 박현진

Contents - - - - - - - - - - - - - - - - -

쉽게 가르치고 재미있게 배우는
사회 수업을 생각하다

Part 1

사회 수업은
왜
어려울까?

　얼마 전에 우리 반 어린이들에게 사회 수업이 어렵진 않은지 물어봤어요. 다섯 명의 친구들에게 물어봤는데 다섯 명 다 어렵다고 하네요. 왜 어렵냐고 물었더니 세 명의 친구가 답해 줬어요. 한 친구는 그냥 지루하고 재미가 없다고 했고요. 또 한 친구는 처음 들어보는 낱말이 많고, 외울 게 많아서 싫다고 합니다. 마지막 친구는 우리처럼 어린 나이에는 안 배워도 되는 내용 아니냐고 저에게 되물었습니다.

　어린이들은 초등학교 3학년 때부터 사회 교과를 배우고 있어요. 그런데 지금까지 교사들은 사회를 가르칠 때 수업의 주인공인 '어린이'의 말에 귀 기울이지 않았던 것 같습니다. '어른이 되면 필요한 걸 미리 배우는 거야', '앞으로 훌륭한 민주시민이 되어야겠지?'라는 생각으로 현재의 어린이가 아닌, 미래의 어른으로 성장할 예비 시민으로 생각하고 가르쳤던 것이죠. 그러니 수업 내용에 어린이의 현재 삶이 터무니없이 부족합니다. 참 안타까운 일입니다.

그런데 문제는 사회 수업을 배우는 어린이도 사회 교과를 어려워하지만 가르치는 교사도 사회 수업을 힘들어한다는 것입니다. 미리 알고 있어야 할 배경지식도 많고, 제대로 된 사회 수업을 하려면 준비해야 할 것도 많은 것이 사실이니까요. 그러다 보니 교과서 내용을 그대로 어린이들에게 가르치게 되고, 교사와 어린이 모두 재미없는 사회 수업이 되면서 초등학교 교실의 사회 수업에서 어린이는 주인공이 아닌 조연으로 밀리고 말았어요. 어린이가 조연이 아닌 주인공이 되어 수업에 적극적으로 참여해야 진정한 배움이 일어날 수 있을 텐데 말이지요.

이제라도 아이들을 가르치는 선생님, 학부모, 사회과 교육 연구자들 등 사회 수업을 구성하고 실천하는 어른들이 어린이가 사회 수업에서 바라는 것, 지금을 살아가는 어린이 시민으로 성장시켜주기 위해 노력해야 할 때인 것 같습니다. 그래서 PART1에서는 왜 사회 수업이 아이들에게, 그리고 가르치는 선생님들에게도 어려운지 그 이유를 네 가지로 나눠서 살펴보겠습니다.

1

어린이의 삶과 너무 먼
사회 수업

"청주와 교류하는 지역은 일본의 돗토리시와 고후시입니다."

사회 과제를 발표하는 시간이었습니다. 주제는 우리 학교가 위치한 청주와 교류하는 지역에 대해 조사하는 것이었어요. 반 학생들이 주제를 어렵게 느꼈는지 절반 정도의 친구만 과제를 해왔어요. 그중 민지가 먼저 발표를 했는데 너무 낯선 일본의 지역명이 들려서 귀를 의심했습니다.

신기하게도 민지에 이어서 채혁이 그리고 혜민이까지도 일본의 돗토리시에 대해 써온 것이었어요. 저도 잘 모르는 지역에 대한 내용이니 당연히 아이들은 더더욱 알 수가 없었겠죠. 공책에 적어온 내용을 실물화상기를 통해 친구들에게 보여주며 열심히 발표했지만 아이들은 전혀 즐거워하지 않았고, 발표가 끝난 후에 질문도 하지 않았습니다. 가끔 '어, 나도 저거 적었는데.'라는 소리만 들릴 뿐 그냥 '저 친구가 숙제했나 보네.' 하는 표정으로 듣는 둥 마는 둥 하고 있었죠. 알고 보니 '청주시 교류'라고 인터넷 포털 사이트에서 검색하면 지식 답변 코너의 가장 맨 위에

'청주시의 교류 지역은 돗토리시입니다.' 이런 내용이 쓰여 있었던 거예요. 아이들은 선생님이 내주신 숙제를 보고 나름대로 정보 검색을 통해 과제를 해온 것이었어요. 다음으로 정연이가 발표했어요.

"청주와 인천의 교류입니다. 제 할머니 집이 인천이라 저와 부모님이 얼마 전에 인천에 갔습니다. 그리고 그곳에서 가족과 외식을 하고, 할머니 집에 선물로 과일도 사서 갔습니다."

정연이의 발표를 듣던 여러 친구가 말하기 시작했어요.

"야, 그게 무슨 교류야. 그건 그냥 네가 할머니 집 갔다 온 거지."

"아니야, 교류 맞을걸. 선생님이 교류에는 종류가 엄청 많다고 하셨잖아."

"진짜? 나도 엄마랑 같이 보은에 할머니 포도 농장에 일하러 자주 가는데? 나도 그거 쓸 걸 그랬다."

돗토리시에 대한 발표를 할 때와는 전혀 다른 분위기였어요. 아이들이 정연이의 발표를 듣고 그것이 교류인지 아닌지 대화를 나누기 시작했고, 자신의 경험도 함께 말하기 시작한 거죠. 저는 수업의 방향을 바꾸기로 했습니다.

"얘들아, 혹시 정연이처럼 내가 또는 내 가족이 청주가 아닌 다른 지역에서 교류한 경험이 있으면 말해 볼 수 있겠니?"

한 10초나 지났을까요? 10명이 넘는 아이들이 손을 들었어요. 자신의 아버지가 대전에 출장을 갔던 일, 엄마와 함께 서울에 있는 병원에 진료를 보러 간 일, 부산에 있는 친척 집에 간 일 등 다양한 경험을 이야기했어요. 은우는 우리 반 친구들이 지난 가을에 갔던 과천 서울랜드의 체험학습 경험을 발표해서 많은 친구들의 공감을 받기도 했죠. 이렇게 수업 후반부에 진정한 배움이 일어났어요.

저는 수업을 마치고 나서 깨달을 수 있었어요. 수업 초반에 재미없고 지루한 사회 수업이 된 것이 인터넷 검색을 통해 그대로 숙제를 적어온 아이들의 잘못이 아니라는 것을요. 제가 너무 아이들의 삶과 먼 과제를 내준 것이 잘못이었던 거죠. 저는 그냥 숙제를 '청주시와 교류하는 지역 조사하기'로 내줬거든요. 그러니 아이들은 왠지 청주시 전체가 교류하는 지역을 찾아야 할 것 같고, 뉴스 기사나 청주시청 같은 곳에 나오는 공식적인 내용을 적어야 할 것 같은 부담을 가졌던 거죠. 또 '교류'라는 개념도 아이들에게는 추상적이고 어려운 개념이어서 더 재미없게 느껴졌을 거고요.

그런데 아이들은 정연이가 할머니 집에 다녀온 일상생활도 교류가 될 수 있다는 사실을 알고 갑자기 수업에 적극적으로 참여하기 시작했어요. 또 우리 반 친구가, 우리 집의 부모님이 그리고 바로 나 자신이 한 일도 청주시의 교류가 될 수 있다는 것을 깨닫고는 자신의 경험을 자유롭게 이야기했죠. 아마 제가 아이들에게 '청주시와 교류하는 지역 조사하기'가 아니라 '나와 우리 가족이 다른 지역과 교류한 경험 적어오기'로 과제를 내주었다면 과제를 하는 과정부터 수업 시간에 자신의 경험을 나누는 시간까지 더욱 의미 있는 수업이 되었을 것입니다.

어린이와 사회 수업의 물리적 거리 좁히기 1 : 환경확대법

앞서 소개한 수업은 우리의 사회 수업이 왜 어렵고 지루한지를 잘 보여주고 있어요. 실제로 아이들이 사회 교과서와 수업을 통해 배우는 내용 대부분이 우리 어린이들의 삶과 멀리 떨어져 있거든요. 즉, 어린이의 삶과 거리가 먼 이야기들이 많아요. 이때의 거리는 물리적인 거리뿐 아니라 심리적 거리도 의미합니다.

우선, 물리적 거리를 생각해 볼까요? 사실 학습자가 사회 교과에서 느끼는 물리적 거리를 좁혀주기 위해 지금까지 엄청난 노력을 해왔어요. 그중 가장 대표적인 것이 바로 '환경확대법'입니다. 환경확대법은 '지평확대법'이라고도 하는데, 사회 교과의 가장 기본적인 교과 내용 조직 원리 중 하나죠. 아이들과 가까운 곳에서부터 먼 곳으로 학습의 순서를 정해야 아이들이 좀 더 쉽고 재미있게 사회 교과에 접근할 수 있다는 원리입니다. 나에게 가장 가까운 우리 동네에서 시작해 우리 지역, 그리고 국가 이후에는 세계로 확대해 나가야 한다는 것이죠.

사회를 처음 배우는 3학년부터 환경확대법을 적용해 보면 이렇게 나타낼 수 있어요.

- **3학년 –** 우리 동네, 고장 / 동, 면, 읍 + 시, 구, 군 (예 : 율량동, 청주시)
- **4학년 –** 우리 지역 / 특별시·광역시, 도 (예 : 서울특별시, 충청북도)
- **5학년 –** 우리나라 / 대한민국
- **6학년 –** 이웃 나라, 전 세계

사회 교과를 처음 배우는 3학년 때는 어린이들에게 친숙한 우리 동네의 지리, 역사, 사회 현상에 대해 배우고, 4학년 때는 좀 더 범위를 넓혀서 내가 생활하고 있는 우리 지역의 지리, 역사, 사회 현상에 대해 배웁니다. 그리고 5학년 때는 우리나라의 지리, 역사, 사회 현상을 배우고 6학년 때는 범위를 넓혀 세계의 지리와 역사, 사회 현상에 대해서도 배우게 되죠. 3학년 때 '우리 고장 청주'를 4학년 때 '살기 좋은 충청북도'라는 지역화 교재를 사용해 아이들과 수업하는 것도 이러한 환경확대법 원리에 기초한 것이랍니다.

그런데 이 환경확대법을 기계적으로 적용했더니 현대 사회를 살아가는 어린이들에게 맞지 않는 부분이 있었어요. 미디어와 교통수단이 워낙 발달한 시대에 살다 보니 이미 우리나라의 다양한 지역과 세계의 다양한 나라를 알고 있는 아이들이 많아진 거예요. 그러다 보니 우리 동네라고 더 쉽게 다가가거나 세계라고 더 어렵게 느끼지 않는 것이었죠. 그리고 5, 6학년 아이들이 오히려 우리 동네, 우리 지역에 대한 관심이 많은 경우도 있어요. 그런데 환경확대법을 적용하다 보면 고학년 아이들에게는 우리 지역의 사회 현상을 배울 기회가 없어지고, 국가와 세계를 배우게 되는 모순이 생기게 된 것이죠.

그래서 2007 개정 교육과정 시기부터는 환경확대법을 그대로 적용하는 것이 아니라 아이들에게 적합한 공간적 범위를 융통성 있게 적용하는 '탄력적 환경확대법'을 쓰도록 했어요. 3학년 아이들에게 반드시 우리 동네의 사회 현상만 가르치는 것이 아니라 필요하다면 우리나라, 세계의 사회 현상을 가르칠 수 있게 하고, 6학년 아이들을 가르칠 때도 우리 동네, 우리 지역의 소재를 통해서 좀 더 친근하게 교과 개념을 가르칠 수 있게 한 것이죠. 현재의 교육과정에서도 이 원리에 따라 교과 내용이 구성되어 있답니다.

어린이와 사회 수업의 물리적 거리 좁히기 2 : 지역화의 원리

교육과정은 교육부와 교과 교육 연구자들이 만드는 하나의 지침이에요. 그것을 실천하는 것은 바로 교사의 몫이죠. 어린이들과 사회 교과서의 물리적 거리를 좁히기 위해 교육과정에서 환경확대법을 만들어 적용했다면, 교사는 '지역화'를 통해 이를 실천해야 합니다. 사회과 교육에서 지역화란 '사회 교과에서 나오는 사회 현상과 개념들을 학습자의 삶의 터전인 지역을 통해 가르치는 것'을 의미해요.

2007 개정 교육과정 초등 사회 교사용 지도서 총론에는 지역화의 방법을 두 가지로 소개하고 있어요. 첫 번째는 내용의 지역화이고, 두 번째는 방법의 지역화입니다.

내용의 지역화는 어린이들에게 그 지역 자체를 가르치는 것입니다. 제가 아이들과 생활하고 있는 청주의 역사, 청주의 사회 문제, 청주의 문화유산 등을 가르치면서 아이들에게 지역에 대한 애정을 느끼게 하고, 지역 문제에 관심을 가지도록 하는 것이죠.

그러면서 아이들은 그 지역에 대한 소속감이 생기고, 자신의 정체성도 형성하게 되지요. 대한민국이나 세계라는 큰 사회를 보기 전에 사천동, 청원구, 청주시와 같은 비교적 작은 사회를 먼저 접해 보고 관심을 가지도록 하는 것이 초등학교 사회 교과의 중요한 목표이기도 합니다.

방법의 지역화는 지역 그 자체를 학습하는 것이 아니라 어떤 사회 현상이나 사회 개념을 가르칠 때 내가 생활하고 있는 지역을 소재로 활용하는 것이에요. 앞서 소개한 아이들과의 사회 수업에서 제가 '교류'를 가르치기 위해 청주시와 다른 지역의 교류에 대해 조사를 시킨 것도 방법의 지역화라고 볼 수 있답니다. 만약 청주가 아닌 '대구와 교류하는 지역 조사하기'를 과제로 냈다면 아이들이 느끼는 숙제에 대한 거리감은 더 커졌겠죠.

또 지속가능발전과 환경교육 관련 단원에서는 '경제 성장'과 '환경 보전'이라는 가치의 충돌에 대해서 가르치게 됩니다. 이때 교과서에 나오는 우리 지역이 아닌 다른 지역에 대해서 소개하고 가르치는 것이 아니라 교사가 우리 지역에서 발생한 '경제 성장'과 '환경 보전' 간의 갈등 사례를 찾아보고 그것을 소재로 가르치는 것이 어린이와 사회 교과의 물리적 거리를 좁힐 수 있는 지역화의 한 방법입니다.

이렇게 지역화, 그중에서도 방법의 지역화는 교사의 실천이 꼭 필요한 원리예요. 우리나라 사회 교과서의 경우 지역별로 내용이 다르지 않고 전국적으로 똑같은 교과서로 가르치기 때문에 교과서에 실리는 사례들이 우리 지역이 아닐 가능성이 매우 높거든요. 이럴 때 미리 교사가 비슷한 우리 지역의 사례를 조사해서 그것을 수업 자료로 활용한다면 아이들에게 조금은 더 가까운 사회 수업이 될 수 있답니다.

어린이의 삶과 너무 먼 사회 수업, 그 세 가지 이유

조금 오래전이긴 하지만 사회 교과의 자존심에 상처를 준 설문조사 두 가지를 소개할게요. 두 개의 조사는 모두 2012년에 이루어졌어요. 먼저, 세계일보의 '초등학생이 가장 어려워하는 과목 1위는'이라는 기사에 소개된 설문조사입니다(2012년 8월 7일자). 기사 제목에서 눈치를 채셨듯이 사회가 초등학생이 가장 어려워하는 과목 1위로 뽑혔어요. 2012년 참교육연구소의 교육과정과 교과서 설문조사에서도 무려 57.3%의 아이들이 사회 과목이 어렵다고 답했습니다. 교사들 역시 사회 교과를 가르치기 가장 어려운 과목으로 말했고요. 같은 해에 전남교육청 전남교육정책연구소가 전남 지역 초중고 학생들을 대상으로 한 설문조사에서도 초등학생이 가장 싫어하는 교과로 사회를 꼽았다고 해요.

중고등 학생으로 올라갈수록 국·영·수와 같은 주요 과목을 싫어하는데 유독 초등학생이 다른 과목에 비해 사회 교과를 가장 싫어한다는 건 그만한 이유가 있기 때문일 거예요. 바로 사회 교과와 어린이의 심리적 거리가 너무 멀기 때문이지요. 아무리 우리 동네, 우리 지역, 우리나라를 소재로 사회 현상과 개념을 설명하더라도 멀게 느껴지는 거예요. 실제 어린이들의 일상생활과 사회 교과서에 나오는 생활이 일치하지 않으니 내 삶과 관련 없는 내용으로 생각되는 것이죠.

사회 수업과 어린이들의 심리적 거리가 먼 이유에는 크게 세 가지가 있습니다.

첫째, 사회 교과의 내용에 '어린이'가 빠져 있기 때문입니다. 사회 수업에 등장하는 우리 사회의 문제, 사회과학의 개념들은 어른이 되어서 만나게 될 사회의 모습을 보여주는 경우가 대부분이거든요. 우리 지역의 문제를 조사하기로 했는데 그 예를 보면 지역에 어떤 시설을 설치하는 데서 생기는 갈등, 산업단지 설치나 정부의 지원 등과 관련된 문제 같은 것을 다루어요. 물론 지역의 중요한 문제이고 많은 사람에게 영향을 주는 의미 있는 이슈지만 그건 사실 어른들에게 훨씬 더 가깝게 느껴집니다. 어린이들 생각에는 너무 먼 얘기죠. 아마 초등학생 친구들에게는 당장 우리 학교 앞에 문구점이 없어지고 그 자리에 국밥집이 오픈 예정인 게 더 심각한 문제 아닐까요?

또 우리 고장의 중심지가 사회 교과서에 등장하는데요. 교과서에는 중심지가 사람들이 많이 이용하는 곳으로 정의되어 있습니다. 터미널이나 기차역, 시장과 같은 곳이 예로 나오죠. 그런데 사실 이것을 배우는 어린이들의 중심지는 어른들의 중심지와 일치하지 않아요. 차라리 학교 앞 문구점이나 우리 동네 아파트 놀이터가 어린이들의 중심지에 가까울 겁니다. 이렇게 어린이들의 '사회'와 어른들의 '사회'는 엄연히 다른데 전자는 신경 쓰지 않고, 후자만 주입식으로 가르치는 것은 아닌지 반성해 볼 필요가 있습니다.

둘째, 우리가 교실에서 하는 사회 수업이 어린이들이 경험하는 실제 사회와 많이 다른 것도 심리적 거리의 원인입니다. 즉, 사회 수업의 실제성(authenticity)이 부족한 거죠. 영어 'authentic'은 '진짜와 똑같게 만든', '모사한'이라는 뜻으로 실제 현실과 가장 가까운 것을 의미하는 단어죠. 이 용어는 교육평가에서 많이 등장해요. '실제적이고 맥락적인 평가를 해야 한다.', '수행평가는 실제적인 평가다.'와 같은 표현을 사용합니다. 실제 어린이들이 학교 밖에서 경험하는 사회는 언제 어떤 일이 발생할지 몰라서 모험심도 불러일으키고 정말 흥미롭죠. 그런데 사회 수업에서는 실제 사회의 모습을 그대로 구현해 내기가 어렵거든요. 그래서 아이들이 사회 수업을 지루하게 느끼게 됩니다.

예를 들어, 마트에서 추석 때 받은 용돈으로 간식을 사는 것은 재미있는 경제 활동이지만 교실에서 인간의 욕심은 무한한데 자원이 한정되어 있다는 희소성을 배우면서 소비의 개념을 학습하는 것은 지루할 수밖에 없죠. 그래서 저는 수업의 실제성을 높이려고 시장 놀이 수업을 하고 있어요. 집에서 사용하지 않는 물건을 가져와서 친구들에게 직접 물건을 판매하는 것이죠. 처음 시도했던 해에는 제가 만든 학급 화폐와 친구들의 물건을 교환해서 그 화폐로만 물건을 사게 했었는데요, 최근에는 진짜 돈을 가져오게 해서 거래를 하니 반응이 더 뜨거웠어요. 물론 돈을 사용하기 전에 알림장에 부모님 사인도 받아오고, 거래 후에 아이들끼리 갈등이 생기기도 해서 힘들기는 했지만 정말 살아 있는 수업을 했죠. 아이들이 원하면 물물교환도 시키고, 100원부터 시작해서 경매 방식으로 물건도 판매하게 했더니 생각보다 아이들이 정말 능숙하게 경제 활동을 해서 깜짝 놀랐습니다.

마지막으로, 사회 수업에 개인의 감정이 빠져 있는 것도 어린이들이 점점 더 사회라는 교과를 멀리 느끼게 만드는 큰 요인입니다. 제가 아이들과 수업을 하면서 진정한 배움이 일어날 때를 떠올려보면 그때는 꼭 수업 내용과 아이들 사이에 '공감'이 있었습니다. 수업 중에 '우와! 저건 나도 해본 건데?', '나라도 저건 좀 기분 안 좋을 것 같아.', '나도 저렇게 해보고 싶다.'처럼 감정을 느낄 때 어린이들은 수업에 몰입하고 적극적으로 참여하게 됩니다.

우리는 사회 수업을 하면서 어린이들의 감정을 배제하는 경우가 많아요. 작년에 동료 장학으로 '내가 원하는 스마트폰 선택하기' 수업을 했는데, 의사결정 수업모형 절차에 따라 수업을 구성했어요. 각자 자신만의 스마트폰을 선택할 때의 기준을 정하고, 그 기준에 따라 점수를 주고, 가장 높은 점수를 얻은 스마트폰을 선택하고 발표하도록 했죠. 아이들이 선택한 기준은 가격, 디자인, 인터넷 속도 등 참 다양했죠. 다음은 채혁이의 발표 차례였습니다.

"저는 A 스마트폰을 선택했어요. 저는 그냥 이게 좋아요."

채혁이의 발표에 친구들이 난리였죠.

"야! 기준을 이야기해야지."

"그냥 좋은 게 뭐냐!'"

그런데 정말 채혁이는 그 핸드폰이 그냥 좋았던 거예요. 제가 한 번 더 되물으니 채혁이는 핸드폰을 가지면 행복할 것 같다고 하더라고요. 저는 그날 수업이 끝난 후에 '합리적 소비'가 무엇인지 곰곰이 생각하게 되었어요. 합리적이라는 말로 아이들의 순수한 감정을 무시한 건 아닌지 반성하게 되더라고요.

사실 어린이들이 어떤 선택을 할 때는 합리적이고 논리적인 기준보다는 행복함, 즐거움, 기쁨과 같은 감정을 더 중요하게 생각하거든요. 그건 절대 잘못된 일이 아니죠. 어린이들이 사회 현상과 사회 문제들을 맞닥뜨릴 때 자신의 감정을 먼저 생각하면서 문제를 해결할 것이 당연하기 때문에 사회 수업에서도 개인의 감정에 대해 다룰 필요가 있는 것입니다.

2

선생님, 사회 수업의
목표가 뭐예요?

몇 년 전에 5학년 선생님들과 동료 장학 협의를 하고 있었어요. 함께 공동으로 수업을 계획하는데 과목은 사회, 수업 주제는 지속가능발전에 대한 것이었어요. 그리고 수업의 방식은 '환경 보전'과 '경제 개발'이라는 두 가지의 가치를 두고 주장을 말하는 토론 수업으로 정했죠. 머리를 맞대고 열심히 활동을 짜고 있는데, 한 선생님이 이야기했어요.

"갑자기 궁금해서 그러는데요. 대체 사회 수업의 목표가 뭐예요?"

저까지 4명의 선생님이 있었는데, 그 질문에 바로 답하는 선생님이 없었죠.

"이 수업을 보면 환경을 보존하면서 경제를 개발하자는 것 같은데, 그렇게 생각하면 수업마다 목표가 다 제각각이잖아요. 역사, 정치, 경제, 환경까지 주제가 너무 다른데 왜 한 과목으로 묶었는지를 모르겠어요."

이 선생님의 고차원적인 질문으로 선생님들은 사회 수업의 목표에 대해 30분 정도 열띤 토의를 했어요.

"이 수업에서는 지속가능발전이라는 개념을 잘 가르치는 게 중요한 걸까요? 아니면 토론하는 능력을 가르치는 게 중요한 걸까요?"

우리는 사회과 배경 학문에 대한 개념 이해와 의사소통 능력, 비판적 사고력 같은 사회과에서 필요한 고차적 사고력 중 어떤 것이 더 필요한지 이야기를 나누었죠. 그러다가 결국 국가가 만드는 공식적인 문서인 교육과정을 함께 보았어요. 사회과 교육과정을 보면 교과의 목표는 '민주시민의 자질'을 기르는 것이라고 되어 있거든요. 그런데 이 민주시민의 자질에는 정말 많은 게 포함되어 있습니다. 개념과 사고력 모두 다 민주시민의 자질입니다.

'민주시민의 자질'이라는 말 자체가 참 애매하죠. 우리가 살아가면서 필요한 자질이 한두 가지도 아니고, 왠지 사회 수업 말고도 다른 과목에서 배우는 것도 다 시민의 자질에 포함될 것 같고요. 다른 교과와는 다른 사회 수업만의 목표가 무엇인지가 명확하게 드러나지 않는 게 사실입니다.

여기서 잠깐 교육의 목표에 대해 생각해 볼까요? 우리나라 교육에는 그 시대에 맞는 목표가 있습니다. 또 구체적으로 초등교육, 중등교육, 고등교육 시기에 맞춰서 목표가 따로 존재하고 있고요. 학교급별로 다양한 교과목이 존재하고, 교과마다 교육을 통해 이루고자 하는 목표를 설정하고 있습니다. 교과의 목표는 교과가 지향해야 할 방향과 학생이 달성해야 할 학습의 도달점을 알려주는 아주 중요한 기준이에요. 그리고 단원 목표, 차시 목표까지 수업 하나하나마다 이루고자 하는 목표가 있을 정도로 교육에서 목표는 매우 중요한 위치를 차지하고 있습니다.

초등학교 사회과도 마찬가지입니다. 사회라는 교과의 목표가 있고 초등학교 수준에 맞는 주안점도 따로 존재하고 있으며, 모든 사회 수업 차시마다 그 내용에 맞는 목표를 가지고 있습니다. 2015 개정 사회과 교육과정에는 사회과의 목표가 다음과 같이 제시되어 있습니다.

> 사회과는 학생들이 **민주시민으로서의 자질**을 함양할 수 있도록 사회 현상에 관한 기초적 지식을 습득함은 물론, 지리, 역사 및 제반 사회과학의 기본 개념과 원리를 발견하고 탐구하는 능력을 익혀 우리 사회의 특징과 세계의 여러 모습을 종합적으로 이해하게 한다. 또한 사회과는 다양한 정보를 활용하여 현대 사회의 문제를 창의적, 합리적으로 해결하고 공동체 생활에 적극적으로 참여하는 능력의 육성을 목표로 한다. 이를 통해 사회과는 개인의 발전은 물론, 사회, 국가, 인류의 발전에 기여할 수 있는 **책임 있는 시민**을 기른다.

목표는 명확하게 한눈으로 볼 수 있으면 좋은데 내용이 참 길죠. 심지어 위의 것은 총괄 목표이고, 세부 목표는 따로 있습니다. 처음부터 이렇게 길었던 것은 아닌데, 점점 길어지고 있습니다. 그것은 현대 사회로 오면서 사회과 교육을 통해 기르고자 하는 시민의 모습이 더욱 다양해지고 있어서 그렇습니다.

　이렇게 긴 사회과의 목표도 한마디로 정의할 수 있어요. 일반적으로 사회과 교육을 연구하는 학자들 사이에서 사회과의 목표는 '시민성'을 함양하는 것이라고 말합니다. 위의 교육과정 문서에는 '민주시민으로서의 자질을 함양한다.'라고 나와 있죠. 그런데 이 사회과의 목표인 '시민성'은 사실 추상적이고 모호해요. 학자마다 주장하는 시민성의 내용이 다르고, 나라마다 시대마다 시민성의 개념을 다양하게 정의하기 때문이죠. 이렇게 교과의 목표 자체가 애매하고 변동이 큰 개념이다 보니 사회를 가르치는 교사들도 사회라는 과목을 어렵게 인식할 수밖에는 없는 것입니다.

　사실 '민주시민의 자질'은 사회과만의 목표는 아닙니다. 우리나라 교육과정 총론의 '1. 추구하는 인간상'에 우리나라 교육의 목적을 다음과 같이 제시하고 있어요.

> 　우리나라의 교육은 홍익인간의 이념 아래 모든 국민으로 하여금 인격을 도야하고, 자주적 생활 능력과 **민주시민으로서 필요한 자질**을 갖추게 함으로써 인간다운 삶을 영위하게 하고, 민주 국가의 발전과 인류 공영의 이상을 실현하는 데에 이바지하게 함을 목적으로 하고 있다.

　밑줄 친 부분에 '민주시민의 자질'이라는 말 잘 보이시죠? 즉, 우리나라 교육의 목표 역시 민주시민의 자질을 기르는 것입니다. 수학 교과를 통해서도 민주시민의 자질을 기르고, 체육 교과를 통해서도 민주시민의 자질을 기르죠. 그런데 이 교과들의 교과 목표에는 민주시민의 자질을 기른다고 나와 있지 않아요. 교과마다 기르고자 하는 구체적인 목표가 따로 있죠.

이에 반해 사회과는 교과 목표에 민주시민의 자질을 기른다고 명시하고 있습니다. 우리나라 교육의 목표와 사회과의 목표가 일치하는 거예요. 이런 점에서 사회과가 아주 중요한 역할을 한다고 '본질 교과', '중핵 교과'라고도 하죠. 하지만 반대로 생각해 보면 교육의 목표와 교과의 목표가 같다고 좋은 것만은 아니에요. 사회 교과만의 차별성이 없다는 말도 되니까요. 사회과를 제대로 이해하고, 어린이가 주인공이 되는 좋은 수업을 하려면 사회과만의 '민주시민의 자질'이 무엇인지 알아볼 필요가 있습니다.

미국에서 태어난
사회과

사회과(social studies)는 20세기 초반 미국에서 처음 만들어진 교과예요. 이 용어는 1916년 NEA(National Education Association)라는 미국의 사회과위원회에서 만든 보고서에 처음 등장했는데요. 그 후 몇 년 뒤인 1920년대가 되어서 미국 대부분의 학교에서 공식적인 교과로 채택되었어요. 그 당시 미국 사회는 다양한 민족들이 함께 모여 살았는데, 급격한 사회 변화로 사회 통합이 필요해지면서 미국의 지리, 역사, 경제, 정치를 배우는 '사회과'가 탄생한 것이죠. 사실 지리나 역사와 같은 학문은 이미 교과가 된 지 꽤 오래된 상태였어요. 그러다 보니 지리학자와 역사학자들은 지리와 역사가 '사회'라는 교과로 통합되는 것에 대해서 적지 않은 불만이 있었죠. 지금도 이와 관련된 논쟁은 쭉 이어져오고 있습니다.

어쨌든, 미국에서 사회과가 탄생한 이후로 시간이 흘러 2차 세계대전이 끝난 다음에는 미국뿐 아니라 다른 나라에도 사회과가 널리 보급되기 시작했어요. 우리나라도 해방 직후에 미군정이 일제 식민지의 잔재를 없애고 민주주의 교육 이념을 도입하기 위해서 사회과를 한국에서도 도입하기를 제안했습니다. 그래서 우리나라는 1946년 9월 첫 번째 교육과정이라고 말할 수 있는 교수요목기에 '사회생활과'라는 명칭으로 처음 사회과가 등장하게 되었답니다. 1910년대에 미국에서 생겨나고, 1940년대에 우리나라에 도입되었으니 생각보다 사회과의 역사가 길지는 않죠? 이런 점에서 사회과는 비교적 현대에 와서 생겨난 교과 중 하나라고 볼 수 있겠습니다.

미국에서도 사회과의 목표는 계속 바뀌었다?[1]

사회과가 처음 등장한 이후부터 지금까지, 사회과의 목표는 '시민성'을 함양하는 것이었어요. 이것만큼은 변하지 않았죠. 그런데 시민성이 의미하고 있는 속성, 즉 내면의 의미는 항상 변화

---

1   박상준(2018).《사회과 교육의 이해》(교육과학사) 내용을 참조해서 작성했습니다.

해 왔어요. 나라별로 다르고, 같은 나라라도 시기마다 필요로 하는 시민의 자질이 달랐기 때문이죠. 그러니 사회를 가르치는 선생님들은 항상 사회과의 목표인 시민성을 함양하는 것이 구체적으로 무엇인지 혼란스러울 수밖에 없었어요. 그리고 교사마다 시민의 자질로 강조하는 것이 다르다 보니 같은 사회 과목의 같은 내용을 가르치더라도 학생들이 도달해야 하는 이상적인 모습이 달라져서 논쟁이 많이 생겨났답니다. 그래서 송현정 선생님은 시민성이라는 개념은 끊임없이 변화하는 역동적인 유기체로 바라봐야 제대로 이해할 수 있다고 말했어요.[2] 시민성이라는 개념은 시간과 공간이 변화하면서 그 모습이 계속 달라진다는 것이죠. 왜냐하면 사회는 문화·경제·정치·이념들이 계속 변화하기 때문이에요. 마치 사람이 환경에 영향을 받아 성격이나 모습이 변화하는 것과 비슷합니다.

우리가 조금 더 사회 교과에 쉽게 접근하고 어린이들이 즐거워할 수 있는 수업을 만들기 위해서는 사회과의 목표인 시민성의 의미에 대해 잘 이해할 필요가 있습니다. 그러려면 우선 사회과의 고향인 미국의 시민성에 대해 먼저 살펴봐야겠죠?

미국에서도 시민성은 시기마다 모습을 바꿨어요. 사회과가 처음 생겨난 1920년대 즈음의 초기 사회과에서는 사회과의 목표를 두 가지로 제시했어요. 첫째, '사회적 효율성', 둘째, '좋은 시민성'이 그것이죠. 효율성이라는 말을 강조한 것은 산업사회가 발전하고 미국의 경제가 급격하게 성장하고 있었기 때문입니다.

---

2   송현정(2003). 사회과 교육의 목표로서의 시민성의 의미에 대한 연구. 시민교육연구. 35(2). 45-70.

그리고 '좋은 시민성'을 함양해야 한다고 하는데요. 이때의 좋은 시민은 미국이라는 나라를 사랑하는 '애국심'을 가진 사람을 말했어요. 집단에 대한 충성심과 나라를 위해 헌신하는 의무감을 강조한 것이죠. 이는 당시 미국 사회가 다양한 민족과 인종들이 함께 모여 살았기 때문에 '미국 시민'이라는 소속감을 심어주어서 사회 통합을 시도하는 시대적인 배경에서 나온 것이랍니다.

그러다가 1960년대가 되어서 또 시민성의 의미가 확 달라집니다. '신사회과 운동'이라고 해서 새로운 변화의 움직임이 있었거든요. 이 운동을 주도한 학자들은 기존의 사회과가 사회과의 배경 학문인 역사, 지리, 사회과학의 개념을 제대로 가르치지 않았다고 비판했어요. 이들은 마치 과학자가 탐구하는 방식을 그대로 어린이들에게도 가르쳐서 '어린이 학자'를 만드는 것을 목표로 했어요. 이런 이유로 이 시기의 사회과는 '탐구력'과 '사고력'이 뛰어난 시민을 기르고자 했습니다. 이 당시 영향을 준 것이 그 유명한 브루너(Jerome S. Bruner)의 《교육의 과정(The Process of Education)》이었습니다.

1980년대 후반에는 미국에 사회 문제가 갑자기 많아졌어요. 다양한 인종이 모여 살다 보니 인종 차별도 심각해졌고, 경제가 성장하면서 빈부 격차도 커졌죠. 그러면서 사회 수업을 통해서 이런 사회 문제를 해결하는 '문제 해결력'과 선택의 순간에서 논리적으로 판단하는 '합리적 의사결정 능력'을 강조했죠.

최근에 와서는 NCSS(National Council for the Social Studies)라는 미국사회과협회가 사회과의 목표인 시민성에 대해서 주기적으로 발표하고 있어요. 여기에서는 '유능하고 책임감 있는 시민'이나 '참여능력'과 같은 시민의 자질을 특히 강조하고 있습니다.

정리해 보면, 미국의 경우에는 '국가에 충성하는 의무감을 가진 시민성'에서 '탐구력과 사고력을 지닌 시민성', '문제 해결력과 합리적 의사결정 능력을 갖춘 시민성', '유능하고 책임감 있게 참여하는 시민성'까지 시대가 변하면서 다양한 시민의 모습을 사회과의 목표로 삼고 있었습니다. 사실 위에 나오는 자질 중 중요하지 않은 것은 없습니다. 다만 시기마다 강조하는 자질이 달라진 거지요.

미국 사회과 목표의 의미 변화

시 기	사회과 목표의 의미	주장한 사람들
1920년대	나라 사랑, 의무감	NEA(미국사회과위원회)
1960년대	탐구력, 사고력	신사회과 학자들
1980년대	문제 해결력, 합리적 의사결정 능력	엥글, 뱅크스 등
2000년대	참여 능력, 유능함, 책임감	NCSS(미국사회과협회)

이처럼 사회 수업을 통해 이루고자 하는 목표가 너무 많고 계속 달라지다 보니 미국의 저명한 사회과 교육 연구자들인 바(Bar), 바스(Barth), 셔미스(Shermis)는 자신들의 저서에서 사회과를 시민성 전수의 전통, 사회과학의 전통, 반성적 사고의 전통 등 3가지의 전통으로 분류했어요.[3] 첫 번째 전통인 시민성 전수

---

3 Barr, R., Barth, J.L, Shermis, S. S.(1978). The Nature of the Social Studies. 최충옥 외 공역(2001). 사회과 교육의 이해. 양서원.

의 전통은 애국심, 의무감, 공동체 의식을 강조하는 것이고, 두 번째 전통은 배경 학문인 사회과학의 개념을 강조하는 것이에요. 그리고 마지막 세 번째 전통이 의사결정 능력과 문제 해결력을 강조하는 것입니다.

사회 수업을 통해 도달하고자 하는 시민의 모습은 언제나 같을 수는 없을 겁니다. 하지만 그 의미가 너무 다양하고 자주 변화하기 때문에 가르치는 교사 관점에서는 '사회'라는 교과에 대해 깊이 있게 이해하기가 어려울 수밖에 없습니다.

교육과정이 바뀌면
시민성도 달라질까?

사회과의 본고장인 미국에서는 사회과의 목표인 시민성의 의미가 계속 변화했습니다. 그렇다면 우리나라는 어떨까요? 다들 아시다시피 우리나라도 광복 이후부터 지금까지 엄청난 사회 변화를 겪었지요. 정치적인 변화, 경제적인 변화, 사회·문화적인 변화까지 모든 게 다 변했다고 해도 틀린 말이 아닐 겁니다. 그러다 보니 그 시대에 맞게 요구되는 시민의 자질도 달라졌어요. 즉, 학교에서 배우는 사회 수업을 통해 기르고자 하는 시민의 모습이 계속 변화한 것이죠.

우리나라는 교수요목기부터 현재의 2015 개정 교육과정기까지 교육과정이 여러 번 개정되었어요. 1차 교육과정기부터 7차 교육과정기까지는 숫자를 써서 몇 번째 개정인지 명시했는데, 7차 교육과정에서 2007 개정 교육과정기로 개정될 때부터는 기존 교육과정의 큰 틀은 바꾸지 않고, 수시로 필요한 부분만 개정한다는 의미에서 2009, 2015와 같이 개정되는 연도를 앞에 붙이고 있지요. 교수요목이 만들어진 게 1946년이고 현재까지 약 85년 동안 10번 정도의 교육과정 개정이 있었으니 평균적으로 8년에서 9년에 한 번씩 교육과정이 개정된 것을 알 수 있습니다.

그런데 우리나라 교육과정이 개정된 데는 다른 요인도 있겠지만 정치적인 변화가 가장 큰 몫을 차지하고 있어요. 정권이 교체될 때마다 거의 교육과정이 개정되었지요. 정권마다 교육을 통해 기르고자 하는 인간상, 시민의 모습이 달랐기 때문이에요. 이런 교육과정 개정과 사회적인 변화에 가장 민감하게 변화한 교과가 바로 사회 교과랍니다. 당연히 사회 교과는 한 나라의 사회 현상을 주요 교과 내용으로 다루기에 사회의 변화에 아주 민감할 수밖에 없어요. 그러니 사회과의 목표인 '시민성'의 의미도 급격하게 달라졌습니다. 저도 우리나라 교육의 역사, 특히 사회 교과의 역사를 공부하면서 이렇게까지 목표가 자주 변하고 강조하는 게 달라지니 시민성이라는 용어를 제대로 이해하기가 어렵다는 것을 또 한 번 느꼈습니다. 우리나라 교육과정에서 사회과의 목표가 어떻게 달라졌는지 간단히 살펴볼까요?

교수요목기~3차 교육과정기 : 국가에 충성하는 국민

교수요목기(1946~1954)에 문교부가 만든 문서 중 '사회생활과의 교수 목적'에는 이런 내용이 들어 있어요.

> 사회생활과(social studies)는 사람과 자연 환경 및 사회 환경과의 관계를 밝게 인식시켜서 **사회 생활에 성실 유능한 국민**이 되게 함을 목적으로 함(문교부, 1946).

현재의 사회과와 다른 점을 생각해 보면 우선 시민이라는 말을 쓰지 않고, 국민이라는 말을 쓰고 있지요. 국가를 위해 헌신하고 충성하는 시민의 모습을 지향하고 있어요.

6·25 전쟁 기간을 지나고 나서 제1차 교육과정기(1954~1963)가 되는데요. 이 시기에는 전쟁이 끝나고 나라를 복구하는 데 초점을 두고 있어요. 교수요목기와 마찬가지로 '국가'를 위해 힘쓰는 시민의 자질을 요구하고 있지요. 이 시기의 중학교 사회생활과 공민 영역의 교육 목적에는 이런 문장이 나와 있어요.

> 중학교 사회 생활과 공민 부분의 교육 목적은 특히 정치, 경제 사회, 문화에 관한 사항 중 민주 국가 국민으로서 알아야 할 가장 기본적인 사항을 이해시키는 동시에 민주 국가 사회의 공민으로서의 올바른 인간 관계를 유지 발전시키는 생활 태도를 개발시킴으로써 **유능하고 충성된 대한민국 국민**을 길러냄에 있다(문교부, 1955).

이 시기에는 교수요목기보다 더 대놓고 국가에 충성하는 사람을 길러내는 것을 목적이라고 드러내고 있어요. '충성'이라는 말을 보면 느낄 수 있죠.

2차 교육과정기(1963~1973)부터는 '사회생활과'에서 '사회과'로 명칭이 바뀌었어요. 그런데 시민성의 의미가 앞의 교육과정과 크게 달라지지는 않았어요. 교육과정 목표에 나오는 '민족의 발전을 위하여 이바지', '반공사상'과 같은 표현들은 사회 수업을 통해 기르고자 하는 시민이 국가를 위해 헌신하는 충성스러운 국민임을 알 수 있죠.

3차 교육과정기(1973~1981) 역시 '국가'를 중시하는 시민성의 의미가 있어요. 2차에서 3차 교육과정기까지는 잘 아시다시피 박정희 정부 시대거든요. 특히 3차 교육과정기는 국민교육헌장(1968)의 영향으로 만들어지면서 정권의 이념을 잘 구현하기 위해 사회과의 목표가 만들어졌습니다. 초등학교 사회과 교육과정 일반 목표의 첫 번째 항을 보면 잘 알 수 있습니다.

1. 사회 생활에 대하여 올바른 이해를 가지게 하고 가정, 사회, 국가에 대한 애정을 길러, 국가 발전과 국민적 과제 해결에 적극 참여하는 **국민으로서의 자질**을 기른다(문교부, 1973).

이렇게 사회과가 처음 도입된 교수요목기부터 3차 교육과정기까지는 '국가'라는 사회를 발전시키고 이에 대한 책임을 다하는 국민으로서의 자질을 기르는 것을 사회과의 목표로 세우고 있었습니다. 그러니 이 시기에는 국가의 이념과 정책에 대해 알려주고 국가에 충성을 다해야 하는 의무감을 학생들에게 심어주는 것을 사회 수업의 최종 도달점으로 설정했겠죠. 그 당시 수업을 상상해 보면 지금의 사회 수업 모습과는 정말 다른 모습이었을 것 같아요. 교육 목표가 지금과 완전히 다르니 교육 내용도 달랐을 테니까요.

4차 교육과정기~5차 교육과정기 : 지식, 기능, 가치 · 태도를 갖춘 시민

우리나라 교육과정 개정은 정권 교체와 맞물려 있는 경우가 많았어요. 3차에서 4차로 넘어가는 과정도 마찬가지였지요. 박정희 정권이 붕괴되고, 신군부인 전두환 정부가 들어섰거든요. 이 시기에는 교육과정 총론에서 교육을 통해 기르고자 하는 인간상도 함께 제시하면서 사회과의 목표인 시민성의 의미가 좀 더 명확해진 시기로 볼 수 있습니다.

4차 교육과정기(1981~1987)의 4차 초등학교 사회과 교육과정 교과 목표는 총괄 목표와 하위 목표로 나뉘어서 제시되고 있어요. 먼저 총괄 목표로 '사회 생활에 관한 기초적인 지식을 얻게 하고, 민주 국가 국민으로서의 자각을 가지게 하며, 사회와 국가의 발전에 기여할 수 있는 국민적 자질을 기른다.'라고 나와 있습니다. 이전 교육과정과 다른 것이 있다면 '국민을 기른다.'라고 했던 것을 '국민적 자질을 기른다.'라고 표현하고 있지요.

이 시기에 가장 크게 변한 점은 사회과의 세부 목표가 체계적으로 변했다는 것이에요. 예전에는 목표의 하위 항목들이 체계적이지 않고 영역들을 나열한 느낌이었다면, 4차 교육과정부터는 1~3항까지를 사회과 배경 학문의 지식 목표로, 4항은 사회과를 통해 기르고자 하는 기능 목표를, 5항은 사회과에서 필요한 가치·태도 목표를 나타내고 있어요. 현행 교육과정까지도 이어지고 있는 지식, 기능, 가치·태도의 세 영역이 이때부터 출현한 것이랍니다. 5차 교육과정(1987~1992) 역시 국민적 자질을 기른다는 총괄 목표와 함께 지식, 기능, 가치·태도라는 세 영역의 세부 목표를 제시하고 있습니다.

앞서 미국에서도 1960년대 이후에 신사회과 학자들에 의해 탐구력과 사고력을 강조했다고 했었죠? 우리나라도 이 시기에 기능 목표로서 자료수집능력(탐구력), 문제 해결력 등을 강조하기 시작해요. 학문 중심 교육과정과 미국 사회과의 영향을 받았다고 볼 수 있죠. 그리고 또 다른 변화로 3차 교육과정까지는 '국가', '국민'만 강조했었지만, 4차 교육과정부터는 '세계'와 '인류'까지 스케일을 넓혀가고 있어요.[4] 최근 강조하는 '세계 시민 교육'의 시초라고 볼 수 있겠습니다.

6차 교육과정기~현재 :
고차적 사고력과 핵심역량을 갖춘 이상적인 시민

6차 교육과정기(1992~1997)부터 현재까지는 이제 우리가 알고 있는 '민주시민'을 기르는 것이 사회 수업의 목표가 되었어요. 예전에는 '국민적 자질'이라는 말을 썼는데, '민주시민의 자질'이라고 용어가 바뀌면서 패러다임이 완전히 바뀌었죠. 박정희 정

---

4   4차 교육과정 초등학교 사회과 목표 5항에 '인류 공영에 이바지하는 태도'가 등장하고, 5차 교육과정 5항에는 '인류 행복 증진에 이바지하는 태도'가 언급되어 있습니다.

권부터 전두환 정권까지 이어지는 긴 군부 독재가 끝나고 1987년 이후 한국 사회가 민주화된 것과 깊은 관련성이 있습니다.

국민적 자질은 사실 국가와 공동체만 강조하는 경향이 꽤 짙었습니다. 그런데 6차 교육과정기부터는 국가만 강조하는 것이 아니라 국가보다 스케일이 작은 '지역'에서부터 국가보다 스케일이 큰 '세계'까지 영역을 넓힙니다. 한마디로 교육을 통해 성장하는 시민에게 지역 시민, 국가 시민, 세계 시민 등 다양한 역할을 부여하는 것이죠.

또 '국민'이라는 의미는 소극적이고 국가에 의해 지배받는 수동적인 의미인 반면, '시민'은 이와는 반대로 적극적으로 참여하고 자신의 의견을 개진하는 구성원을 의미해요.[5] 지금 현대 한국 사회가 바라는 시민상이죠. 이제는 '공동체'와 '의무'만 강조하는 것이 아니라 '개인'과 '권리'도 함께 중시되는 조화로운 시민성을 기르는 것을 목표로 삼게 된 것입니다. 6차 사회과 교육과정 하위 목표 2항에 '자기가 이루고자 하는 바를 스스로 성취할 수 있게 한다.'라는 진술이 추가된 것을 보면 명확하게 알 수 있습니다.

그리고 시민의 자질 중 고차적 사고력과 핵심역량을 기르는 것을 또 하나의 중요한 목표로 삼기 시작해요. 7차 사회과 교육과정의 '성격' 항에서는 '비판적 사고력, 창의적 사고력, 판단 및 의사 결정력 등의 신장을 강조한다.'라고 진술하면서 사회 수업을 통해 길러야 하는 사고력의 종류를 명시하고 있죠.

가장 최근에 개정되었고 현재도 학교 현장에서 적용되고 있는

---

5 한국교원대학교 제6차 교육과정(사회과)개발 연구 위원회(1992)의 보고서 내용을 참조했습니다.

2015 개정 사회과 교육과정에서는 사회 수업을 통해 길러야 하는 핵심역량들을 제시하고 있어요. 창의적 사고력, 비판적 사고력, 문제 해결력 및 의사 결정력, 의사소통 및 협업 능력, 정보 활용 능력까지 다섯 가지입니다. 사실 앞의 교육과정에서 부르는 고차적 사고력과 큰 차이는 없어요. 하지만 사회 수업을 통해 길러야 하는 시민의 자질이 점점 늘어나고 있는 것은 확실하죠.

사회과의 목표 :
이상적인 민주시민

우리나라 사회과 교육과정의 변천사를 살펴보면 사회과의 목표인 시민성의 의미가 점점 확대되었다고 볼 수 있어요. 즉 A의 의미에서 B로 변한 것이 아니라 A+B로 늘어난 것이죠. 처음에는 국가에 충성하는 국가 시민성에다가 그 후에 사회과 배경 학문에 대한 지식, 문제 해결력과 탐구력 그리고 정보 활용 능력과 같은 기능 또는 사고력이 추가되고 민주시민이 갖추어야 할 가치·태도가 추가되었어요.[6]

게다가 인류를 생각하는 세계 시민성, 우리 고장을 생각하는 지역 시민성에 개인의 발전까지 추구하는 시민성을 사회과 목표에 언급하고 있습니다. 최근에는 초등학교 사회 교과서 교사용 지도서 총론에 '다문화 시민성', '생태 시민성', '디지털 시민성' 등 사회 변화에 따라 필요한 새로운 시민성도 등장하고 있지요.

---

6   7차 교육과정기부터는 사회과 교육과정에 '인권 존중, 관용과 타협의 정신, 사회 정의의 실현, 공동체 의식, 참여와 책임 의식'을 민주시민이 갖추어야 할 가치·태도로 제시하고 있습니다.

워낙에 사회과에서 가르치는 내용이 방대하다 보니 사회 수업을 통해 달성하고자 하는 목표도 많아지고 있는 것입니다.

또 우리나라의 경우 해방 이후 현재까지 정치·사회·경제·문화적으로 엄청난 변화가 있었죠. 이러한 사회 변화에 따라 새로운 시민의 자질들이 생겨나고 있습니다. 그 내용을 모두 다 담으려다 보니 사실상 모든 걸 다 갖춘 이상적인 시민을 사회 수업의 목표로 삼게 된 것이죠.

그런데 성인이 되어서 사회 생활을 하는 데까지 아직 먼 우리 어린이들에게 이러한 이상적인 민주시민의 모습은 너무 멀게 느껴집니다. 초등학생들에게 맞는 사회 수업의 목표가 새롭게 필요하다는 생각이 듭니다. 어린이들은 우리 동네를 좋아하고, 우리 사회에 관심을 가지는 것이 무엇보다 중요할 거예요. 또 어른이 된 미래의 '나'를 위한 수업이 아니라, 현재 어린이인 '나'를 위한 지식, 기능, 가치·태도로 교육 내용이 구성되어야 어린이가 주인공인 사회 수업이 교실 속에서 자라날 수 있을 것입니다.

3

사회 수업은 왜
몰입이 안 될까?

"지훈아? 잠깐만 이리 와볼래?"

지훈이를 불렀는데 대답이 없습니다.

"지훈아? 뭐 물어볼 게 있어. 안 들리니?"

"야, 김지훈. 선생님이 부르시잖아."

짝꿍인 지은이가 부르자 그제야 지훈이가 저를 쳐다봅니다. 활동에 집중하느라 제 말을 듣지 못한 거예요. 사회 수업 시간에 조금 재미있는 활동을 했거든요. 상품의 뒷면에 있는 원산지를 보고 우리나라 지도와 세계 지도에 표시하는 활동이었어요. 마침이 수업이 있는 날은 한 달에 한 번 하는 학급 장기자랑이 있는 날이었어요. 그래서 아이들에게는 사회 수업 시간에 할 활동을 소개하지 않고, 그냥 장기자랑 시간 동안 먹을 간식을 사서 오라고 했습니다. 반 친구들은 과자와 음료수, 시리얼, 사탕, 젤리까지 아주 다양한 종류의 간식을 가져왔어요.

사회 수업을 1교시에 하고, 2교시에 학급 장기자랑을 계획했어요. 상품의 원산지를 찾아 지도에 표시를 다 한 후에 '우리 모둘이 함께 먹을 음식의 원산지 지도'라고 제목을 짓고 발표하기로 했죠. 지훈이는 그날 다른 친구보다 간식을 많이 가져와서 지도에 표시할 것이 많다 보니 엄청나게 집중을 하고 있었던 것입니다.

우리는 이런 상황을 보면 흔히 지훈이가 '몰입'을 하고 있다고 말합니다. 우리는 누구나 일상생활에서 몰입을 경험하게 되는데요. 자녀가 있는 부모님들의 경우는 아이들이 게임에 푹 빠져서 '밥 먹어!'라는 말도 못 듣는 경우를 많이 보셨을 것 같아요. 제 아내는 옛날에 《해리포터》에 푹 빠져 밥을 먹을 때도 책을 손에서 놓지 않았다네요. 여기가 집인지 호그와트인지 구분도 못 할 만큼 책에 몰입했던 것이죠. 저도 고등학교 때 소설 《삼국지》에 푹 빠진 기억이 있어요. 이문열, 정비석, 황석영 등 내로라하는 한국의 유명 소설가들이 평역한 여러 종류의 삼국지 책을 밤이 새는 줄도 모르고 읽었습니다.

이렇게 몰입은 어떤 행위가 너무나 즐겁고 재밌을 때 일어나는 현상인데요. 만약에 학교에서 사회 수업을 하는데 반 아이들이 활동에 완전히 몰입한다면 어떨까요? 한번 상상해 보세요. 기분이 정말 좋죠? '내 수업이 잘됐구나!', '좋은 수업이었구나!'라고 바로 느낄 수 있을 것입니다. 우리 반 지훈이는 제가 하는 말을 못 들을 정도로 지도에 표시하기 활동에 몰입하고 있었습니다. 자신이 직접 사서 다음 시간에 먹을 간식이 수업 소재가 되니 훨씬 재미있었겠죠. 저는 지훈이의 그런 모습을 보고 내심 기분이 좋았습니다.

재미없는 사회 수업

사실 제가 아이들과 사회 수업을 하면서 정말 다양한 활동을 해보았지만 반 친구들이 정말 몰입해서 적극적으로 참여한 인상적인 수업이 그렇게 많지는 않았어요. 당연히 제가 수업을 재미있게 구성하지 못한 것이 일차적인 이유겠지만 사회 교과서에 제시된 학습 내용과 활동이 학습자인 어린이들에게 흥미를 끌지 못하는 것도 또 다른 이유 중의 하나로 볼 수 있습니다.

예를 들면, 5학년 1학기의 1단원 '국토와 우리 생활'에서 우리나라의 지형도에 대해 배우는데요. 교과서에 나와 있는 활동은 사회과 부도를 보고 강과 산맥의 이름을 교과서에 있는 우리나라 지도에 적어보는 것입니다. 아이들은 '낭림산맥', '소백산맥', '금강' 등 산맥과 강의 이름을 적습니다. 아이들은 이 지형들에 대해서 처음 들어보는 경우도 많고, 직접 가서 산맥과 강을 본 경우는 거의 없기 마련이죠. 이러니 당연히 아이들에게는 산맥과 강의 이름이 낯선 용어가 되고, 수업 자체도 지루하고 어렵게 됩니다. 그냥 사회과 부도에 적혀 있는 글자를 교과서에 그대로 베껴 적기만 하는 단순 작업이 되는 것이죠. 그런데도 아이들은 왠지 산맥의 이름과 강의 이름을 쓰는 것이 단원 평가에 나올까 걱정되어서 암기해야 한다는 부담감까지 느끼게 됩니다. 정말 사회 수업이 재미없어지는 거죠.

칙센트미하이의 몰입(flow) 이론

몰입이 있는 교육은 학생들을 즐겁게 해주고 적극적으로 참여하게 만듭니다. 또한 '몰입한다'는 것은 '집중한다'는 것을 의미하기 때문에 학업 성취에도 긍정적인 영향을 준다고 추측해 볼 수 있어요. 그런데 정말 안타깝게도 현실의 사회 수업은 아이들에게 몰입을 주지 못하고 있는데요. 대체 어떤 상황에서 몰입이 일어나는지를 알아야 개선할 수 있겠죠.

'몰입'을 사전에서 찾아보면 '깊이 파고들거나 빠짐'이라고 나와 있는데요. 몰입에 대해 이론적으로 연구한 가장 유명한 학자는 미국의 심리학자 미하이 칙센트미하이(Mihaly Csikszentmihalyi)입니다.

칙센트미하이는 인간이 가장 즐거운 경험(이것을 '최적 경험'이라고 합니다)을 할 때 몰입이 일어나는 것을 발견했어요. 그림 그리기에 몰두하고 있는 화가들, 록 음악에 춤추는 댄서들, 생명을 살리기 위한 수술을 하는 외과 의사들, 바둑에 집중해 있는 프로기사들은 심리적으로 몰입 상태에 있었죠. 몰입을 경험하는 사람들은 단순히 주의집중만 하는 것이 아니라 다른 다양하고 복잡한 조건과 요인에 의해서 몰입을 경험한다는 것을 발견했어요. 그는 이것을 체계적으로 이론화해서 몰입(flow) 이론을 만들었죠.

칙센트미하이는 몰입을 경험하는 사람들은 어떤 일을 할 때 동기부여를 잘 느끼고, 시간이 어떻게 지나가는지 모르는 왜곡된 시간 개념을 갖게 된다고 주장했어요. 또 몰입을 경험하는 사람들은 삶의 질이 올라가고 자아의 성장에 도움도 줄 수 있다고 했지요. 이것을 수업과 학습에 적용해 보면 어린이들이 수업에 몰입한다면 학습 그 자체를 즐거워하게 되고, 그 시간에 의미를 부여하게 됩니다. 또 동기부여가 되어 활동에도 적극적으로 참여하게 되죠. 그야말로 진정한 배움이 일어난다고 볼 수 있습니다.

몰입의 9가지 요인[7]

칙센트미하이는 연구를 진행하면서 특이한 점을 발견했어요. 서로 완전히 다른 성격의 활동을 하는 사람들이 활동에 대한 느낌을 묘사할 때 아주 비슷한 패턴으로 말한다는 것이었죠. 예를 들면, 바다를 횡단하는 수영 선수가 느끼는 감정과 올림픽 토너먼트 경기에 참여하고 있는 운동선수, 암벽 등반을 하는 등반가가 느끼는 심리 상태는 거의 같았어요. 또 문화·문명·계층·연령·성별과 상관없이 모두 비슷한 느낌을 말했다는 것도 신기합니다. 즉, 몰입을 주는 공통적인 요인을 발견한 것이었죠.

몰입을 주는 요인에는 총 아홉 가지가 있었어요. 그 요인들에 대해 간단히 알아볼까요?

① 기술을 요구하는 도전 활동(challenging activity)

몰입에 빠진 사람들이 모든 활동에서 몰입을 느끼는 것은 아니에요. 예를 들어, 배드민턴 선수들은 실력이 비슷할 때 몰입을 느껴요. 저와 같은 약수터 배드민턴으로 다져진 아마추어와 이

---

7   미하이 칙센트미하이(2004). 《몰입》(한울림)에 몰입의 9가지 요인이 소개되어 있습니다.

용대 선수가 배드민턴 시합을 하면 어떨까요? 당연히 둘 다 배드민턴에 전혀 몰입할 수 없습니다. 실력 차가 많이 나면 실력이 부족한 사람은 불안감을 느끼게 되고, 실력이 뛰어난 사람은 지루함을 느끼게 되거든요.

몰입은 지루함과 불안감 사이에서 일어나요. 즉, i+1 정도의 과제가 주어질 때 도전 의식도 생기고 몰입을 느끼는 것입니다. 성인이 초등학교 1학년 수학 문제를 푸는 것도 몰입을 느낄 수 없고, 반대로 초등학교 1학년에게 고등학생이 푸는 미적분 문제를 풀라고 해도 절대 몰입을 느낄 수 없습니다.

② 행동과 생각의 통합

어떤 미션을 주면 사람들은 자신의 능력을 모두 발휘하는 게 가장 이상적인데요. 이럴 때 그 사람은 엄청난 집중을 하게 됩니다. 그 활동 말고는 다른 정보 처리는 전혀 하지 못하게 되는 상황이 오는 거죠. 제 취미 중 하나가 바둑인데요. 바둑의 중반 전투에서는 돌의 생사가 걸려 있는 '사활'이 핵심이 됩니다. 이때 상대방과의 수읽기 싸움에서 한 수를 두는데 거의 30분 이상을 생각할 정도로 엄청난 집중력을 쓰게 되죠. 바둑돌을 바둑판에 두면서도 계속 생각을 하고 있어요. 생각과 행동이 거의 통합돼서 일어나는 것이죠.

우리는 일상생활을 할 때는 하나의 행동에 대해 그 필요성을 의심하기도 하면서 비판적으로 평가할 수 있지만, 몰입 상황에서는 전혀 그렇지가 않아요. 그냥 무언가에 이끌리듯이 내가 생각하는 대로 바로 행동으로 옮겨지는 통합을 경험하게 됩니다.

③ 확실한 목표

몰입을 하려면 반드시 명확한 목표가 있어야 해요. 예를 들어, 야구 경기에서 타자는 안타를 치거나 볼넷을 얻어 출루하는 것이 목표이고, 투수는 타자를 잡고 아웃 카운트를 늘리는 것이 목표지요. 이렇게 목표가 명확할 때 몰입의 경험이 가능합니다.

물론 아주 사소한 목표를 정하는 경우는 상황이 좀 달라요. '온종일 집에서 뒹굴기', 'TV를 두 시간씩 보기' 같은 사소한 목표는 몰입을 주기 어렵죠. 또 '돈을 많이 벌겠다!', '친구들과 잘 지내겠다!'와 같이 추상적인 목표들도 몰입을 주기는 어렵죠. 그래서 '이번 달에는 용돈 20만 원 중 10만 원을 모아 좋아하는 게임기를 사야지!'라고 목표를 정하면 구체적인 실천 방안이 떠올라 몰입해서 그것을 실천하게 됩니다.

④ 신속한 피드백

우리가 어떤 목표를 정하고 행동을 할 때마다 바로 피드백이 온다면 훨씬 더 몰입할 수 있어요. 예를 들어, 배구 선수가 상대방 코트에 공을 넘기려고 서브를 하면 성공인지 실패인지 바로 알 수가 있죠. 피드백은 내가 목표를 달성했는지를 알려주는 메시지 역할을 합니다.

우리는 이런 피드백을 신속하게 받으면 기분이 좋아져요. 그러면 또 한 번 긍정적인 피드백을 받기 위해서 열심히 노력하게 되는 것입니다. 아무리 열심히 목표를 달성해도 피드백이 오지 않으면 지칠 수밖에 없으니까요.

⑤ 현재에 집중하기

어떤 일에 몰입하면 평소 하고 있던 걱정이나 고민, 스트레스 등 나를 힘들게 하는 것들로부터 자유로워집니다. 어떤 일에 집중하다 보니 다른 관련 없는 일에 신경을 쏠 여유가 없어지면서 생기는 긍정적인 현상인데요. 몇 년 전 한 오디션 프로그램에 나온 가수는 이렇게 말했어요. "노래할 때만큼은 모든 걸 잊을 수 있어요. 정말 힘들게 일하고 걱정이 많아도 노래를 하면 그게 생각날 틈이 없거든요."

아이들이 수업에 집중하지 않는 가장 큰 이유는 딴생각에 빠져 있기 때문이죠. 아이들에게 몰입할 수 있는 좋은 수업을 해주면 아이들은 현재에 집중할 수 있습니다.

⑥ 자기 조절

어떤 일에 몰입하는 사람들은 '내가 하는 일과 그 결과를 조절할 수 있다'는 느낌을 받아요. 자기 통제가 가능해지는 것이죠. 그런데 실제로는 우리가 하는 일 중에 결과까지 통제하고 조절하는 경우는 드물어요. 아무리 노력해도 목표를 달성하지 못할 때가 있으니까요.

이렇게 결과를 조절하는 것이 어려워도 산악인이나 카레이서는 몰입을 느끼는데요. 아주 스릴 넘치고 위험 요소가 많은 이 활

동을 할 때 그들은 자신들의 행동에 통제력을 발휘해서 위험을
극복할 수 있다고 믿기 때문이랍니다.

⑦ 자의식의 상실

몰입하는 사람은 자의식이 사라진다고 해요. 물론 자의식이 없
다고 자아가 없어지는 건 아닙니다. 단지 자아에 대한 인식이 사
라지면서 나와 외부 물체가 동일시되는 거예요. 예를 들어, 악기
연주자가 악기를 연주하며 자신이 그 음악의 일부라고 느끼게
되고요. 요리사가 음식을 만들 때는 요리를 하는 과정 자체가 하
나의 나로 느껴지게 됩니다. 이런 자의식의 상실은 오히려 자아
를 성장시키는 긍정적인 힘을 발휘한다고 해요.

⑧ 시간의 왜곡

몰입을 경험한 사람들의 설명을 보면 더 이상 시간이 평범하
게 흐르지 않는다고 이야기해요. 우리가 흔히 느낄 수 있는 낮
과 밤, 시계의 규칙성은 몰입을 경험하면 왜곡됩니다. 몇 시간이
몇 분처럼 지나가기도 하고, 반대로 몇 분이 몇 시간처럼 느껴지
기도 하죠. 엄청나게 재밌는 영화를 몰입해서 봤는데 135분짜리
영화인 걸 확인하고 놀란 경험, 명절에 가족들과 화투를 열심히
치다가 시계를 보니 새벽 3시인 걸 확인하고 놀란 경험, 많이 있
으시죠? 이렇게 시간이 원래 현실과는 다르게 왜곡되는 것은 몰
입하고 있다는 증거가 됩니다.

⑨ 자기 목적적 경험

칙센트미하이는 몰입의 가장 중요한 요소로 자기 목적적 경험을 말했어요. '자기 목적적'이라는 용어는 미래의 이익에 대한 기대 없이 단순히 수행하는 것 자체가 보상이 되는 행동을 의미해요. 예를 들어, 연기하는 배우가 연기를 일로 생각하지 않고, '연기할 때가 가장 행복해요!'라면서 만족감을 느낀다면 그것이 바로 자기 목적적 경험이 되는 것이죠.

이러한 자기 목적적 경험은 활동 자체를 위해 집중하는 것이지, 결과에 집중하는 것이 아닙니다. 이 경험은 몰입의 절정이라고 볼 수 있지요. 저도 아이들과 체육 수업을 하거나 쉬는 시간에 함께 보드게임을 하면 너무 즐겁더라고요. 그럴 땐 '교사하길 잘했네.'라는 생각이 들곤 합니다.

사회 수업은 왜
몰입이 안 될까?

앞서 얘기한 아홉 가지 요인 중에서 우리가 어린이들과 함께 수업할 때 고려할 수 있는 것은 기술을 요구하는 도전 활동, 확실한 목표, 신속한 피드백까지 총 3가지입니다. 나머지 요인들은 몰입을 경험하면서 아이들이 자연스레 느끼게 되는 것이죠.

교사는 수업을 구성할 때 아이들에게 몰입을 주기 위해 이런 노력을 해야 할 것 같아요.

· 아이들의 수준에 맞는 활동을 제시한다(수준에 맞거나 수준보다 약간 어려운 것).

· 추상적이지 않고 구체적이고 확실한 목표를 제시한다.

· 아이들의 행동에 대해 긍정적인 피드백을 즉각적으로 해준다.

칙센트미하이의 몰입이론을 교육에 적용하기 위해서 여러 선생님이 몰입과 학습에 대해 연구했는데요. 석임복 선생님은 학습 몰입의 성격을 연구했어요.[8]

교과목별로 몰입도가 높은 과목과 그렇지 않은 과목을 조사했더니 체육, 수학, 과학 교과가 상대적으로 몰입도가 높았고, 도덕, 실과, 국어, 사회는 상대적으로 몰입도가 낮았어요. 몰입도가 높은 교과는 적극적인 사고와 활동이 주가 된다는 걸 확인했습니다.

정혜영 등 4명의 선생님은 초등학생들이 수업에서 어떻게 몰입하게 되는지 그 맥락을 연구했어요.[9] 연구 결과, 어린이들은 관련성, 활동성, 주도성, 진정성이 드러나는 상황에서 수업에 몰입했다는 것을 확인했어요. 관련성은 아동의 삶과 수업이 연관되어야 한다는 것을 의미하고, 활동성은 아동의 신체 움직임이 있는 수업을 말해요. 주도성은 학습자가 스스로 교육 내용과 교육 방법을 탐색하고 자기 주도적 학습을 할 수 있어야 한다는 의미이고, 진정성은 수업 내용과 방법이 현실과 떨어져 있지 않아야

---

8 석임복(2008). 학습 몰입의 성격 분석 연구. 교육공학연구. 24(1). 187-212.

9 정혜영·조연순·정광순·박주연(2004). 초등학교 아동이 수업에 몰입하는 맥락에 대한 연구. 초등교육연구. 17(2). 181-206.

함을 말합니다. 즉, 이 네 가지의 상황이 있을 때 어린이들은 수업에 몰입한다는 겁니다.

칙센트미하이의 연구와 학습 몰입 이론에 대한 연구를 종합해 보면 초등학교 교실에서 사회 수업이 재미없고, 몰입하기 힘든 이유를 다음과 같이 정리해 볼 수 있습니다.

첫째, 사회 수업은 어린이들의 삶과 관련성이 부족해요. 어린이들은 자신들의 사전 지식과 경험 그리고 관심이 수업 내용과 의미 있게 관련되어 있고 자신이 수업에 참여하는 것을 교사가 도울 때 몰입합니다. 하지만 교과서 위주로 진행되는 일반적인 사회 수업은 아동의 삶과 관련성이 떨어집니다. 또 사회과의 배경 학문인 역사, 지리, 사회과학들은 배워야 하는 양도 많고, 어린이의 삶과 직접적으로 이어져 있는 내용도 찾기가 어렵죠. 그래서 수업 내용은 아이들에게 도전하기 어려운 과제라고 느껴져서 불안감이나 지루함을 주게 되고, 몰입하기 어렵게 됩니다.

둘째, 사회 수업에 활동성이 부족해요. 초등학교 학생들은 움직임 욕구가 왕성한 시기여서 목표가 있고 신체의 움직임이 있는 활동을 할 때 수업에 몰입합니다. 또는 수학의 문제해결 과정, 흥미로운 과학 실험과 같이 적극적인 사고가 필요한 활동을 할 때도 수업에 몰입하죠. 하지만 사회 수업에서는 교과서 속 내용을 전달하기 위해 강의식 수업이 주를 이루고 배워야 하는 양도 많아서 다양한 활동을 하는 데 한계가 있어요. 어린이 활동 중심의 수업은 명확한 목표가 있고, 그에 따른 즉각적인 피드백을 줄 때 학습자의 몰입을 높일 수 있습니다. 이에 반해, 일반적인 사회 수업은 학습자가 명확한 목표를 세우기 어렵고 또 체육이나 음악처럼 목표를 달성했을 때 주어지는 즉각적인 피드백도 어려운 것이 사실입니다.

셋째, 자기화의 실현이 어려워요. 자기화란 학습자가 어떤 현상이나 상태를 내 것으로 바꾸는 것을 말해요.[10] 사회 수업에서 어린이들에게 학습 내용을 자기화시키는 것은 매우 중요하죠. 이를 위해서 우리 지역의 이야기를 소재로 쓰는 '지역화', 최근의 시사적인 내용을 수업 소재로 활용하는 '시사화', 과거의 이야기를 현대 사회의 것으로 바꾸어 가르치는 '현재화' 등 세 가지 방법을 쓰고 있습니다. 기본적으로 수업 자체가 자기화되었을 때 자기 주도적으로 학습하게 되고, 타인을 위한 것이 아니라 나를 위한 수업이 돼서 수업에 흥미를 느끼고 몰입하게 되는 것이죠. 하지만 일반적인 사회과 수업은 교사 위주의 강의식 수업으로 진행되어 수업 내용과 방법도 교사에 의해 일방적으로 결정되는 경우가 많아요. 그러다 보니 어린이들은 자기 주도성과 자기 조절 능력이 있음에도 자신이 가지고 있는 능력을 수업 시간에 발휘하지 못하게 되어 몰입할 수 없게 되는 것입니다.

넷째, 교육 내용이 실제 사회와는 달라요. 사회과 수업의 소재는 우리 주변의 모든 사회 현상과 사회 문제입니다. 하지만 실제 교실 공간에 이 수업 소재들을 모두 담아낼 수가 없어요. 어쩔 수 없이 실제적이지 않은 자료나 있을 법한 이야기들을 가공해서 수업의 소재를 만들게 되죠. 특히나 어린이들이 겪고 경험하는

---

10 남상준(2005). 학교교육과정의 개발과 사회과 교육과정 지역화의 상보성. 지리교육논집에 자기화의 원리가 설명되어 있습니다.

사회 현상과 사회 문제는 어른들과 매우 다르지만 주로 어른들의 사회 현상과 문제를 다루게 되는 것도 몰입이 안 되는 원인이 됩니다.

상황이 이렇다 보니 어린이들에게 사회 수업은 현장성과 생생함이 보이지 않게 되고, 어렵게만 느끼게 되는 것이죠. 결국 어린이들은 사회라는 과목을 자신의 능력에서 벗어나는 내용을 다루는 어려운 교과로 인식하게 됩니다.

4

초등교육,
그중에서도 사회 수업

초등학교 사회 수업이 어려운 마지막 이유를 알아볼까요? 우선 현재 초등학교 교육시스템에 대해 우리는 생각해 볼 필요가 있습니다. 한 가지 과목의 한 차시 수업에 대해서 깊이 있게 연구하고 실천할 수 있는 여건이 되는지를 따져볼 필요가 있는 것이죠. 사회 수업은 다른 교과와는 다르게 사회과 뒤에 있는 배경 학문이 정말 다양해요. 지리, 역사, 정치, 경제, 법 등 영역이 상당히 분절적이고, 각각의 학문도 엄청나게 크고 광범위한 내용이죠. 이 학문들을 모두 아우르며 교육 내용을 선정하고 조직했기 때문에 초등학교 사회 교과서의 분량, 수업 시수를 고려하면 내용이 엄청나게 압축적일 수밖에 없습니다. 이러니 사회 수업이 어려울 수밖에요.

뭐 이리 가르칠 게 많아?
교과 수업부터 생활교육까지

초등학교에서도 교과 전담제가 시행되고 있기는 하지만 기본적으로는 담임 교사가 거의 모든 과목을 가르쳐야 하는 구조로 되어 있습니다. 담임 교사는 적게는 20시간에서 많게는 25시간까지 수업을 해야 하죠. 이건 숫자로 보이는 것보다 엄청난 부담입니다. 왜냐하면 수업에만 신경 쓰는 것이 아니기 때문이죠.

제가 근무하는 학교를 예로 들어볼까요? 저는 2년 동안 4학년 어린이들과 생활을 하고 있는데요. 올해의 경우 영어와 체육을 전담 선생님들이 가르쳐주고 계십니다. 저는 두 과목을 제외한 국어, 도덕, 사회, 수학, 과학, 음악, 미술에 창의적 체험 활동까지 가르치고 있죠. 일주일에 총 23시간 동안 수업을 하고 있어요. 하루에 평균적으로 4~5시간을, 그것도 대부분 다른 과목으로 항상 다른 내용의 수업을 해야 하니 수업 하나하나를 신경 써서 준비하고 실천하는 게 매우 어려운 일입니다.

게다가 초등학교 담임 교사는 수업만 하지 않습니다. 아침 활동, 식사 지도, 쉬는 시간 및 방과 후 시간에 생활교육까지 모두 담임 선생님의 몫이에요. 사실 초등학교의 경우 아이들에게 교과의 다양한 내용을 가르치는 것도 매우 중요한 일이지만 가족들이 없는 동안 무사히 건강하게 하루를 보내는 '보육'도 아주 큰 부분을 차지하고 있어요. 한마디로 학교에 오는 순간 아이들의 보호자는 담임 선생님이 되죠. 공부뿐 아니라 쉬기, 놀기, 먹기 등 아이들의 다양한 일상생활이 학교에서 일어나는 것입니다. 초등학교의 교실은 어린이들과 담임 교사에게는 '삶의 공간' 그 자체라고 볼 수 있습니다.

제 하루를 잠깐 소개할게요. 우선 8시 30분경에 학교로 출근을 합니다. 아침 활동이 시작되는 8시 40분 전까지 반 아이들과 시간을 보냅니다. '오늘 뭐 해요?', '숙제 없었어요?', '혜민이 왜 안 와요?' 같은 다양한 질문을 듣고 대답을 해주며 하루를 시작하죠. 그리고 8시 40분부터 1교시가 시작되는 9시까지 20분간 아침 활동을 해요. 책을 읽을 수도 있고, 함께 체육 활동을 할 수도 있고요. 전날 나눠준 가정통신문을 걷거나 그날 예정된 학교 행사를 안내할 수도 있습니다.

1교시 수업이 시작되면 40분간 수업을 하고 10분간 쉬는 시간을 줍니다. 그런데 그 쉬는 시간이 저에게는 사실 쉬는 시간이 아니죠. 그 짧은 시간에도 어린이들과 함께 있으면서 생활교육을 해야 해요. 안전사고, 학교폭력 사건 등 어린이들에게 문제가 가장 많이 발생하는 시간이 쉬는 시간이거든요. 담임 교사로서 쉬는 시간에 아이들과 함께 있으면서 이런 문제들을 예방하고, 이미 문제가 일어났을 때는 아이들과 상담을 하기도 하면서 시간을 보냅니다. 복도나 화장실을 수시로 순찰하기도 하고요. 4교시가 끝나고 점심을 아이들과 함께 먹은 후에는 청소 검사를 하거나 강당이나 운동장에서 함께 운동하죠. 물론 이 시간은 정말 즐겁습니다.

5교시를 하면 1시 40분경에, 6교시를 하면 2시 30분 정도에 아이들이 하교합니다. 그러면 퇴근까지 2시간 정도가 남게 되죠. 그런데 남은 2시간이 온전히 수업을 준비할 수 있는 시간이 되지 못해요. 학교에서 또래끼리 갈등이 생기면 해결해 줄 수 있는 가장 좋은 시간이 이 시간이기도 하고, 학급에서 학습에 어려움을 겪고 있는 친구를 개인적으로 지도해 줄 수 있는 유일한 시간이기도 합니다. 가끔은 학교 교직원 전체 회의를 하거나 선생님들이 모여서 연수를 듣기도 하고요. 같은 학년 선생님끼리 모여서 다양한 일로 협의합니다. 이러니 한 교과에 대해서 '어떻게 해야 좋은 수업이 될까?'라는 가장 교육적인 고민을 할 수 있는 시간이 터무니없이 부족한 것이 지금의 현실입니다.

사회 교과 내용의
분절성과 나열성

실제로 어린이들과 사회 수업에 대해 면담을 해보면 지금까지 우리가 교실에서 아이들과 함께한 사회 수업은 주로 용어를 암기하는 인지적인 측면으로 이루어져왔다는 것을 알 수 있어요. 아이들은 비판적이고 창의적으로 사고하는 것과 어린이 시민으로서 갖추어야 할 가치와 태도를 기르는 것이 사회 수업에서 별로 중요하지 않다고 생각합니다. 사실 사회 수업을 통해 배우는 배경 학문의 지식보다 사고력과 가치 및 태도가 어린이들의 일상생활과 훨씬 밀접한 관련을 맺고 있는데 말이죠.

그런데 이는 선생님들도 마찬가지였어요. 사회과의 배경 학문에 대한 개념을 설명하고 이해시키는 것을 사회 수업의 가장 중요한 목표로 생각하고 가르쳐왔죠. 그도 그럴 것이 어린이들에게 사회를 가르치는 선생님들의 기억 속에 있는 사회 수업은 암기 위주의 지식 습득을 중심으로 하는 수업이 대부분이거든요.

이렇게 사회 수업이 암기 위주의 지루하고 어려운 수업으로 인식되는 것은 사회 교과가 가지고 있는 특성에서 그 이유를 찾을 수 있어요. 바로 교과 내용의 분절성과 나열성이에요. 한마디로 교과의 내용이 연결되어 있지 않고 분리되어 지식이 나열되어 있다는 것입니다.

다른 교과에 비해 사회과는 배경 학문이 매우 다양합니다. 국어와 비교를 해볼까요? 국어의 경우 문학과 비문학으로 나눠볼 수도 있고, 읽기와 쓰기, 말하기와 듣기로 나눠볼 수도 있지요. 그런데 배경 학문이 완전히 분리되어 있다고 보기는 어려워요. 모두 국어학, 국어교육학, 아동문학 등의 범주로 포괄할 수 있죠. 그런데 사회는 어떨까요? 지리와 역사는 관련성은 높지만, 지리가 인간과 공간의 관계에 대해 연구하는 학문이라면 역사는 인간과 시간을 연구하는 학문으로 큰 차이가 있지요.

심지어 지리와 역사는 깊이 들어가면 그 종류도 엄청나게 많아요. 지리학의 경우 지역지리로 보면 한국지리, 유럽지리, 아시아지리, 세계지리로 볼 수 있고, 계통으로 보면 자연지리, 경제지리, 문화지리 등 정말 다양합니다. 역사도 만만치 않죠. 한국사, 아시아사, 유럽사, 세계사까지 범위에 따라 역사 영역이 나누어져 있고, 시기별로 고대사, 중세사, 근대사, 현대사 등으로 나뉘기도 합니다. 또 문화사, 세계사, 인물사, 생활사 등 주제별로 나누어 연구를 하지요.

지리와 역사 이외에도 사회과에는 하나의 영역이 또 있습니다. 바로 우리가 흔히 '일반사회'라고 부르는데요. 이와 관련된 배경 학문은 정말 많습니다. 고등학교 때 선택 과목을 생각해 보면 쉽게 떠올릴 수 있죠. 정치, 경제, 사회문화, 법, 인류학, 인구학 등 매우 다양합니다. 게다가 요즘에는 환경교육도 사회 수업을 통해 다루어야 할 중요한 주제가 되었어요. 한마디로 사회 생활을 통해 알아야 할 대부분의 학문을 사회 수업을 통해 배운다고 볼 수 있습니다.

이렇게 많은 배경 학문을 아이들이 모두 배운다는 것 자체는 참 좋아요. 하지만 문제가 있습니다. 그것을 한정된 교육과정 범위 안에 적절히 포함하는 것은 매우 어려운 일이거든요. 실제로 앞에서 설명한 많은 배경 학문 관련 주제들이 초등학교 사회과 교육과정 안에 포함되어 있습니다. 3학년에서 6학년까지 4년 동안 주당 수업 시수 3시간으로 저 많은 학문의 내용을 모두 배워야 하죠. 물론 사회과 교육과정 연구자들은 학습자 수준에 맞는 교육 내용을 체계적으로 선정하고 조직합니다. 그렇지만 꼭 필요하다고 생각하는 주제들을 모두 넣으려다 보니 사회 교과서의 내용은 마치 가위로 싹둑 자르듯이 내용이 분절되어 있고, 여러 학문의 개념들이 단순히 나열되어 있다는 생각을 지울 수가 없는 것입니다.

사정이 이러하니 교육과정이 개정될 때마다 교과 내 이익 집단 간의 경쟁이 치열할 수밖에 없어요. '이전 교육과정에는 이 내용이 나왔었는데 이번에는 왜 빠졌느냐?'부터 시작해서 '전에는 6차시 수업의 주제가 왜 4차시로 줄었느냐?'까지 논쟁이 생기는 것이죠. 교육과정 문서상의 단원 수 및 교과목 수 등의 우위를 점하기 위한 싸움으로 사회과 교육과정이 개정될 때마다 핵심 개념, 공부해야 할 주제들이 자주 바뀌어 일선의 교사들이 자신만의 교사 수준 교육과정을 구성하는 데 애를 먹게 되는 것입니다.

실제로 2015 개정 교육과정에는 역사를 딱 1학기 만에 다 가르쳐야 해요. 2009 개정 교육과정기에서 2학기 동안 가르쳤던 것에 비하면 절반으로 줄었죠. 물론 3~4학년군에 역사 영역의 일부가 포함되어 있기는 하지만 아이들이 역사를 만나는 시간이 엄청나게 짧아진 것이 사실입니다. 그렇다고 통사로 가르치지 않는 것도 아닙니다. 나라를 처음 세운 고조선부터 일제강점기와 현대사까지 모두 다루고 있어요. 그런데 사회책 1학기 분량에 그 수많은 역사적 사실을 담아내야 하죠. 이러니 사회과 역사 내용은 아이들이 흥미롭게 볼 만한 이야기 자료, 생활 이야기, 어린이들의 삶이 있는 내용은 거의 없고, 중요한 역사적 사실만 겨우 나열하는 수준에 그치고 있습니다.

어린이의 삶을 반영하는 교육과정 개발이 필요해요!

교과마다 교육과정을 개발할 때 교육 내용을 선정하는 기준이 있습니다. 사회 교과의 경우는 세 가지의 적합성이 그 기준이 되는데요. 바로 국가·사회적 적합성, 학문적 적합성, 개인적 적합성입니다. 사회 교과에 포함되는 내용이 국가와 사회의 요구 사항에 적합해야 하고, 사회 교과를 이루는 다양한 배경 학문의 요구에도 적합해야 하며, 사회 교과를 학습하는 개인에게도 적합해야만 사회과 교육 내용에 포함될 수 있는 것입니다.

가장 이상적인 것은 이 세 가지의 적합성이 모두 다 그리고 균형 있게 반영되는 것입니다. 하지만 지금까지 우리나라 사회 교과 교육과정 개발 과정에서는 주로 국가·사회적 적합성과 학문적 적합성에 초점을 맞춰온 것이 사실입니다. 실제로 6차 사회과 교육과정에서는 교육과정 개정의 배경으로 개인적 적합성을 소홀히 한 부분에 대한 개선을 직접적으로 언급하고 있어요. 그 결과로 교육과정 목표에 '개인과 사회의 발전', '자기가 이루고자 하는 바를 성취할 수 있게 한다.'와 같은 표현이 들어가게 되었죠.

이러한 노력에도 불구하고 여전히 사회과 교육과정은 개인보다는 집단, 사회, 국가에 초점이 맞춰져 있습니다. 아무래도 2명 이상의 구성원이 생활하면서 일어나는 사회 현상을 교육의 소재로 삼기 때문에 어쩔 수 없는 것이 사실이죠. 그렇지만 초등학교에서만큼은 사회 교과서도 개인, 특히 어린이 한 명 한 명에게 관심을 가질 필요가 있습니다. 그건 어린이가 가지고 있는 고유한 특징 때문이지요. 어린이는 수업 내용이 자신의 삶과 거리가 멀다고 느껴지면 흥미가 생기지 않습니다. 그렇게 되면 당연히 진정한 배움도 일어나지 않게 되죠. 어린이들에게 사회 교과가 좀 더 쉽고 친근하게, 재미있게 접근하려면 어린이의 삶을 반영하는 교육과정 개발이 필요할 것입니다. 어린이의 일상생활에서 소재를 찾아내고, 어른들에게만 의미 있는 사회 현상보다는 어린이가 현재 관심을 가지고 참여할 수 있는 사회 현상을 교육 내용으로 구성하는 것이 답이 되겠지요.

'사회 수업! 왜 어려울까?'를 정리하며

지금까지 초등학교에서 사회 수업이 선생님들과 학생들에게 왜 어려운지에 대해 알아보았습니다. 너무 길고 지루했죠? 하지만 이론이 없는 실제는 무너지기 쉽습니다. 탄탄한 이론을 바탕으로 실제 수업을 구성하고 실천해야 흔들림이 없는 것이죠. 앞의 내용을 다시 한 번 정리해 보자면 사회 수업이 어려운 이유가 다음과 같습니다.

사회 수업이 아이들의 삶과 물리적으로 심리적으로 멀리 있는 것이 첫 번째 이유였습니다. 그리고 사회과의 목표인 '시민성 함양'이 그 의미가 추상적이고 모호하며 사회 변화에 따라 계속 달라져서 교사의 관점에서 사회과 목표를 명확하게 인식하지 못해 사회 수업을 어렵게 느끼고 있었습니다. 세 번째 이유는 사회과의 교육 내용과 활동이 흥미롭지 못한 것이었어요. 아이들에게 진정한 배움이 일어나려면 몰입의 경험을 주어야 하는데 실제 사회 수업의 내용과 활동들은 전혀 그렇지 못했죠. 초등학교 사회 수업이 어려운 이유는 중등교육과 다른 초등교육의 특징, 그리고 그중에서도 수많은 배경 학문을 기초로 하는 사회과의 특징에서 찾을 수 있었어요. 지리, 역사, 경제, 정치, 법, 인류학 등 수많은 학문 속에서 도출한 개념들이 나열되어 있어서 가르치기도, 배우기도 어려울 수밖에 없는 현실이죠.

　이제 다음 장에서는 어려운 사회 수업에서 어떻게 어린이가 주인공이 될 수 있는지에 대해 구체적으로 알아보겠습니다.

사회과 교육과정의
이론과 개념부터 수업 실천 사례까지!

쉽게 가르치고 재미있게 배우는
사회 수업을 생각하다

Part 2

어린이가
주인공이 되는
사회 수업

　'좋은 수업'은 어떤 수업일까요? 교육 목표를 실현하는 수업? 선생님과 학생들 사이에 소통이 잘되는 수업? 아이들이 즐거운 수업? 정말 다양하죠. 교과마다 각 차시의 수업마다 선생님들이 생각하는 '좋은 수업'은 달라질 것 같아요.

　저는 초임 교사 시절에는 제가 목표한 교과서 양을 적절한 시간으로 잘 마쳤을 때 수업이 잘됐다고 생각했던 것 같아요. 사실 그때는 교육과정을 잘 볼 줄도 모르고 성취기준이나 학습목표가 눈에 들어오지 않았거든요. 그냥 반 아이들이 대부분 발표를 했는지, 교과서에 있는 문제를 잘 풀었는지를 확인하는 정도였지요. 그런데 경력이 쌓여가고 몇 년씩 같은 교과 내용을 가르치다 보니 조금씩 수업에 대한 생각이 달라졌습니다. 꼭 교과서에 있는 내용을 가르쳐야만 하는 것은 아니고 가르치더라도 전부 다 빠짐없이 가르칠 필요는 없다는 것을요.

　그리고 '좋은 수업'의 기준을 교사 관점에서만 보아서는 안 된다는 것을 느꼈어요. 제가 봤을 때는 수업이 잘된 것 같았는데 아

84

이들 관점에서는 아닌 경우도 있더라고요. 몇 년 전에 아이들에게 제 수업에 대해 질문을 한 적이 있어요. 갑자기 제가 수업을 잘하고 있는지 너무 궁금하더라고요. 동료 교사들과는 수업 나눔을 평소에는 많이 하지 않고, 막상 할 때는 수업을 함께 짜거나 평소의 수업과는 다르게 진행하다 보니 항상 제대로 된 평가를 듣지 못하잖아요. 그래서 아이들에게 묻기로 했습니다. 수업을 '교사와 학생의 대화'로 이루어진 하나의 예술 작품으로 본다면 작품의 참여자인 학생들에게 비평을 듣는 것이 어떻게 보면 당연하니까요. 이것을 수업의 예술 비평적 관점이라고 합니다.

5학년 사회 수업 중 삼국시대에 대한 내용이었어요. 저는 수업 전에 열심히 인디스쿨 홈페이지에서 주제와 관련된 영상을 찾았고, 영상과 교과서를 보고 풀 수 있는 활동지도 만들었습니다. 그렇게 10분짜리 영상 시청, 실물 화상기로 교과서 내용을 읽어주고 중요한 부분 밑줄 치기 15분, 활동지 풀기 10분, 오늘 배운 내용 퀴즈로 풀기 5분으로 수업을 마쳤습니다. 제 생각에는 수업도 조용하게 잘 이루어졌고, 시간도 딱 맞춰서 좋은 수업으로 느껴졌죠. 수업을 마치고 쉬는 시간이 끝나기 전에 아이들에게 물었어요.

"얘들아, 오늘 수업 어땠어? 너희가 봤을 때 이번 수업은 '좋은 수업'이었던 것 같아? 그냥 편하게 느낀 대로 말해 줘. 오늘 수업의 좋았던 점, 아쉬웠던 점 다 좋아."

처음에는 아이들이 어떻게 말해야 할지 잘 몰라서 망설이고 있었는데 채린이가 먼저 말했습니다.

"선생님, 저는 오늘 수업 중에서 앞에서 본 영상은 재밌었는데요. 뒤에 책 읽고 밑줄 친 거랑 활동지 푼 건 재미없었어요."

"아, 그래? 어떤 점에서 재미없었어?"

"음…. 저는 사회책에 나와 있는 그림 중에 궁금한 게 있었는데 물어보지 못했어요. 선생님이 그 그림은 따로 설명 안 하고 넘어갔거든요."

그때 갑자기 형욱이가 손을 번쩍 들었습니다.

"아, 선생님 저도 있어요. 제가 아까 짝꿍한테 책에 있는 유물 사진을 보고 경주 갔다 왔다고 말하고 있었는데 선생님이 저를 무섭게 쳐다보셔서 말을 못 했어요."

저는 채린이와 형욱이의 말을 듣고 정말 부끄러웠습니다. 제가 봤을 때 별로 중요하지 않은 내용이라 생각하고 넘어간 그림과 사진이 어린이들에게는 배움의 싹이었던 것이었어요. 그런데 저는 그걸 알아채지 못한 채 진도를 나갔고 심지어 의미 있는 대화를 못 하도록 째려보기까지 한 것이니까요.

제가 수업 중에 간과한 것은 시각 자료를 보고 드는 아이들의 의문점, 자신의 경험에 대해 친구들과 나누고 싶은 학습자의 심리였습니다. 수업이라는 작품에서 어린이를 주인공으로 참여시킬 수 있었지만 제가 아이들을 조연으로 만들어버린 것이죠. 수업 중간에 아이들에게 궁금한 것이 있는지 질문하고, 수업 내용과 관련된 자신의 경험에 대해 친구들과 나눌 수 있게 하는 것이 얼마나 중요한지 느낄 수 있었습니다.

쉔(D.A.Schön)은 '행위 중 반성', '행위 후 반성'이라는 개념을 제시했는데요.[11] 이것을 차용해서 최근 수업 연구에서는 교사가 '반성적 실천가'가 되어야 한다고 말합니다. 수업하는 중에도 반성적 성찰이 이루어진다는 것이고요. 수업 이후에도 자신의 수업을 복기해 봄으로써 반성적 성찰이 이루어져야 한다는 것이죠.

　저는 아이들과 '행위 후 반성'을 통해 '좋은 수업'이란 '어린이가 주인공이 되는 수업'이라는 것을 깨달았습니다. PART2에서는 '좋은 사회 수업'을 '어린이가 주인공이 되는 사회 수업'으로 정의하고, 이를 이루기 위한 사회 수업의 방향을 총 다섯 가지로 나누어 구체적으로 설명하겠습니다.

11　Schön, D. A.(1983). The reflective practitioner: How professionals think in action, N.Y: Basic Books.

1

놀이와 모험이 있는
사회 수업

네 살배기 첫째 아들이 감기에 걸려서 소아과에 갔는데요. 의사 선생님께서 아이를 진찰하시면서 저에게 이렇게 물으시더라고요.

"아기, 집에서 잘 놀죠?"

"평소보다는 조금 안 논 것 같아요. 혼자 누워 있고 그러더라고요."

아기들은 웬만큼 아프지 않으면 어떻게든 열심히 놉니다. 지난번에는 열이 38도가 넘어가는데도 뛰면서 놀지는 않더라도 어떻게든 앉아서 장난감을 가지고 놀더라고요. 그렇게 놀이를 좋아하는 아기가 안 논다는 것은 진짜 아프다는 뜻이에요. 이런 아기들의 '놀이 본능'을 알고 있는 소아과 의사 선생님이 '아이 어디가 아프대요?'라는 질문 대신에 '잘 놀았죠?'라고 질문하는 것입니다. 정말 누가 가르쳐준 것도 아닌데 놀이를 좋아하고 아파도 필사적으로 놀기 위해 노력하는 아기를 보면 인간에게 놀이가 얼마나 중요한지 알 수 있습니다.

놀이하는 인간
'호모 루덴스'

네덜란드의 역사가인 요한 호이징가(Huizinga)는 인간의 속성을
'호모 루덴스'라고 불렀어요. '루덴스(Ludens)'는 라틴어로 '놀이
한다'는 뜻으로 '호모 루덴스'는 '놀이하는 인간'이라는 의미가
되죠. 즉, 인간의 본성은 놀이하기에 있다는 거예요. 놀이를 좋아
하지 않는 인간은 없고, 인류의 역사를 보면 태초부터 현재까지
항상 문화 현상 속에 놀이가 존재하고 있었다는 것입니다.

그런데 이 말은 정말 맞는 것 같아요. 우리의 삶 곳곳에는 항상
놀이가 있어요. 아이를 키우는 집은 당연하고요. 어른들끼리 모
여서 무엇을 할 때도 여러 가지 놀이를 많이 하곤 하죠. 확실히
놀이를 좋아하는 건 남녀노소를 가리지 않고 인간의 본능이라고
볼 수 있을 것 같습니다.

놀이는 모든 인간의 본능인데, 초등학교 어린이들에게는 어떨
까요? 삶 그 자체일 것입니다. 이건 교육에서도 마찬가지입니다.
아마 유치원부터 고등학교까지 모든 학령기의 학생들에게 어떤
교과목이든 '놀이'는 중요한 교수·학습 방법입니다. 사회 수업
에서도 마찬가지예요. 책을 읽고, 개념을 일방적으로 전달하는
수업 방식보다는 놀이 활동을 통해 재미있게 교과 내용을 배우
면 학습자도 흥미를 갖고 적극적으로 참여할 수 있기 때문이죠.
그래서 역할 놀이, 시뮬레이션 게임과 같은 방법들을 수업에서
많이 활용하고 있습니다. 교육과정에도 시장 놀이, 모의 법정 등
다양한 놀이 활동을 통해 효과적인 수업을 할 수 있도록 안내하

고 있습니다.

사회과 교육과정에서는 '놀이' 그 자체를 교육 내용으로 제시하기도 했어요. 2007 개정 교육과정에서는 '옛날과 오늘날의 여가생활'에서 놀이를 다루고 있고, 2009 개정 교육과정에서는 '옛날과 오늘날 아이들의 놀이' 단원에서 단원명에 직접적으로 '놀이'를 언급하고 있습니다. 여기서는 어른들이 즐기는 놀이가 아닌 '아이들의 놀이'로 한정 지어서 초등교육에 적합한 사회과 교육 내용으로 다루어지기도 하였습니다. 그런데 2015 개정 교육과정에서는 '놀이'를 우리 지역의 문화유산 중 일부로 간단하게 제시한 것으로 변화해서 아쉬움이 남습니다.

놀이의 5가지 특성[12]

사회 수업에서 '놀이'는 교육의 방법으로든 교육의 내용으로든 밀접한 관련이 있다는 것을 알 수 있습니다. 우리는 수업을 구성할 때 보통 2~3가지 정도의 '활동'을 넣는데요. '활동'이라는 말에 이미 움직임이 들어가 있어서 활동 그 자체에 놀이의 의미가 어느 정도 포함되어 있다고 볼 수 있습니다. 어린이가 주인공이 되는 사회 수업을 위해서는 '놀이'의 성격을 포함하고 있는 활동을 구성하는 것이 매우 중요합니다. 놀이는 학습자에게 흥미를 유발하고 몰입을 주기 때문이지요.

그런데 우리가 놀이를 통한 수업을 구성할 때 유의해야 할 점

---

12 오소영(2018). 초등 사회과 활동의 본질로서 놀이적 성격 연구. 한국교원대학교 대학원 석사학위 논문을 참조하였습니다.

이 있습니다. 흔히 놀이 활동 중심의 수업을 마치고 난 후 '활동은 있고, 내용은 없다', '알맹이가 없는 놀이 수업이었다'와 같은 말을 듣게 되는데요. 이런 경우는 크게 두 가지로 볼 수 있습니다. 첫째, 놀이가 수업 목표와 관련이 없는 경우입니다. 이러면 당연히 그런 비판을 들을 수밖에 없겠죠. 둘째, 놀이의 교육적 특성을 간과한 경우입니다. 광주에서 근무하는 오소영 선생님은 사회과 활동의 본질은 '놀이'에 있다고 주장했는데, 교육과 관련된 놀이의 특징으로 5가지를 들고 있습니다. 이 특징들은 우리가 사회 수업을 놀이 활동으로 구성하는 데 꼭 알아야 할 요소들입니다. 이것을 갖추지 못하고 있다면 진정한 놀이 중심의 활동이 이루어졌다고 보기 어렵겠지요.

① 자발성

놀이와 관련된 이론에서 가장 중요한 특성으로 등장하고 있는 것이 바로 자발성입니다. 자발성의 유무에 따라 놀이가 맞는지 아닌지를 구분할 수 있지요. 만약에 아이들이 하는 놀이가 누군가 억지로 시킨 것, 원하지 않는데 명령으로 이루어지는 것이라면 그건 진정한 놀이라고 볼 수 없습니다.

놀이의 자발성은 우리가 사회 수업에서 어떤 놀이를 할 때 아이들의 동의가 필요하다는 것을 말해 줍니다. 아무리 교사가 열심히 놀이 활동을 준비해도 어린이들이 하고 싶어 하지 않고, 억지로 참여하게 되면 놀이를 통한 활동의 장점인 흥미 유발과 몰입의 경험을 주기가 어려워지죠. 따라서 놀이를 할 때는 교사와 학생이 함께 놀이의 규칙에 대해 알아보고, 그 규칙을 어린이 스스로 인정하고 제대로 이해한 후에 교사가 일방적으로 시키는 것이 아니라 학습자가 자발적인 의지에 의해 놀이를 해야지만 진정한 놀이의 힘이 발현되는 것입니다.

② 신체성

아이들의 다양한 놀이를 한번 떠올려보세요. 술래잡기, 경찰과 도둑, 숨바꼭질 등 모든 놀이는 기본적으로 몸을 열심히 움직이는 모습을 떠올려볼 수 있습니다. 물론 바둑이나 체스, 보드게임처럼 두뇌를 활용한 놀이도 있지만 이 활동도 모두 신체적으로 지각을 하고 몸으로 표현하는 과정이 반드시 들어갑니다. 바둑을 둘 때도 머리로 생각을 한 후에 손으로 돌을 바둑판에 두는 과정이 있고, 국민 보드게임인 부루마블을 할 때에도 열심히 말을 옮기고, 돈을 세서 친구에게 나눠주며, 벌칙이나 미션으로 신체 활동을 하는 것이죠.

특히 초등학교 시기의 아이들은 심동적 활동에 큰 흥미를 느낍니다. 인지발달 측면에서도 초등학교 저학년과 중학년 시기에는 구체적 조작기의 시기라 직접 몸으로 행동하면서 배우는 것이 학습에도 효과적이죠. 또 신체를 통한 놀이는 아이들 간의 래포 형성에도 도움을 주고 공동체 안에서의 소속감도 길러주어서 학기 초 친교 활동으로도 신체 활동을 통한 교실 놀이가 많이 활용되고 있습니다.

제가 한 사회 수업 중에 '신분제 가위바위보 놀이'가 기억에 남습니다. 노비는 손으로 기면서, 평민은 쭈그리고 앉아서, 귀족은 일어나서 게임을 시작합니다. 같은 계급끼리 만나면 '가위바위보'를 하는데 승리하면 계급이 하나씩 올라가는 놀이죠. 아이들은 책이나 선생님의 설명을 통해 신분제에 대해 머리로 이해하지만, 놀이를 통해서는 온몸으로 학습하게 됩니다. 그래서 기억도 더 잘 나고, 효과적으로 학습이 이루어집니다.

③ 대화

놀이의 세 번째 특징은 바로 대화를 한다는 점입니다. 대화는 관계 맺음에서 시작되는데요. 놀이에서도 개인과 개인, 개인과 집단, 개인과 놀이 대상과의 관계가 중요합니다. 놀이를 함께 하는 친구들과의 관계, 놀이의 규칙을 알려주고 원활하게 놀이가 진행되도록 도와주는 선생님과 학생의 관계가 생깁니다. 놀이할 때는 참여하는 사람들 간의 대화가 필수적이고 대화를 통해 친밀감과 소속감이 생기게 됩니다. 만약에 혼자 하는 놀이일지라도 나와 놀이의 대상 간에 관계가 존재합니다. 운동장에 나가 혼자 공놀이를 하는 아이들은 공과 관계를 맺고 대화를 이루어나가게 됩니다.

마틴 부버(Martin Buber)는 '나-너'의 관계, '나-그것'의 관계가 우리의 삶에서 필수적이라고 말했는데요. 관계를 맺는 대상들이 만나고 그 속에서 대화가 이루어지면서 자신을 드러내고 상대방의 대화에 몰입하게 된다고 하였습니다. 교육에서도 마찬가지입니다. 수업 중 활용되는 교육 놀이를 통해 학습자들은 친구, 선생님과 대화하고 놀이와 호흡하면서 나를 이해하고, 타인에게 자신을 드러내면서 온전한 관계를 맺게 됩니다.

④ 실제성

사람들이 하는 놀이는 그 시대 상황을 반영하는 경우가 많습니다. 네 살 아이가 하는 소꿉놀이를 보면 엄마가 되어서 요리도 하고, 의사가 되어서 친구의 병을 낫게 해주기도 하지요. 또 우리 반 아이들이 즐기는 경찰과 도둑 놀이를 할 때는 경찰이 된 친구들이 최근에 일어난 사건에 대해 서로 이야기하면서 놀이를 시작하기도 합니다.

인간이 만들어낸 놀이는 자신이 살아온 경험을 바탕으로 하므로 실제 사회의 모습을 닮을 수밖에 없습니다. 거기에 재미를 더하기 위해서 상상력을 발휘해서 규칙을 만들고, 나이에 맞게 변형해서 놀이를 하게 되는 것이죠. 이런 점에서 사회 수업에서 놀이가 갖는 실제성은 중요합니다. 사회 수업의 교육 내용은 우리가 살아가는 사회의 현상이기 때문에 놀이 안에 우리 사회의 모습이 실제로 드러나 있다면 그 자체로 진정한 배움이 일어날 수 있으니까요. 사회 수업에서 놀이를 활용할 때 우리 주변의 사회 문제나 사회 현상을 담아낼 수 있다면 좋겠습니다.

⑤ 유희성과 진지성

아이들은 놀이할 때 참 즐거워하죠. 도덕 시간에 '우리 반 친구들이 즐거워지려면?'이라는 주제를 가지고 모둠별로 실천 계획을 짜게 했는데요. 여섯 모둠 중 네 모둠이 '우리 반 친구들이 즐거우려면 교실 놀이를 해야 한다.'라고 의견을 냈어요. 그래서 그 모둠에서는 교실에서 반 친구들이 함께 즐겁게 할 수 있는 교실 놀이를 계획하고 함께 반 친구들과 직접 해보는 수업을 한 적이 있습니다. 그날 수업이 제가 1년 동안 본 아이들 모습 중 가장 즐거워보였죠.

즐거움은 놀이의 가장 큰 장점이면서 필수적인 특징일 거예요. 놀이의 목적이 즐거움을 느끼는 것이 아니라 지루함을 느끼는 것 또는 슬픔을 느끼는 것이라면 모든 아이가 놀이를 즐거워할 리는 없겠지요. 그런데 교육의 관점에서 놀이를 보면 즐거움만 있는 놀이는 뭔가 하나가 빠진 것 같은 느낌을 줍니다. 바로 놀이를 할 때 진지하게 임하는 자세입니다. 놀이할 때 어떻게 진지하게 하느냐고요? 즐거운 것과 진지함은 반대말인 것 같다는 생각을 할 수도 있지만 진지함의 반대되는 말은 장난스러움이지 즐거움이 아닙니다. 즉, 즐겁게 그리고 진지하게 놀이를 할 수 있는 것이죠.

실제로 아이들은 생각보다 매우 진지하게 놀이를 합니다. 얼마 전에 동료 선생님 집에서 선생님의 자녀와 보드게임을 하고 있었습니다. 즐겁게 게임을 하다가 갑자기 아이가 억울함을 토로했습니다. 게임에서 통행료를 지불해야 하는데 자신이 알고 있는 계산 방식과 어른이 말한 계산 방식이 달랐던 거예요. 이 문제로 5분 동안 열띤 토론을 펼치고 나서 겨우 다시 게임을 계속할 수 있었죠. 우리가 아이들과 놀이를 하면서 마주치는 이런 경험들은 아이들이 진지하게 놀이에 몰입하고 있다는 것을 보여줍니다.

반 아이들이 방과 후에 교실에서 마피아 게임을 하는데 사회자가 마피아를 지목합니다. 이때 누군가 고개를 살짝 들거나 규칙에 어긋나는 행동을 하는 친구가 있다면 어떤 일이 벌어질까요? 아마 다 예상하실 수 있으실 거예요. "아, 고개 들지 말라고!" 하면서 엄청난 소리가 들리게 되죠. 이건 놀이에 대한 진지함과 몰입에서 나오는 당연한 행동이라고 볼 수 있습니다.

모험놀이와
사회 수업

서울에서 근무하는 이지영 선생님은 사회 수업, 특히 지리 영역에 효과적인 모험놀이 프로그램을 구성하고 아이들과 함께 실천했는데요.[13] 놀이 안에 들어 있는 '모험성'이 어린이들의 흥미를 유발하고, 친구들과 함께 모험 미션을 해결하면서 팀워크를 키우고 성장시킨다고 보았습니다.

우리는 일상생활에서 '모험'이라는 말을 많이 쓰죠. 만화 영화 속에서 주인공이 떠나는 모험, 놀이동산에서 놀이기구를 타면서 바다, 정글을 헤쳐나가는 모험이 가장 먼저 떠오릅니다. 국립국어원 표준대사전을 찾아보면 모험은 '위험을 무릅씀 또는 그러한 일'이라고 나와 있어요. 모험의 가장 중요한 특징은 바로 위험(risk)을 감수하는 것이에요. 어른들의 관점에서는 '먹고 사는 것

---

13 이지영(2018). 모험놀이 중심 초등지리교육활동의 구성과 실천. 한국교원대학교 대학원 박사학위 논문을 참조했습니다.

도 힘든데 위험을 왜 감수해?'라고 반문할 수 있지만, 어린이들의 세계에서 모험은 즐거움의 요소가 됩니다. 위험이 있다는 것은 예상하기 어렵다는 것을 뜻하는데요. 나의 행동에 따라서 성공할 수도 있고, 실패할 수도 있기 때문에 흥미가 생기는 것이죠. 또 모험할 때는 다양한 상황에서 문제가 발생하고 그것을 해결하기 위해서 판단을 해야 하는 선택의 순간을 마주치게 되는데요. 문제를 해결하고 선택하면서 어린이들은 문제 해결력, 의사 결정력, 창의적 사고력 등 고차적 사고능력도 함께 기를 수 있답니다.

현대 한국 사회의 어린이들은 대부분 도시에 살고 있어요. 도시가 발전하고 산업화되면서 살기가 좋아진 것은 사실이지만 아이들이 뛰어놀 수 있는 공간을 많이 앗아가버렸고, 부모들의 바쁜 삶으로 인해서 양육 방식도 많이 달라졌어요. 도시 안에는 항상 안전사고의 가능성이 존재하기 때문에 아이들은 수십 년 전 어른들의 어린 시절과는 다르게 멀리 혼자 여행을 다닌다거나 내가 사는 동네 곳곳을 탐방한다는 것이 참 어려운 일이 되었습니다.

이런 크고 작은 변화가 어린이의 '모험 실조'를 만들었어요. 더 이상 아이들의 일상생활 속에서 모험의 경험을 찾기가 어려워졌어요. 그런데 어린 시절의 모험은 아이들을 성장시키는 촉진제 역할을 합니다. 어린이들끼리 하는 모험이 위험하다면 학교라는 안전한 공간에서 모험을 시켜주는 것도 좋은 방법이 되죠. 그래서 학교 사회 수업 시간에 모험놀이가 있는 활동을 구성할 필요가 있는 것입니다. 모험놀이가 가지는 장점은 크게 세 가지가 있습니다.

첫째, 동네 곳곳을 탐험하고 다시 집으로 돌아오는 활동은 아이들에게 자연스럽게 지리 지식을 깨우쳐줍니다. 교과서를 통해 배우는 방위, 축척, 기호와 같은 지리 지식은 아이들이 몸으로 배우는 것이 아니라 쉽게 기억을 하지 못합니다. 그런데 동네 탐험, 우리 지역 모험 활동을 통해 배우는 지리 지식은 몸으로 직접 체험하는 것이고 학습의 필요성을 확실하게 이해할 수 있기 때문에 배움의 효과가 극대화됩니다.

둘째, 모험놀이는 타인과의 협력을 돕습니다. 학교에서 구성하는 모험놀이 활동은 팀을 짜고, 미션을 주고 해결하는 과정을 거칩니다. 이 과정에서 자신이 스스로 행하는 것도 있지만 타인과 의견을 나누고 역할을 정해서 활동하는 경험을 합니다. 그리고 미션을 해결하기 위해서 팀원과 집단 지성을 발휘하는 시간을 가지며 나와 타인이 함께 성장하게 됩니다.

셋째, 사회 수업 시간을 통해 구성하는 모험놀이는 안전을 보장합니다. 현대 사회에서 어린이의 모험적 삶이 사라진 이유 중 가장 큰 것이 바로 안전 문제입니다. 그런데 학교에서 이루어지는 모험놀이는 안전한 학교라는 울타리 내에서 이루어지는 활동이 대부분이고, 담임 교사, 안전 지킴이, 전담 교사 등 어른들과 함께 진행해서 안전이 보장됩니다. 그리고 학교 울타리를 넘어선 활동의 경우에는 학부모나 지역 사회 어른이 함께 도우미로 동행하게 됩니다. 모험놀이는 학생들의 배움을 통한 성장에 기여할 뿐 아니라 학부모, 지역 사회 어른과도 만날 수 있는 장을 마련해서 교육공동체의 관계 회복에도 도움을 줄 수 있습니다.

보드게임을 활용한 사회 수업

"대박! 오늘 사회 시간에 공부 안 하고 게임한대!"

사회 교과서의 '주제 마무리'에는 낱말 퍼즐 놀이나 말판 놀이, 미로 탈출 놀이와 같은 다양한 놀이 활동으로 배운 내용을 정리하도록 도와주고 있습니다. 원래 집에서 보면 재미없던 영화도 학교에서 보면 집중해서 보게 되듯이 주사위를 굴려서 나온 숫자만큼 말을 움직이고, 그 칸에 나와 있는 문제를 푸는 것만으로도 아이들은 기쁨을 느낍니다. 사실 놀이를 통해 공부하는 것인데도 공부 대신 놀이를 한다고 생각하는 아이들이 참 순수하게 느껴집니다.

주제 마무리에 있는 간단한 놀이 말고도 보드게임을 활용하여 사회 교과에서 강조하는 개념을 배우고 학습목표를 달성할 수 있습니다. 보드게임을 여유 있게 가지고 있다면 사회 시간에 조별로 게임을 해보게 할 수 있고, 그것이 어렵다면 쉬는 시간을 활용해서 아이들이 게임을 할 수 있게 하면 좋습니다. 사회 수업에 활용하면 좋은 보드게임 3가지를 소개하겠습니다.

1. 팬데믹(코리아보드게임즈)

팬데믹은 세계보건기구(WHO)가 선포하는 감염병 최고 경고 등급으로, 감염병이 세계적으로 대유행하는 상태를 말합니다. 2020년을 나타내는 딱 하나의 용어를 고르라고 하면 누구나 '신종 코로나바이러스'를 말하겠죠. 코로나로 인한 사회의 변화는 정말 엄청나게 컸습니다. 우리가 살고 있던 삶의 방식을 완전히 송두리째 바뀌게 했죠. 이로 인해 다양한 사회 문제들이 발생했어요. 코로나와 관련된 범죄도 늘어나고, 전염병에 걸린 사람들이 다녀간 곳을 조사하면서 인권 문제도 발생했죠. 그리고 의료인과 질병관리본부, 정부와 지방자치단체에서 감염병 확산을 막기 위해 엄청난 노력을 하고 있습니다.

보드게임 '팬데믹'은 감염병을 막기 위한 노력이 어떤 것이 있는지를 게임을 통해 체험할 수 있게 만들어졌습니다. 감염병의 치료제를 개발하기 위해 연구소를 개발하고, 전염을 막기 위해

방역 활동을 합니다. 또 감염병이 나라에서 나라로 대륙에서 대륙으로 전파되는 것도 경험하게 해줍니다.

- **게임 정보** 2~4명 / 8세 이상(5~6학년 권장) / 함께 팀이 되어 작전을 구상하는 협력 게임
- **게임 목표** 네 가지의 전염병 치료제를 개발하고 감염을 막아 인류를 구한다.
- **게임 절차** 직업 카드 뽑기(검역 전문가, 과학자, 비상대책 설계자 등) → 플레이어 카드 및 감염 카드를 순서대로 뽑으면서 전염병 전파 → 해당 조건이 되면 연구소 설치 및 치료제 개발 → 모든 질병 큐브를 없애면 플레이어 승리
- **교육 효과** 세계 규모의 사회 문제에 대해 인식할 수 있고, 게임을 진행하면서 문제해결 절차를 이해하고 선택의 순간에 의사결정 능력을 배울 수 있습니다. 또 경쟁형 게임이 아니라 협력형 게임이므로 관용과 타협, 공동체 의식, 참여와 책임 등 민주시민의 자질을 학습할 수 있습니다.

2. 마이빅월드 대한민국(행복한바오밥)

이 게임은 아이들의 지리 지식 습득을 목표로 하는 게임입니다. 사실 어른들도 이 게임을 하면 생각보다 어렵습니다. 100장의 카드에 유명 관광지나 문화 유적, 지역 축제가 나와 있는데 전

국적으로 유명한 곳이나 우리 지역 근처가 아니면 생각보다 생소한 게 많더라고요. '거제포로수용소 유적공원'이라든가 '태릉선수촌', '소양강댐' 등의 카드를 뽑고, 우리나라 지도를 보면서 어느 위치에 있는지를 맞혀야 하거든요.

100장의 카드에 나와 있는 지역과 관련된 지식만 익히더라도 매우 많은 한국 지리 지식을 익히게 됩니다. 우리나라 지도를 보는 눈이 길러지게 되죠. 게임을 여러 번 하다 보면 다른 지역의 문화유적이나 축제에 관심도 갖게 되고, 우리 지역이 등장하면 친근감도 느끼게 돼 소속감도 기를 수 있습니다. 이 게임의 특징 중 하나는 큰 대한민국 지도가 양면으로 되어 있는 것인데요. 앞면은 주요 도시가 표시되어 있고, 뒷면은 어떤 도시도 표시되어 있지 않아요. 난이도 조절이 가능한 것이죠. 아이들과 함께 이 게임을 하면 즐겁게 사회를 공부할 수 있습니다.

- **게임 정보** 2~6명 / 7세 이상 / 카드를 보고 지도에서 위치를 찾아 점수를 획득하는 경쟁형 게임

- **게임 목표** 대한민국 방방곡곡의 축제, 관광지, 유적지를 익히고 지도에서 위치를 찾는다.

- **게임 절차** 여행 마커를 정하고, 목적지 카드를 15장 뽑기 → 카드 한 장을 뒤집어 정확한 위치를 파악하여 지도에 표시함 → 여행 마커를 옮겨(5칸씩 옮길 수 있음) 카드의 위치까지 가면 카드를 가져오고, 적힌 점수를 획득 → 15장의 카드를 모두 가져간 후 점수를 합하여 높은 사람이 승리

- **교육 효과** 우리 지역과 우리나라에 대해 지도를 통해 학습할 수 있습니다. 역사 영역으로 우리 지역의 문화유산에 대해서도 학습할 수 있습니다. 또한 카드에 나와 있는 위치 표시를 보고 지도에 표시하는 활동을 통해 시각 자료를 이해하는 도해력을 기를 수 있습니다.

3. 카탄(코리아보드게임즈)

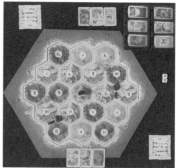

'카탄'은 독일에서 1995년도에 발매한 보드게임입니다. 발매 당시부터 선풍적인 인기를 끌었고, 현재 우리나라를 포함한 많은 나라에서 사랑받고 있지요. 카탄은 플레이어당 2개의 마을을 정해 놓고, 자원을 획득해서 도로를 건설하고, 도시를 발전시켜서 높은 점수를 얻으면 승리하는 경쟁형 게임입니다. 이 게임이 사회 수업에서 유용한 가장 큰 이유는 바로 '희소성', '교환', '생산', '소비'의 경제 개념을 배울 수 있기 때문입니다.

우리는 아이들에게 경제 교육을 할 때 가장 먼저 희소성의 개념을 가르칩니다. 자원은 유한한데 인간의 욕구는 무한한 것이지요. 이에 따라 우리가 물건을 생산하고 소비하며, 각자 필요한 것을 교환하게 됩니다. '카탄'에서는 이런 경제 관련 기본 개념을 익힐 수 있습니다. 마을을 짓고, 도로와 도시를 건설하기 위해 각기 다른 자원들이 필요하게 되는데요. 자원을 얻는 방법은 내가 가지고 있는 땅에서 획득하는 방법, 다른 플레이어와 교환을 하는 방법이 있습니다. 내가 개발을 하기 위해 필요한 자원은 다른 플레이어와 교환 조건이 맞으면 교환할 수가 있는데, 1:1 교환도 가능하고, 1:3 교환도 가능합니다. 희소한 자원은 그 가치를 인정받게 되고, 여유가 있는 자원은 가치가 낮아지게 되죠. 이렇게 해서 필요한 자원을 모두 갖게 되면 자신의 마을을 개발하는 데 소비하게 됩니다.

- **게임 정보** 2~4명 / 10세 이상 / 마을을 발전시켜서 점수를 획득하면 승리하는 경쟁형 게임

- **게임 목표** 무인도에 정착하여 다양한 자원을 생산해서 마을을 발전시킨다.

- **게임 절차** 게임판에서 자신이 원하는 곳에 근거지를 배치함 → 주사위를 굴려 나온 숫자에 내 마을이 있으면 해당하는 자원을 획득 → 자원을 활용해서 마을, 도로, 도시를 건설함(필요한 자원은 상대방과 교환 가능) → 마을 1점, 도시 2점 등 발전 상태에 따라 점수가 10점이 되는 플레이어가 생기면 게임 종료

- **교육 효과** 무인도에서 마을과 도시를 건설하는 과정을 보면서 사회의 변화와 발전에 대해 학습할 수 있습니다. 자원을 생산하고, 소비하고, 필요한 자원을 서로 교환하는 과정을 통해서 희소성과 거래와 관련된 경제 개념을 자연스럽게 익힐 수 있습니다. 거래를 제안하고 동의하는 과정에서 선택의 순간이 발생하므로 의사 결정력도 기를 수 있습니다.

'엿을 찾아서' 프로젝트[14]

모험은 어린이들의 호기심에서 시작됩니다. 아직 해보지 못했던 일, 해본 적이 있어도 어른과 함께해서 주도적으로 참여하지 못했던 과제에 어린이들은 호기심을 느낍니다. 그래서 모험놀이가 있는 수업 활동을 구성할 때는 어린이들에게 호기심을 줄 수 있는 과제를 선정하는 것이 무엇보다 중요합니다.

모험이라고 해서 꼭 특별한 곳을 가야 하는 것은 아닙니다. 대형 놀이동산에 가거나 도시에서 멀리 떠나 드넓은 들판이 있는 체험학습 장소에 가야만 실현 가능한 과제라면 일회성 행사에 그치고 맙니다. 우리 어린이들이 일상생활에서 쉽게 접할 수 있는 우리 동네를 활용하는 것이 지속해서 교육을 진행할 수 있고, 교육 효과도 더욱더 높습니다. 익숙한 우리 동네를 다른 관점에서 낯설게 바라볼 수 있게 하는 것이 우리 동네를 활용한 모험놀이의 장점이 됩니다.

'엿을 찾아서' 프로젝트는 장소 찾기 유형의 모험놀이 수업 사례입니다. 교사와 5학년 11명의 학생이 함께 목표물을 정하고, 팀원이 함께 목표를 달성하면서 도전정신과 협동심을 길렀던 모

---

14 이지영(2018) 선생님의 박사학위 논문에 소개된 수업입니다.

험놀이 프로젝트입니다. 이 수업의 진행 과정은 크게 세 단계로
요약됩니다.

(1) 경험 구상하기(목표 및 규칙 정하기, 탐험 지도 만들기)

(2) 함께 찾기(목표물을 찾아 탐험하기)

(3) 경험 나누기(탐험이 끝난 후 느낀 점 나누기)

(1) 경험 구상하기 단계

첫 번째 단계에서는 선생님과 수업에 참여한 아이들이 함께
목표물을 정하고 규칙을 만드는 시간을 갖습니다. 선생님은 '한
국의 전통 다과'라는 주제를 부여했고, 대형마트에서 사지 않는
다는 것을 기본 규칙으로 설명했어요. 아이들은 책과 인터넷을
뒤지면서 주제에 맞는 목표물을 함께 정하기 시작했습니다. 어
떤 친구는 곶감을 이야기하기도 하고, 어떤 친구는 식혜를 이야
기하기도 했죠. 그러다 한 친구가 제안을 했습니다. "우리 엿 찾
아보는 거 어때?", "그래, 좋아!" 다른 다과들에는 반대 의견들이
나오다가 엿을 찾으러 가는 데는 반대 의견이 없어서 엿을 목표
물로 정했습니다. 그리고 동네 탐험을 하면서 함께 다니기, 교통
안전에 유의하기 등 팀워크와 안전에 대한 규칙도 함께 정했죠.

다음으로는 탐험 지도를 함께 그립니다. 목표물인 엿을 어떤
가게에서 살 수 있는지 토의하다가 떡집에서 엿을 구매할 수 있
다는 것을 발견합니다. 인터넷 지도 화면을 보고, 검색을 통해 찾
은 동네의 떡집 4곳을 투명 용지에 표시했습니다. 그러고는 학교

에서 가까운 곳부터 순서를 정해서 경로를 이어서 탐험 지도를 완성했습니다.

(2) 함께 찾기 단계

11명의 어린이가 엿을 찾기 위한 탐험을 떠나는데 선생님은 어떤 이야기도 하지 않고 묵묵히 아이들을 따라갔어요. 지도에 표시한 첫 번째 떡집에 가서 엿을 찾으니 없었고, 두 번째 목적지인 아파트 상가 떡집에 갔는데도 엿이 없었습니다. 두 번째 실패까지는 밝게 웃던 아이들이 탐험을 계속하면서 선두 그룹과 뒤에 따라오는 그룹이 바뀌면서 자연스럽게 탐험을 이어갑니다. 그런데 세 번째 목표인 떡집에 가서도 엿이 없는 걸을 알게 된 아이들은 "지금이라도 다른 것으로 바꿔볼까?", "그냥 떡만 먹는 것은 어때?"라며 의견을 나누기 시작했죠.

세 번째 떡집에서는 근처 빵집에서 엿을 팔지도 모른다고 안내를 해주셔서 탐험 지도에 새로운 목적지가 추가로 생겼어요. 하지만 그 빵집에서도 엿은 팔지 않았고, 이제 마지막 목표인 네 번째 떡집을 갔습니다. "여기도 없대요." 아이들은 엿을 발견하지 못해서 너무나 아쉬워했지요. 다시 학교로 돌아가는 길에 한 친구가 "나, 이 길 알아. 저쪽에서 떡집 하나 봤어." 합니다. 아이들은 희망을 품고 떡집으로 향했습니다. 결국 그곳에서도 엿은 팔고 있지 않았지요. "선생님, 우리 떡이라도 먹어요." 마지막 떡집에서 아이들은 떡을 골랐고, 근처 공원에서 팀원들과 함께 떡을 먹으며 즐겁게 이야기를 나누었습니다.

(3) 경험 나누기 단계

아이들이 함께 '엿을 찾아서' 프로젝트를 진행한 후 어떤 생각이 들었는지를 나누는 시간입니다. 아이들은 동네 탐방, 엿 찾기 프로젝트에 대해 만족감을 표현했습니다. 의견이 맞지 않아서 싸우거나 남학생과 여학생 간에 갈등이 생길 거라 예상했는데 그런 것도 없이 즐거워했습니다. 또 목표물을 찾지는 못했지만 함께 떡을 먹은 경험, 실패했지만 계속 도전하는 경험이 의미 있었다고도 말했습니다.

- 평소에 나는 동네를 다니지 않는데 오랜만에 돌아다녀서 재밌었다.
- 가장 기억에 남는 것은 동네를 다 걸어 다닌 것이다. 학교 주변 아파트들은 내가 잘 모르는 곳도 많았다.
- 가장 기억에 남는 것은 떡집에서 계속 엿이 없다고 한 것이다. 다음에도 학교 밖에서 재밌게 수업하면 좋겠다.
- 우리 동네 모든 떡집을 돌아다녀서 힘들었다. 그런데 엿은 아무 곳에도 없었다. 조금 힘들었지만 재미있었다.

아이들은 힘든 경험이지만 그것을 하나의 모험담으로 생각하면서 즐거웠다고 표현하고 있습니다. 또한 친구들과 함께 돌아다니며 의사소통하고 경험을 나눈 것도 의미 있게 생각했습니다. 아이들이 스스로 목표를 정하고 목표를 찾기 위해 돌아다니는 하나의 재미있는 놀이로 인식하였고, 내가 사는 동네지만 아직 잘 모르고 있었다는 것을 깨닫게 된 좋은 계기가 되기도 하였습니다.

실제 학교에서 장소 찾기 또는 물건 찾기 프로젝트는 모험놀이를 기반으로 하는 어린이가 주인공이 되는 사회 수업의 좋은 사례가 됩니다. 학교 밖으로 나가는 것이 부담스러우면 학교 내에서 장소 또는 목표를 정하고 함께 탐방하면 좋습니다. 이때 주의해야 할 점은 교사가 장소나 목표를 정해 주는 것보다 아이들 스스로 결정하게 하는 것입니다. 그래야 진정한 모험놀이 수업이 될 수 있으니까요.

2

어린이 시민이 만들어가는
사회 수업

우리나라 교육의 목적은 민주시민의 자질을 기르는 것입니다. 여러 교과 중에서도 사회과가 교육의 목적을 실현하는 데 크게 기여하고 있지요. 우리는 사회 수업을 통해 민주시민에게 필요한 지식을 가르쳐주고, 다양한 사고력과 기능, 민주주의 사회에 필요한 가치와 태도를 길러주는 것에 초점을 맞추고 있습니다.

여기서 우리가 생각해 볼 것이 있습니다. 우리가 사회 수업을 통해 하는 민주시민 교육이 어린이들이 성장해서 어른이 되었을 때 바람직한 민주시민이 되길 바라는 교육인지, 아니면 현재의 어린이들이 지금의 사회에서 '어린이 시민'으로서 자신의 역량을 발휘하길 바라는 교육인지를 고민해 봐야 하는 것이죠.

지금의 초등학교 사회 수업은 어른 시민 만들기에 치중되어 있습니다. 당연히 초등학교 사회과 교육이 중학교와 고등학교까지 연계되어 있고, 교육은 미래를 위한 준비의 성격이 강하기 때문에 어찌 보면 당연하죠. 하지만 이러한 점 때문에 어린이들이 사회 수업에서 주인공이 되지 못한다는 것은 이미 앞에서 살펴보았습니다. 어린이가 흥미를 느끼고 주도적으로 참여하는 좋은 사회 수업, 즉 어린이가 주인공이 되는 사회 수업을 하기 위해서는 '어린이 시민'이 만들어가는 사회 수업을 해야 합니다.

청소년과
어린이의 삶은 달라요!

중학교와 고등학교의 차이보다 초등학교와 중학교의 차이는 비교할 수 없을 만큼 크죠. 그런데 우리나라는 초·중등교육법을 두고 있어서인지 초등교육과 중등교육을 법의 테두리에서 유사하게 지침을 적용하는 경우가 참 많습니다. 그러다 보니 많은 교육계획들을 보면 중고등학교에는 적용할 수 있지만, 초등학교에는 적합하지 않은 경우들이 많죠. 반대로 초등학교에는 적합하나 중고등학교에 어울리지 않는 것도 있고요.

교과 내용도 마찬가지입니다. 초등학교의 경우 저학년 때는 통합교과로 초등교육의 특성에 맞게 교과가 차별성 있게 구성되어 있지만 3학년부터는 거의 중학교와 과목이 비슷해져요. 5학년 때 실과가 새롭게 생겨나는 것 빼고는 3학년부터 배울 건 거의 다 배운다는 것이죠. 과목이 비슷한 건 괜찮은데 교육 내용까지 비슷한 건 사실 곤란해요. 아이들의 인지 발달 단계가 완전히 다르기 때문이에요. 그래서 수학이나 국어, 영어 교과 등은 중학교와 초등학교의 학습 수준 차이가 엄청납니다.

하지만 사회 교과만은 조금 예외인 것 같아요. 중고등학교의 사회 교과서를 보다가 초등학교의 사회 교과서를 보면 분명히 내용도 짧고 친숙한 표현이 많이 들어간 것은 사실이지만 중고등학교 때 배우는 중요한 개념이 초등학교에도 꽤 많이 등장하거든요. 물론 사회과의 중요한 교육 내용의 조직 원리인 나선형 교육과정 구성 방법을 사용하다 보니 같은 개념을 지속해서 반복하고 있지만, 너무 지나치게 청소년이나 어른에게만 통용되어 어린이들이 이해하기 어려운 사회 현상과 사회 생활을 다루는 것은 아닌지 생각해 볼 필요가 있습니다.

사실 초등학생이 배우는 사회 교과 내용과 중고등학생이 배우는 사회 교과 내용은 완전히 달라야 이상적일 것입니다. 왜냐하면 아이들이 실제 생활하는 무대인 학교, 학원, 사회의 모습이 초등학생과 중고등학생은 매우 다르기 때문입니다. 먼저, 생활권이 정말 다릅니다. 초등학생은 대부분 도보로 10분 안에 갈 수 있는 학교로 등교를 합니다. 하지만 중고등학생은 버스를 이용하거나 지하철을 이용하는 등 길게는 1시간 가까이 통학해야 하는 경우도 있거든요. 생활권이 다르다는 얘기는 일상생활을 하면서 보게 되는 생활 세계가 차이 난다는 의미입니다. 생활권이 클수록 아무래도 생활 세계가 커질 수밖에 없겠죠.

또 초등학생 때까지는 할 수 없지만 중학교가 되어서는 할 수 있는 것이 있고, 반대로 초등학생까지는 가능하지만 중학생이 되면서 할 수 없는 일들도 있습니다. 저의 첫 제자들이 이제 대학에 들어갔는데 이런 얘기를 하더라고요. 자신의 인생에서 가장 큰 변화의 시기는 고등학생에서 대학생이 된 것이 아니라 초등학교를 졸업하고 중학생이 된 것이라고요. 친구들과 항상 다른 옷을 입고 다니다가 통일된 교복을 입게 되고, 교복에는 자신의 이름이 적혀 있습니다. 그리고 초등학교 때까지는 5분 거리의 학교로 걸어가다 보면 친구들을 만나서 수다를 떨며 학교까지 갔었는데 중학교에 들어가서는 혼자 버스를 타고 내리고 벌점을 받지 않기 위해 학교에 급하게 뛰어 들어간 기억만 남는다는 거죠. 초등학교 때는 항상 교실에 있는 담임 선생님에게 어제 있었던 일을 하나하나 다 이야기했는데, 중학생이 되어서는 선생님과 대화하려면 교무실에 가서 해야 하니 담임 선생님과 말하는 시간이 확 줄어든 것입니다.

이렇게 초등학생과 중고등학생의 삶은 완전히 다릅니다. 그러니 바라보는 세계관도 다릅니다. 그런데 사회 수업의 내용은 초등학교 교과서든 중학교 교과서든 다 어른이 돼서 훌륭한 민주시민이 되려면 어떻게 살아야 하는지, 우리나라 어른들은 어떤 사회 문제를 겪고 있는지에 대해서 배우게 됩니다. 중학교는 초등학교보다 성인에 가까워지고 지필평가도 존재하기 때문에 학문적인 개념과 내용을 습득하는 것은 필요합니다. 하지만 초등학생의 경우 아직 어른이 되려면 10년 정도가 남아 있죠. 3학년의 경우를 생각해 보면 아직 10년도 채 살지 않았는데 10년 후에 대해 미리 배우는 것이에요. 너무 먼 이야기입니다. 그리고 초등학교에선 평가의 방식도 지필평가가 아닌 배움중심평가(수행평가)가 이루어지기 때문에 실제 어린이들의 삶이 교육 내용으로 들어가야 훨씬 더 의미 있는 평가가 이루어지는 것입니다.

초등교육 시기의 어린이들의 삶과 중등교육 시기의 청소년의 삶이 실제 존재하는 시간보다 훨씬 더 큰 차이가 있다는 것을 우리는 명확히 인식하고 좀 더 어린이의 눈으로 사회 수업을 만들어나가야 할 것입니다.

참여와 실천

제가 좋아하는 아프리카 속담이 있습니다. '빨리 가려면 혼자 가고, 멀리 가려면 함께 가라.'라는 속담입니다. 어린이를 가르치는 선생님과 자녀를 기르는 부모님의 관점에서 생각해 보면 우리는 먼 곳을 함께 보는 관계입니다. 아이들의 당장 내일만 생각하는 것이 아니라 미래도 함께 그려주는 것이 선생님과 부모의 몫이니까요. 그래서 우리는 목적지를 향해 혼자 빨리 가려고 하면 안 되고, 아이들의 말에 귀 기울여 천천히 멀리 함께 목적지로 나아가야 합니다.

아이들과 함께 멀리 가는 수업이 되려면 어린이가 만들어가는 수업을 많이 계획하고 실행해야 합니다. 이 수업의 의미는 크게 두 가지가 있습니다.

첫째, 어린이가 직접 교육 내용을 선정하고 수업을 계획하여 실천하는 것입니다. 둘째, 교육 내용과 과제를 교사가 주되 과제를 해결하기 위한 방법을 어린이가 생각하고 스스로 해결해 나가는 것입니다. 전자가 후자와 비교해 매우 적극적인 의미의 어린이 중심 수업이라고 볼 수 있겠죠. 사실 후자의 경우 자기 주도적 학습, 학습자 중심 수업으로 꾸준히 우리가 교실에서 진행하고 있는 것입니다. 어린이가 주인공이 되는 사회 수업을 구현해 나가려면 직접 교육 내용을 선정하고 수업을 계획·실천하는 전자의 의미가 필요하다고 볼 수 있습니다. 이런 적극적인 어린이 중심의 수업을 구현하기 가장 좋은 교과가 바로 사회입니다. 다른 교과와 비교해 보면 그 차이를 쉽게 알 수 있습니다. 사회 교과의 경우 구체적인 학습 대상과 소재가 바로 어린이가 생활하는 사회 현상과 사회 문제이기 때문에 상대적으로 열려 있는 것이죠. 교육 내용을 함께 선정할 수 있는 것입니다.

물론 초등학교 수준에서 어린이가 만들어가는 수업을 완벽하게 실현하기란 어렵습니다. 교육 내용이 적절한지를 판단하는 것은 교사의 몫이니까요. 하지만 교육 내용을 계획하고 수업을 계획할 때 교사와 어린이가 함께하는 것은 가능합니다. 책을 읽고 하는 활동이라면 함께 책을 선정하고, 인물사를 배울 때 어린이들이 원하는 인물에 대해 깊이 공부하는 것, 지역의 문제를 해결하는 수업을 할 때 아이들이 직접 경험하고 있는 우리 동네의 문제를 수업의 소재로 선정하는 것 등이 구체적인 사례가 됩니다.

어린이가 만들어가는 사회 수업의 가장 큰 장점은 어린이가 적극적으로 참여하고 행동으로 실천한다는 것입니다. 참여와 실천은 그 자체가 이미 민주시민으로 갖추어야 할 가장 중요한 자질입니다. 교육과정 총론, 사회과 교육과정 목표에도 드러나 있죠. '알고는 있으나 실천하지 않는다.'라는 말에서 볼 수 있듯이 아는 것과 행동으로 실천하는 것은 완전히 다릅니다. 아이들에게 '합리적 소비'에 대해 알려주었을 때 개념에 대해 잘 이해한 아이들 모두가 실제 마트에 가서 합리적 소비를 실천하는 것은 아니거든요. 그런데 어린이가 만들어가는 사회 수업은 수업 자체에 참여와 실천의 과정을 포함하기 때문에 직접적으로 사회 수업의 목표를 실현하는 이상적인 수업 방향이라고 볼 수 있습니다.

어린이 시민이 만들어가는 수업을 구성할 수 있는 가장 대표적인 방법은 바로 프로젝트 수업입니다. 우리가 실천하는 프로젝트 수업의 가장 대표적인 모습은 주제를 선정하고 주제와 관련된 교과 내용을 모아서 교육과정을 재구성하는 것입니다. 이 절차에서 아이들의 경험과 삶을 반영해서 주제를 선정하게 되고, 좀 더 아이들이 직접 실천하고 결과물을 학습자 간에 공유할 수 있도록 구성하게 되어서 학습자 중심의 프로젝트 수업이 이루어질 수 있는 것입니다.

저도 프로젝트 수업을 여러 번 해보았는데요. 주제를 찾고, 세부적인 활동을 계획할 때 꼭 아이들의 의견을 반영하려고 노력합니다. 교사가 '학생들의 관심사는 아마도 이거겠지?'라고 하는 추측과 실제로 아이들에게 듣게 되는 관심사가 다른 경우가 많거든요. 또 수업을 계획할 때 학습자의 의견을 듣는 것은 어린이들이 프로젝트 수업 구성에 참여했다는 만족감과 책임감을 느끼게 해주어서 훨씬 더 적극적으로 수업에 참여하는 효과도 생깁니다.

임파워먼트(Empowerment)를 실현하는
사회 수업

스스로 무언가를 할 수 있다고 느끼는 것은 인간에게 큰 동기가 됩니다. 저의 네 살 된 아들이 며칠 전부터 방의 스위치를 자신이 직접 켜고 끌 수 있다는 것을 알게 되었어요. 그러더니 밤에 자려고 스위치를 끄고 오면 저에게 막 소리를 지릅니다. 자기가 할 수 있는 일이라서 직접 하고 싶다는 것이지요.

그리고 제가 양치질을 시켜주려고 하면 아주 전쟁이 일어납니다. 칫솔을 잡고 이를 문지르는 방법을 안 다음부터는 '내가!'라는 말을 수십 번 하니까요. 물론 꼼꼼하게 양치질이 되지 않아서 제가 어떻게든 다시 해주고 있지만 자신이 직접 양치질을 한 후에 만족해하는 표정을 보면 아이가 잘 크고 있다는 것을 느낄 수 있습니다.

이렇게 '나도 할 수 있어!'라는 마음을 가지게 해주는 것을 학문적 용어로 '임파워먼트(Empowerment)'라고 부릅니다. 어린이가 만들어가는 사회 수업은 학습자에게 임파워먼트를 실현해 준다는 점에서 진정한 의미를 찾을 수 있습니다. 임파워먼트는 동사인 'empower'와 명사형 어미인 'ment'를 혼합시킨 단어로 '능력을 주는 것', '권한을 위임하는 것', 혹은 '할 수 있게 하는 것'이라는 뜻으로 사용되고 있습니다. 이 용어는 교육학 이외에도 사회복지학, 간호학 등에서 다양한 의미로 쓰이고 있습니다.

교육학에서는 브라질의 교육학자 프레이리(Freire)가 임파워먼트를 처음 사용했습니다. 바로 '비판적 문해력'을 강조한 교육

학자이지요. 프레이리는 능동적이고 대화가 있는 교육은 개인의 의식을 주체적으로 변화시킬 수 있다고 생각했어요. 이 과정을 통해 학습자는 비판 의식과 참여 의식이 생기게 되는데 이렇게 되는 과정을 임파워먼트라고 불렀습니다. 또 간호학이나 사회복지학에서 임파워먼트는 환자나 사회적 약자들에게 무력감을 감소시키고, 자신의 상황에 대해 명확히 판단하고 힘을 기르게 하는 것을 의미합니다.

다양한 분야에서 등장하는 임파워먼트의 뜻을 종합해 보면 개인이 자신의 능력을 이해하고, 자신의 힘을 기르는 과정으로 볼 수 있습니다. 우리가 어린이들과 함께 생활하는 교실 속에 임파워먼트를 대입해 보면 학생 개인의 장점과 능력을 알고, 자신의 삶 속에서 발생하는 다양한 문제를 해결해 나가는 힘을 길러주는 것이라고 볼 수 있습니다.

사회 수업 속 학습자들의 임파워먼트에 대해 연구한 홍혜경 선생님은 임파워먼트의 특징을 네 가지로 정리하면서 수업 속에서 학습자의 임파워먼트를 실현하는 것이 얼마나 중요한지를 강조했어요.[15]

첫째, 임파워먼트는 관계적인 개념입니다. 임파워먼트의 시작은 개인의 개발, 자아효능감 신장이지만 개인의 발전은 다른 사람과의 상호작용과 지지가 필요합니다. 사람들은 집단에 참여함으로써 의사 결정력, 비판적 사고력, 창의적 사고력 등의 고차적 사고력을 기를 수 있으며, 임파워먼트도 사람들과의 관계 속에서 이

---

15 홍혜경(2016). 임파워먼트에 기반한 초등사회과 협동학습 원리의 재탐색. 한국교원대학교 대학원 석사학위 논문.

루어지므로 관계적인 개념이죠. 사람과 사람의 관계는 사회 생활입니다. 어린이가 만들어가는 사회 수업에서는 또래 친구들과 함께 참여하는 과정에서 임파워먼트를 기를 수 있습니다.

둘째, 임파워먼트는 과정적인 개념입니다. 임파워먼트는 학습자가 자신감을 느끼게 된 상태의 결과일 수도 있지만 학습자가 자신이 가지고 있는 부정적인 환경이나 내적인 문제를 극복하고 해결해 가는 과정의 개념으로도 볼 수 있습니다. 참여와 실천을 통한 사회 수업은 학습자를 성장시키는 임파워먼트의 과정이 되고, 또 다음 수업을 통해 학습자는 다른 문제를 해결하면서 다시 한 번 임파워먼트를 경험하는 것입니다. 이렇게 임파워먼트는 학습자의 자기 역량을 점차 성장시키는 과정입니다.

셋째, 임파워먼트는 변화를 추구하는 개념입니다. 학습자는 임파워먼트를 통해 자신감과 자기 존중감을 느끼게 돼요. 긍정적인 변화를 이끄는 것이죠. 임파워먼트된 환자들은 병마를 이겨낼 수 있다는 긍정적인 마음가짐을 가질 수 있으며, 사회적 약자들은 무력감을 이겨낼 수 있습니다. 이렇게 임파워먼트는 개인이나 집단을 긍정적으로 변화시키는 전략입니다. 교실 속에서 학습자 개인의 긍정적인 변화는 교실 학급 전체를 변화시키고 학급 전체의 변화는 학교와 사회를 변화시킬 수 있습니다.

넷째, 임파워먼트는 인지, 정서, 행동 영역을 모두 포함하는 개념입니다. 인지적인 과정으로서 임파워먼트는 개인이 자신이 처한 상황을 알고, 자신에게 무력감을 주는 게 무엇인지 파악하여 제거하는 과정을 거치게 됩니다. 또한 임파워먼트는 개인의 내적인 힘이 생김에 따라 자아효능감, 자기 존중감과 같은 정서적 상태를 의미하기도 합니다. 마지막으로 임파워먼트는 지속해서 변화하고 발전해 나가는 순환의 과정이기 때문에 개인의 실천으로 작동하게 됩니다. 그래서 행동적인 요소도 포함하게 되죠. 임파워먼트는 인지, 정서, 행동을 모두 포함하는 통합적이고 종합적인 개념입니다.

어린이 시민이 만들어가는 사회 수업은 학습자의 임파워먼트를 이끌 수 있는 가장 좋은 수업의 방향입니다. 임파워먼트는 어린이가 자신의 문제 상황과 환경을 인식하고, 문제를 해결하기 위해 또래 친구들과 협력합니다. 또한 긍정적인 자아개념을 갖도록 해주며 학습자의 적극적인 참여를 유도하기 때문에 어린이가 사회 수업 속에서 주인공이 될 수 있습니다.

학교 앞에 자전거 도로를 만들어주세요![16]

우리는 사회 수업 시간에 민주주의에 대해 지속해서 배우고 있죠. 배성호 선생님은 민주주의는 책을 읽고 용어를 외우는 딱딱한 방식으로 배우는 것이 아니라 실제 생활 속에서 자연스럽게 익혀나갈 수 있다고 항상 어린이들에게 말했어요. 그래서 사회 수업 시간에는 항상 이런 이야기를 어린이들에게 해주었죠.

"내 생활 주변에서 혹시 불편했던 일이 있는지 찾아봐요. 혹시 바꾸고 싶었던 것은 없나요?"

사회책에 있는 사회 문제의 내용에 대해 배우고 해결 방안을 외우는 것이 아니라 우리가 생활 속에서 겪는 불편한 점을 찾아서 실제로 문제를 해결해 나가는 것이 진정한 민주주의 교육이라고 생각한 것이죠. 우리 동네 어른들의 문제를 어른들이 직접 해결하듯이, 우리 동네에서 일어나는 어린이들의 문제는 어린이가 해결하는 것! 선생님은 이것이 진정한 어린이 시민이 만들어가는 수업이라고 생각한 겁니다.

2006년도에 배성호 선생님과 함께 생활한 5학년 아이들은 환경보호를 위해 자전거 타기를 실천해야 한다는 수업을 듣고, 이

---

16 박남정 선생님의 책《초딩, 자전거 길을 만들다》(소나무)를 참조했습니다.

를 실천하려고 했어요. 그런데 어느 날 자전거를 타지 말라는 학교의 가정통신문을 받고서 학생들은 당황하게 됩니다.

분명히 수업 시간에는 환경을 위해 자전거를 타라고 했는데, 학교에서는 자전거를 타지 말라고 하니 이해하기 어려웠던 거죠. 그런데 학교에서 자전거 타기를 금지한 이유는 바로 안전 문제였어요. 학교 앞의 인도가 좁고 자전거 도로가 따로 없어서 위험했기 때문이죠. 이에 5학년 친구들은 '그래, 자전거 타지 말자'라고 체념하는 것이 아니라 문제를 해결하기 위해 계획을 세웠습니다.

교내에서 자전거 동아리를 조직해 활동 계획을 함께 세우고, 동아리 홍보 CF도 만들게 되죠. 또 '자전거 21'이라는 시민 단체를 통해 어른들에게 조언을 듣기도 했습니다. 이 친구들이 문제를 해결하기 위해 쓴 방법은 서울시장님께 편지를 쓰는 것이었어요. 학교 앞에 자전거 도로를 만들어 달라고 청원 편지를 두 번이나 쓴 것이죠. 아이들의 논리적인 글솜씨와 정성은 서울시장님의 마음을 사로잡았어요. 결국 그해 가을, 서울시에서는 친구들의 학교 앞에 자전거 전용도로를 만들어주게 됩니다.

이 이야기는 5학년 어린이들이 자신의 삶 속에서 문제를 찾고, 그 문제를 해결하기 위한 방법을 스스로 찾아 직접 문제를 해결한 '어린이 시민'의 대표적인 모범 실천 사례로 꼽힙니다. 신문과 방송에 소개가 되고, 교과서에 실리기도 했지요.

박물관에 도시락 쉼터를 만들었어요![17]

수도권에 있는 많은 학교에서는 체험학습 장소로 국립중앙박물관에 참 많이 가지요? 저도 여러 번 가보았는데 규모도 크고 많은 유물과 유적들이 전시되어 있어서 감탄했던 기억이 있습니다. 그런데 이곳에서 어린이들이 불편한 일을 겪었다고 합니다. 비가 오거나 눈이 올 때 어린이들이 도시락을 먹을 실내 공간이 없었던 것이죠. 박물관 내에 있는 식당에 자리가 있어서 도시락을 먹으려고 하니까 '외부 음식 반입 금지'라서 어린이들은 식당에서 쫓겨나기도 합니다.

서울의 한 초등학교 6학년 학생 여섯 명은 자신들이 국립중앙박물관에서 겪었던 불편한 점을 해결하기 위해서 동아리를 만들었어요. 이름은 '솔루션'이었죠. 솔루션 동아리 친구들은 동아리 활동을 위해 부모님을 설득하고 선생님의 조언을 받아서 '박물관에서 도시락 편하게 먹기 프로젝트'를 시작했습니다.

먼저, 박물관에 직접 가서 비가 오면 먹을 공간이 정말 없는지 사전 조사를 하고요. 인터넷을 통해서 자신들과 같은 의견을 가진 사람은 없는지 검색도 해봅니다. 박물관 홈페이지의 전자 민

---

17 배성호 선생님의 책 《우리가 박물관을 바꿨어요!》(초록개구리)를 참조했습니다.

원센터에서도 비슷한 건의 사항이 있는 것을 보고 동아리 친구들은 많은 사람을 위해 필요한 일이라는 것을 깨닫게 되죠.

그 후 솔루션 친구들은 문제해결을 위한 대안을 찾습니다. 자신들과 같은 생각을 하는 친구가 많다는 것을 알리기 위해 6학년 학생들에게서 서명을 받고, 다른 박물관에는 실내에서 도시락을 먹을 수 있는 공간이 있는지도 찾아봅니다. 조사해 보니 국립과천과학관, 서대문자연사박물관 같은 곳에는 실내에서 도시락을 먹을 수 있는 공간이 있었어요. 그래서 더더욱 우리나라를 대표하는 박물관에 단체 어린이 관람객이 밥 먹을 공간이 없다는 것이 이해되지 않았습니다.

열심히 조사한 친구들은 박물관장님께 편지를 썼어요. 처음에는 6명의 친구가 편지와 친구들의 서명 기록을 넣어서 박물관에 보내고, 그 후에는 사회 수업 시간에 반 친구들의 편지와 포스터 등을 모아서 다시 한 번 편지를 보냈습니다. 또한 전자민원에 글도 올렸죠. 적극적인 민주시민의 모습을 어린이들이 보여준 겁니다.

솔루션 친구들은 여기에서 그치지 않고, 자신들이 한 일을 신문사에 보내기까지 했어요. 며칠 후에 한 신문사의 헤드라인 뉴스에 이 내용이 실리기도 하였지요. 자신들의 모습과 실천 내용이 신문에 실리는 것을 본 아이들은 자신감이 생기고 지금까지 프로젝트를 진행하면서 힘들었던 일들이 다 치유되는 마법을 경험했답니다.

며칠 후 박물관에서 연락이 왔어요. 우선 임시로 체험학습실 한 곳을 점심시간에 어린이들에게 개방하여 실내 도시락 쉼터로 만들어주기로 한 것입니다. 솔루션 친구들은 완벽하게 만족하지는 못했지만 '내가 세상을 바꿨구나!'라는 생각에 더욱 힘을 얻었습니다.

이 친구들의 실천 어떤가요? 정말 진정한 어린이 시민의 모습을 잘 보여준 것 같아요. 4학년 사회 교과서에 '지역 문제의 해결' 단원이 나오는데요. 사실 여기에 나오는 문제들은 대부분 어른들의 문제라서 어린이들에게는 크게 와닿지 않는 것이 사실이죠. 그런데 박물관의 도시락 쉼터 이야기는 완벽하게 어린이들의 삶에서 찾은 문제입니다. 이 친구들이 '문제 인식 → 자료 수집 → 대안 모색 → 대안 선택 및 실천'의 과정을 통해 문제를 해결하는 모습은 어린이들이 한 것이 맞나 싶을 정도로 진정한 민주주의와 민주시민의 모습이 무엇인지를 깨닫게 해줍니다.

우리 동네 안전 지킴이 출동!

"우리 동네의 문제에 대해 조사해 오는 것이 과제였죠. 한 번 이야기해 볼 친구?"

"집 앞에 마트가 있는데 그 앞에 차들이 너무 위험하게 주차되어 있어요."

"우리 동네 PC방 건물 1층 앞에서 중학생인가 고등학생 형들이 담배를 피우고 있었어요."

"은행 쪽 사거리 옆 지하로 들어가는 입구가 있는데 으슥해요. 전에는 거기서 누가 싸우는 것도 봤어요."

작년에 학부모 공개수업으로 '우리 동네 문제를 알아보고 해결 방법 찾아보기' 수업을 했습니다. 우리 동네에 대해 아주 잘 아는 학부모님들이 오시기 때문에 아이들의 이야기를 듣고 많은 걸 해결해 주실 수도 있겠다는 생각에 시도를 해봤죠.

일주일 전부터 미리 과제를 내주었더니 참 다양한 이야기들이 나왔어요. 아이들의 이야기를 요약해 보면 "우리 동네에는 위험한 곳이 너무 많아요!"였습니다. 인도에 차가 주차되어 있다든지, 밤에 으슥한 곳이 있다든지, 청소년들이 담배를 피우거나 싸움을 한다든지, 초등학생의 관점에서 생각할 수 있는 위험한 일들을 이야기한 것이죠.

"그럼 이제 우리 해결 방법을 생각해 볼까요? 모둠원들끼리 토의하고 발표하도록 해요."

모둠원들끼리 문제해결 방법을 생각하고 의견을 모아 발표하게 했습니다. 그중 우리 반이 결정한 해결 방안은 마지막 모둠 친구들이 발표한 방법이었어요.

"직접 우리가 동네를 돌아다니면서 위험한 곳을 찾아보고, 사진을 찍으면 좋을 것 같습니다. 그리고 위험한 곳을 없앨 수 있게 부탁을 하는 것입니다."

정말 제가 바라던 대답이 나와 깜짝 놀랐습니다. 아이들이 우리 동네 안전 지킴이가 되어 '우리 동네 순찰 활동'을 제안한 것이죠. 어린이들 스스로 문제를 찾아내고 그것을 해결하는 것도 직접 참여하겠다는 것이니까요. 수업이 잘만 이루어진다면 어린이들의 임파워먼트를 향상시킬 수 있는 아주 좋은 실천 방법이었어요. 게다가 우리 동네를 함께 돌아보는 것이니 아이들의 모험에 대한 욕구도 만족시킬 수 있죠.

학부모 공개수업을 마치고 일주일 후에 실제로 '우리 동네 안전 지킴이' 활동을 진행했습니다. 학교 내부를 돌아보는 것이 아니고 우리 동네를 순찰해야 해서 방과 후에 부모님의 허락을 맡은 친구들 5명만 함께할 수 있었어요. 우선, 우리 동네의 지도를 보고 어디를 순찰할지 함께 정했습니다. 정한 기준은 우리 학교 친구들이 사는 곳 주변이어야 하고 어린이들이 자주 가는 곳으로 정했어요. 그리고 함께 참여한 어린이들의 경험상 위험하다고 생각하는 곳을 먼저 가기로 했죠. 지도를 보면서 어디부터 갈 것인지 순서를 정하고 동네 순찰을 시작했습니다.

동네 주변엔 정말 위험한 곳이 많았어요. 큰 마트 앞 인도에 불법 주정차가 되어 있어서 자전거를 타고 가는 어린이, 유모차를 끌고 가는 부모님들 모두 위험해 보였습니다. 저희는 미리 만들어 놓은 '너무 위험해요' 카드를 들고 그 장소에서 인증샷을 찍었죠. 그리고 밤이 되면 청소년들이 자주 모이는 으슥한 공원, 지하 주차장 통로, 공사한 후 제대로 정리되어 있지 않은 공터, 횡단보도가 멀어서 사람들이 무단횡단을 자주 하는 장소 등 어린이들에게 위험한 곳으로 보이는 많은 장소 앞에서 사진을 찍었습니다.

너무 위험한 것만 찍으면 재미가 없다는 한 친구의 의견을 반영해서 아이들이 좋아할 만한 장소는 '좋아요' 카드를 들고 인증샷을 찍었어요. 자전거도로와 인도가 잘 분리되어 있어서 안전한 곳, 우리 반 친구들이 좋아하는 안전한 놀이터, 팬시점과 마트 실내놀이터같이 어린이들의 중심지가 모여 있는 빌딩 앞에서는 '좋아요' 사진을 찍었습니다.

'우리 동네 안전 지킴이' 활동을 다 끝내고 찍은 사진들을 정리했습니다. 반 친구들과 다음 날 함께 이 사진들로 수업을 하려고 준비를 하고 있는데 문득 이런 생각이 들었어요.

'아, 이건 우리 반만 공부하기엔 아쉬운데?'

그래서 다음 날 저는 같이 활동한 친구들과 의논을 해서 우리 학교 구성원 모두 함께 볼 수 있는 교육 자료를 만들기로 했습니

다. 자료의 이름은 '우리 지역 문제 해결 프로젝트! 우리 학교 주
변 이곳! 위험해요!'로 정했습니다. 안전사고가 날 수 있는 곳, 학
교폭력의 우려가 있는 곳, 어둡고 좁아서 위험한 곳 등 주제를 나
눠서 위험한 곳을 표시한 지도, 어린이들의 경험, 함께 찍은 사진
을 제시했습니다.

　안전 지킴이 친구들과 함께 만든 교육 자료는 학교의 모든 담
임 선생님들께 전달이 되어서 모든 학생이 알차게 교육을 받았
습니다. 그리고 학교 홈페이지에 게시되어 학교를 방문한 학부
모님, 지역 사회 교육 주체들과 함께 우리 학교 학생들의 안전에
대해 생각해 볼 수 있는 좋은 계기가 되었답니다.

3

장소에서 시작하는
어린이 지리

몇 년 전에 M사의 '복면가왕'이라는 음악 프로그램을 즐겨봤는데요. 그때 당시 가왕은 '우리 동네 음악대장'이었습니다. 음악대장이 부른 노래 중 제가 가장 인상 깊게 들은 노래는 신해철 원곡의 '일상으로의 초대'였는데요. 음악대장의 가창력을 보면서도 감탄했지만, 저의 귀를 더더욱 호강시켜준 건 이 노래의 가사였습니다.

'내게로 와 줘. 내 생활 속으로. 너와 같이 함께라면 모든 게 새로울 거야. 매일 똑같은 일상이지만 너와 같이 함께라면 모든 게 달라질 거야.'

이런 가사가 나오는데요. 사랑하는 사람과 함께 있다면 같은 일상이지만 모든 게 새롭게 된다는 말이 공감되었죠. 그런데 이 말은 교육에도 적용됩니다. 교육은 일상생활 속에서 익숙한 곳은 낯설게 보고, 낯선 곳은 익숙하게 보게 하는 것이거든요. 이런 교육의 특징은 지리교육에서 잘 구현됩니다. 왜냐하면 지리교육의 교육 내용은 우리 동네, 우리나라, 세계 여러 나라의 공간이거든요. 이 중 익숙했던 우리 동네, 우리 학교의 공간을 좀 더 자세히 들여다보면서 낯설게 바라보기도 하고, 너무나도 멀게 느꼈던 바다 건너 아프리카 지역을 친근하게 느끼기도 하는 것입니다.

그렇다면 초등학교 사회 수업에서 어린이가 주인공이 되기 위해서는 어떤 지리교육이 필요할까요?

지리교육의 3대 전통[18]

초등학교 사회 수업 중 지리 영역을 가르치려면 지리교육학에 대한 이해가 필요합니다. 지리교육학은 지리학과 교육학의 만남이죠. 지리학자들이 연구한 수많은 지리 지식 중 학령기에 맞는 개념과 사실을 골라서 효과적으로 교육하는 방법을 연구하는 것이 지리교육학이라고 할 수 있습니다. 교사가 되기 위해 준비하는 예비 교사들, 현직에서 지리를 가르치는 교사들에게 꼭 필요한 학문이지요.

지리교육에는 역사적으로 3대 전통이 있습니다. 지역지리 교육의 전통, 계통지리 교육의 전통, 생활세계 지리교육의 전통 등세 가지입니다. 현재 우리나라 사회과 교육과정에는 이 세 종류의 지리교육 전통이 공존하면서 녹아들어 있습니다.

먼저, 지역지리의 전통은 유럽의 지리교육에서 기원합니다. 19세기에 유럽 각국에서 전쟁이 일어나는데요. 프랑스와 독일

---

18 권정화 교수님의 책 《지리교육학 강의노트》(푸른길)를 참고해서 작성했습니다.

이 이 과정에서 자국의 지리와 영토를 알고 적국의 지리와 영토에 대해 익혀서 전쟁에서 승리하고자 가르쳤던 지리교육에서 시작한 것이 바로 지역지리 교육의 시초입니다. 이 전통의 교육 목적은 지리교육을 통해 부국강병을 이루고 애국심을 함양하는 것입니다. 흔히 우리가 한국지리, 아시아지리, 유럽지리와 같이 '지리' 앞에 지역명이 붙는 것을 지역지리 교육의 전통이라고 볼 수 있습니다. 현재 지역지리 교육은 부국강병이나 애국심만을 목적으로 삼는 것은 아니고 내가 사는 지역과 타인이 사는 지역의 차이를 이해하는 다문화 교육, 세계화 시대의 진전에 따라 국제 이해 교육의 한 차원으로 이루어지고 있습니다. 특히 우리나라 현실에서는 북한 국토 이해 교육, 독도 교육 등 영토 교육도 지역지리 교육에서 중요하게 다루어져야 할 것입니다.

다음으로는 계통지리 교육의 전통입니다. 계통지리의 교육 목적은 학습자가 지리 지식을 습득하면서 지리적 삶을 살아가는 것입니다. 교육을 통한 계몽을 목적으로 하지요. 브루너가 주장한 것처럼 지리교육을 통해 '지식의 구조', 즉 지리학과 관련된 주요 개념, 일반화된 지식과 탐구 방법 등의 절차적 지식을 배우는 것입니다. 지리학자가 연구하는 절차를 학습자 수준에 맞게 변형하여 배우면서 '꼬마 지리학자'가 되는 것이지요. 우리가 학창 시절에 배웠던 '입지', '중심지 이론', '침식 분지' 등의 지리 개념을 학습하는 것이 바로 계통지리 교육의 예입니다. 계통지리는 '경제지리', '문화지리', '도시지리', '자연지리'와 같이 주제별로 분류하여 가르치게 됩니다. 현재 중고등학교의 선택 과목명을 보면 계통지리의 방식이 적용되고 있죠.

마지막으로 생활세계 지리교육의 전통입니다. 이 전통은 루소의 자연주의 교육관에서 출발합니다. 그의 저서 《에밀》에서는 일상생활에서 배우는 지리교육이 중요함을 보여주고 있어요. 에밀은 자신의 가정교사와 함께 뒷산을 놀러 가는데요. 어느 순간 선생님이 사라집니다. 그리고 선생님은 저녁이 돼서야 에밀을 데려오면서 '네가 방위에 대해 잘 알았으면 쉽게 집을 찾아올 수 있었다.'고 말했어요. 에밀은 지도를 읽고, 방위를 아는 것이 중요하다는 것을 몸소 느끼게 됩니다. 물론 요즘에 이런 일이 일어나면 아동 인권 침해로 난리 날 일이지만요. 현재 교육과정에서 아동들이 우리 동네 심상 지도를 그리는 활동이라든지, 우리 동네 둘러보기, 현장 체험학습을 통한 야외 답사 활동 등은 실제 어린이들의 삶 속에서 지리를 배우는 생활세계 전통의 지리교육이라고 볼 수 있습니다.

이 세 가지 전통에서 강조하는 지리교육의 핵심 용어는 각각 다릅니다. 지역지리 교육에서는 당연히 '지역'이고요. 계통지리 교육에서는 '공간'입니다. 마지막으로 생활세계 지리교육에서는 '장소'입니다. 사실 이 세 가지 용어는 일상생활 속에서는 거의 유사한 의미로 사용되는 경우가 많습니다. 그런데 지리교육에서는 조금씩 그 의미를 달리하고 있죠.

먼저 '지역'은 공통된 특징에 관심을 둡니다. '우리 지역의 문화유산', '우리 지역의 문제점'과 같이 사용하면서 기준을 세우고 공통된 특징을 가지고 있으면 한 지역으로 묶는 것이죠. 예를 들어, 청주시와 음성군은 같은 충청북도로서 행정구역상 같은 '지역'입니다. 우리가 청주시와 음성군을 같은 '공간'으로 부르지는 않으니까요.

반면에 '공간'은 차이에 관심을 둡니다. 동심원 이론에 따른 '중심 업무지구'와 '주택지구'는 별도의 다른 공간이죠. 그리고 베버(A. Weber)의 '공업입지론'에 나오는 시장과 원료 산지에 따라 계산되는 가장 효율적인 공장 입지는 다른 공간들과는 구별되는 특별한 공간이 되는 것입니다.

'지역'과 '공간'이 어떤 영역의 공통적인 특징, 구별되는 특징과 관련 있는 용어라면 '장소'는 개인과 관련된 개념입니다. 즉 지역이나 공간에 주관적인 의미를 부여하면 '장소'가 되는 것이죠. 그래서 장소는 아주 작은 스케일부터 큰 스케일까지 범위가 매우 넓습니다. 개인이 어떤 공간에 의미를 부여한다면 '장소'가 되니까요. 예를 들면, 우리 반 교실의 내 자리도 장소가 되고, 한국이라는 큰 땅덩어리도 나에게는 장소가 될 수 있죠.

간단히 지리교육의 세 가지 전통에 대해서 살펴보았는데요. 어린이가 주인공인 사회 수업을 만들어가기 위해서는 어떤 전통의 지리교육이 필요할까요?

어린이들의 '장소'와 '장소감'

어린이가 주인공인 사회 수업을 만들어가기 위해서는 생활세계

지리교육의 전통에 입각한 수업 구성이 필요합니다. 즉 '장소'에서 출발하는 지리교육, '장소감'을 기반으로 한 사회 수업이 출발점이 되는데요. '장소'와 '장소감'에 대해서 좀 더 자세히 살펴보겠습니다.

작년 우리 반 학생들이 수업만 끝나면 가는 곳이 있었습니다. 바로 학교 앞 아파트 놀이터였어요. 수업을 마치고 학원이나 집에 가기 전에 통과의례를 치르듯이 그 놀이터에 가고는 했죠.

"지영아, 학교 앞 놀이터에 가면 기분이 어때?"

"네? 그냥 편안해요. 집 같아요."

지영이는 놀이터에 대해 특별한 감정을 느끼고 있었어요. 모든 사람에게 집은 가장 편안함을 주는 장소인데 놀이터가 집 같다고 표현한 걸 보면 정말 놀이터를 좋아하고 있었던 거죠. 놀이터를 '친구들과 함께 편안함을 느끼면서 놀 수 있는 장소'로 의미를 부여한 것입니다.

영화 〈코코〉를 본 적 있으신가요? 저는 이 애니메이션 영화를 너무나 좋아해서 여러 번 보았는데요. 이 영화의 주인공 미구엘은 기타 연주를 좋아하고, 기타 연주에 맞춰 노래 부를 때 즐거움을 느끼는 음악을 사랑하는 어린이입니다. 미구엘은 '비밀장소'에 자주 갔어요. 바로 작은 다락방이었는데요. 이곳에 자신의 우상인 델라 크루즈의 물건도 두고, 비디오를 몰래 돌려보면서 기타 연습을 했죠. 아마 다른 가족들에게 이 다락방은 창고에 불과한 곳이었겠지만 미구엘에게는 꿈과 희망이 있는 특별한 장소였습니다.

우리는 일상생활을 하면서 수많은 장소를 경험합니다. 그런데 같은 장소라도 사람마다 느끼는 감정은 다르기 마련입니다. 지영이가 놀이터에서 느끼는 편안함, 미구엘이 다락방에서 느끼는 행복감은 개인이 장소에 대해 느끼는 감정이지요. 이것을 바로 '장소감'이라고 합니다. 우리가 초등 지리교육의 출발점에서 가장 중요하게 아이들과 익혀야 할 핵심 개념이지요.

개인이 가지고 있는 지리 지식을 '사적 지리'라고 하고, 지리학자들이 연구해서 공동체가 함께 공통으로 가지고 있는 지리 지식을 '공적 지리'라고 하는데요. 장소감은 대표적인 '사적 지리'입니다. 바로 일상생활 속에서 자연스럽게 배우게 되는 지리이지요. 우리가 학교에서 공부하는 사회 교과서, 지리 교과서는 대표적인 '공적 지리'입니다. 학습자가 제대로 된 지리 학습을 하려면 개인이 가지고 있는 사적 지리를 바탕으로 공적 지리를 배워야 합니다. 이때 교사는 사적 지리와 공적 지리를 연결해 주는 다리의 역할을 해야 하죠.

특히 초등학생들의 경우 공교육 과정에서 지리 지식을 제대로 배워본 적이 없기 때문에 각자 다른 사적 지리를 가지고 있습니다. 따라서 개인의 사적 지리를 친구들과 나누고 다른 점을 비교하는 것이 지리교육의 시작점이 되어야 합니다. 같은 학교 같은 반에 다니는 친구들과 사적 지리를 나누는 것은 어떻게 보면 참 쉽습니다. 왜냐하면 아이들이 경험하는 생활세계가 유사하기 때문이죠. 그래서 경험을 공유하는 경우가 많습니다. 내가 사는 우리 동네, 내가 다니는 학교, 학원 등이 우리 반 친구와 같이 다니는 경우가 많기 때문에 친구의 사적 지리를 공감하는 것이 수월

해집니다. 교사는 아이들이 우리 집, 우리 학교, 우리 동네에 대해서 가지고 있는 지리적 삶(지리적 경험)을 친구들과 많이 나눌 수 있게 하고, 사회 수업 시간에 지리 지식을 학습할 때 활용할 수 있도록 도와주어야 합니다.

장소로부터
나를 알다[19]

장소에 대한 나의 느낌, 즉 장소감을 갖는다는 것은 내가 누구인지를 이해하는 것에도 큰 도움을 줍니다. 자아 정체성 형성에 기여하는 것입니다. 개인에 대한 이해, 개인의 발전은 사회과의 목표인 민주시민의 자질에도 포함되고 있는데요. 이러한 개인과 관련된 목표는 초등교육에서 훨씬 더 강조되고 있는 부분입니다.

우리는 나를 소개할 때 '장소'를 이용하는 경우가 많습니다. 처음 만난 사람과 대화를 할 때 '어디 사세요?', '고향이 어디예요?'라고 말하며 첫인사를 나누곤 하죠. 우리 학교 4학년 수민이의 예를 들어볼게요. 수민이는 만나는 사람이 사는 지역에 따라서 다른 장소를 사용하여 자신을 소개합니다.

4학년 2반 친구에게 : "안녕, 나는 4학년 1반 이수민이야."

세종시에 사는 친구에게 : "안녕, 나는 충청북도 청주에 사는 이수민이야."

미국에 사는 친구에게 : "안녕, 나는 대한민국에 사는 이수민이야."

---

19 네이버 스쿨잼 '장소로부터 나를 알다, 어린이의 장소감' 내용을 참조했습니다.

수민이에게 4학년 1반은 옆 반 친구들이 있는 2반보다 특별한 장소예요. 그리고 영어 캠프에서 만난 세종시에 사는 친구보다 청주시는 수민이에게 친근한 장소이고요. 미국에 사는 친구와 교환 편지를 쓸 때는 대한민국에 살고 있다고 표현을 합니다. 이렇게 장소감은 수민이에게 소속감을 만들어줍니다. 여기서 주목해야 할 것은 개인이 장소감을 느끼는 장소는 아주 작은 교실에서부터 큰 대한민국까지 그 스케일이 매우 크다는 점입니다. 우리 동네에 대한 감정을 느끼면 '고장 장소감'이라고 칭하게 되고, 가족들과 유럽 여행을 다녀와서 프랑스에 대한 장소감이 형성되었다면 그것은 '글로벌 장소감'이 되기도 합니다.

내가 어떤 집단에 포함되어 있다는 소속감은 편안함과 안정감을 주는 아주 중요한 감정이죠. 내가 좋아하는 장소, 나에게 친근한 장소를 이야기하면서 어린이들은 소속감을 가질 수 있습니다. 그 소속감은 내가 누구인지를 이해하고 생각해 볼 수 있는 자아 정체성 형성에 기여합니다.

장소감 나누기를 통한
공감적 이해

장소감을 통한 지리교육이 나를 이해하고 소속감을 느끼게 한다는 점에서 꼭 필요하다고 앞에서 이야기했는데요. 사실 이보다 더 중요한 것이 있습니다. 사회라는 교과의 특성상 타인에 대한 이해가 궁극적인 목표가 되거든요. 따라서 나의 장소감을 이해하는 것을 넘어서 우리 반 친구들이 느끼는 장소감을 이해하는 것이 더욱 중요합니다.

몇 년 전, 대전에서 진행된 교육과정 재구성과 관련된 연수에 참석한 적이 있었습니다. 그때 다른 지역에 근무하는 선생님을 만나게 되었는데요. 이야기를 나누다가 한국교원대학교가 대화의 소재가 되었습니다. 그 선생님은 얼마 전에 교원대학교에 영어 심화 연수 과정을 다녀오셨더라고요. 그곳에서 연수를 들으면서 배웠던 영어교육 지도법, 저녁에 모여서 조별 토론을 한 경험 등 다양한 이야기를 들을 수 있었습니다. 그때 너무 공부를 열심히 해서인지 당분간은 교원대학교에 가고 싶지 않다고 농담도 하셨죠. 그 선생님에게 교원대학교는 영어교육 공부를 한 학습의 공간이고 감정으로 치면 힘듦이나 후련함과 같은 장소감을 가지고 계셨죠.

그런데 저는 교원대학교가 모교인 데다 대학원도 다녀서 그런지 훨씬 더 특별한 장소감을 가지고 있었습니다. 고향 같은 편안함, 그리고 가족과 함께한 행복한 기억으로 남아 있죠. 그곳에서 산책하며 꽃 잔디를 보았던 기억, 첫째 아들과 잔디밭에서 돗자리를 깔고 놀았던 기억을 이야기하면서 같은 장소지만 서로 다른 장소감을 함께 나누었습니다. 대화를 통해서 서로 어떤 관심사가 있는지, 어떤 교육관을 가지고 교사 생활을 하는지도 알게 되어 훨씬 더 서로를 잘 이해할 수 있었습니다.

이렇게 장소감을 통해서 한 개인의 삶을 이해할 수 있습니다. 우리 주변의 가족, 친구, 선생님과도 장소감에 대해 대화하면서 서로를 더 잘 이해할 수 있겠죠. 이때 꼭 필요한 것이 있어요. 그건 바로 공감적 능력이지요. 책《오래된 미래》에서 작가인 노르베리 호지는 서구식 개발로 환경이 파괴되고 오랫동안 지켜온 라다크의 전통과 문화가 훼손되는 것을 보고 환경운동가가 됩니다. 저자는 라다크에서 생활하면서 거주자들의 장소감을 이해하고 공감하여 라다크를 위한 환경운동을 실천하게 된 것이죠.

정리해 보면 장소에서 시작하는 초등 지리교육은 나의 장소감에 대한 이해를 통한 자아정체성 형성에서 시작해 타인의 장소감을 이해하는 공감적 능력을 형성하는 데까지 목표로 삼아야 합니다. 어린이들의 일상에서 마주치게 되는 '장소'를 통한 교육이 어린이가 주인공이 되는 초등 사회 수업을 만들 수 있습니다.

심상지도 그리기[20]

초등 지리교육에서 일상생활 지리, 사적 지리에 관심을 두고 장소에서 시작하는 장소감 교육의 필요성에 대한 논의는 2000년대 초반부터 지속해서 있었지만 실제로 교육과정에 제대로 반영된 것은 2015 개정 교육과정부터입니다. 직전 교육과정인 2009 개정 교육과정의 경우 3학년 '우리가 살아가는 곳' 단원에서 우리가 사는 우리 동네를 지도나 인터넷 지도로 찾아보고, 동네를 그림 지도로 나타내는 활동을 했었거든요. 이때의 지도 그리기는 장소감 교육에서 강조하는 머릿속에서 떠오르는 우리 동네의 모습을 그리는, 즉 장소감을 반영한 심상지도 그리기 활동이 아니라 단순히 우리 동네를 있는 그대로 그림으로 표현하는 활동이었습니다.

그런데 2015 개정 교육과정에서는 우리 고장의 모습을 심상지도로 그리는 활동이 등장했습니다. 심상지도는 마음 심(心), 생각할 상(想), 즉 내 마음의 생각을 보여주는 지도예요. 영어로는 '멘탈 맵(Mental Map)'이 되죠. 교과서에는 심상지도를 그리는 방법으로 세 가지가 제시되어 있습니다.

---

20 네이버 스쿨잼 '이 지도가 정말 세계지도라고?', '친구의 마음이 궁금해! 지도로 마음의 소리를 들어요!' 내용을 참조했습니다.

1. 고장의 여러 장소 중에 **내가 그리고 싶은 장소** 몇 곳을 정한다.
2. 가장 **중요하다고 생각하는 장소** 학교나 집, 그 밖에 표시하고 싶은 장소나 길을 그린다.
3. 여러 가지 방법으로 장소에 관한 설명이나 느낌을 표시한다.

위의 설명 중 밑줄 친 부분은 모두 장소에 대한 개인의 감정, 즉 장소감을 지도에 표현하도록 안내하고 있습니다. 심상지도 그리기를 통해 나의 장소감을 이해하는 것이지요. 내가 그린 심상지도를 친구들에게 설명하고 보여주면서 타인의 장소감을 이해하고 공감 능력도 기를 수 있습니다. 교육과정에도 심상지도 그리기를 통한 장소감의 탐색이 성취기준으로 등장하고 있어요.

> [성취기준 4사01-01] 우리 마을 또는 고장의 모습을 자유롭게 그려보고, 서로 비교하여 공통점과 차이점을 찾아 고장에 대한 서로 다른 장소감을 탐색한다.

심상지도 그리기는 3학년 1단원의 교육과정으로 등장하고 있지만 다른 학년에서도 어린이들의 사적 지리, 장소감을 알 수 있는 좋은 수업 방법이 됩니다. 심상지도 그리기를 통해 아이들의 생활교육, 상담도 가능하지요. 그리고 지도를 그리는 대상의 스케일도 변경할 수 있어요. 작게는 우리 반 교실부터 우리 학교, 우리 동네, 크게는 세계지도까지 심상지도로 표현할 수 있답니다.

교실 심상지도의 경우 그린 친구가 교실의 어떤 공간을 좋아하는지, 무엇을 관심 있게 보고 있는지 확인할 수 있어요. 어떤 친구는 칠판과 친구들의 책상만 그리는 친구가 있고, 어떤 친구는 벽에 걸려 있는 시계 달력에 교실 옆의 책장까지 그리기도 하죠. 같은 공간이지만 서로 그 장소에 대한 생각이 다른 것입니다. 또 고학년이나 중고등학생들에게는 세계 심상지도를 그려보게 할 수 있어요. 고등학교 지리 선생님께서 학생들과 함께 세계 심상지도를 그려보는 활동을 했는데요. 지도들이 참 재미있습니다.[21]

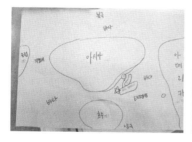 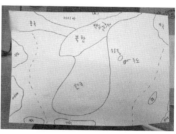

왼쪽에 있는 지도는 마치 '혼일강리역대국도'처럼 아시아를 세계의 가장 가운데 그려놓고 있어요. 유럽과 아메리카대륙은 아주 작게 등장하고 있지요. 그리고 자세히 보면 우리나라 동쪽에 점을 찍어두고 ☆를 해놨어요. 바로 독도를 표시한 것이지요. '독도는 한국 땅이다.'라고 글자까지 써두었습니다. 평소 독도에 관심이 많은 학생인 걸 알 수 있죠.

21 출처 : 네이버 블로그 촉선생의 지리 지리지(https://blog.naver.com/hne55)

오른쪽 친구는 더 애국자 친구인 것 같아요. 아시아가 가운데가 아니라 아예 우리나라가 세계지도의 정가운데를 꽉 차게 차지하고 있잖아요. 심지어 제주도가 호주보다 커 보입니다. 당연히 한국에서만 주로 생활하는 우리 학생들이기 때문에 다른 나라보다 우리나라를 훨씬 의미 있는 장소로 생각하는 것은 당연할 거예요. 그런 마음이 반영된 지도라고 볼 수 있지요.

저는 4학년 친구들을 대상으로 학기 말에 우리 동네에 대한 장소감을 알아보기 위해 우리 동네 심상지도를 그리게 했어요.

 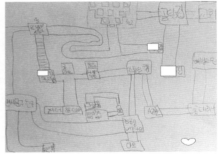

지도를 보면 두 친구의 차이가 느껴지시나요? 저는 지도가 아이들의 마음을 그대로 보여주고 있는 것 같아서 한참 웃었습니다. 왼쪽에 있는 지도는 우리 반 남학생이 그린 건데, 놀이터를 그려놓았죠. 학교가 끝나면 매일 같이 학교 앞 아파트의 놀이터에서 친구들과 시간을 보내는 친구입니다. 일상생활에서 놀이터를 빼면 설명이 안 되죠. 학교를 제외하면 친구들과의 추억이 거의 이 장소에 있을 정도로 이 친구는 놀이터를 좋아했어요. 물론 친구들과 싸울 때도 있어서 속상한 장소이기도 하겠지만요. 우리 동네 지도를 그리는 것인데 놀이터 하나만 확대해서 그린 것을 보면 이 친구에게 놀이터가 얼마나 의미 깊은 장소인지 알 수 있습니다.

오른쪽 지도는 친구 관계를 매우 중요하게 생각하는 여학생의 지도입니다. 자세히 보면 세 명의 친구 집이 그려져 있습니다. 바로 이 여학생의 단짝 친구들입니다. 자신에게 가장 의미 있고, 좋아하는 장소로 친구의 집을 그린 것이지요. 또 다른 장소들도 대부분 친구들과 자주 가는 곳이에요. 팬시점이나 실내놀이터, 롯데리아 같은 곳이죠.

이렇게 '머릿속에 떠오르는 우리 동네 지도'라는 같은 주제를 주더라도 어린이마다 지도가 완전히 달라지는 것을 알 수 있습니다. 심상지도 그리기는 개인이 생각하는 우리 동네의 범위, 우리 동네의 의미, 내가 좋아하는 장소 그리고 감정 등 지도를 통해서 아이들의 마음을 읽어볼 수 있는 좋은 수업 소재라고 볼 수 있습니다.

통합 청주시 프로젝트 학습

프로젝트 학습은 어린이들의 삶을 반영하고 교사가 실제 사회 현상을 소재로 해서 계획할 수 있기 때문에 어린이가 주인공인 사회 수업을 구현할 수 있는 좋은 방법이라고 앞에서 소개했습니다. 그중에서도 우리 동네를 소재로 하는 지역화 프로젝트 학습은 어린이들이 익숙한 우리 동네를 다른 관점에서 낯설게 볼 수 있다는 점에서 교육의 효과가 있고, 반 친구들과 우리 동네에 대한 장소감을 공유하고 이해할 수 있어서 장소에서 시작하는 지리 교육의 시작점이 됩니다.

충북에서 근무하는 기성준 선생님은 4학년 어린이들과 통합 청주시를 소재로 프로젝트 학습을 계획하고 실천했습니다.[22] 2014년 7월 1일에 청주시와 청원군이 통합되어서 통합 청주시가 되었는데요. 기성준 선생님은 2014년 9월에 이 프로젝트를 실천했으니 '시사성'과 '지역성'을 겸비한 따끈따끈한 수업 소재를 활용한 셈이죠. 프로젝트 동안 다양한 지역과 관련된 사회 교과 활동을 할 수 있고(지역을 통한 학습), 청주시와 청원군이 통합되어 통합 청주시가 되었다는 것을 잘 모르고 있었던 아이들에

---

22 기성준(2015). 초등 사회과 지역화 학습을 위한 프로젝트 수업의 설계 및 실행 : 통합 청주시 지역을 사례로. 청주교육대학교 대학원 석사학위 논문.

게 통합 청주시에 대해서도 알려줄 수 있다는 점(지역에 대한 학습)에서 제대로 된 어린이 중심의 지역 학습을 실천했다고 볼 수 있습니다.

'통합 청주시' 프로젝트 수업 설계

학습주제	활동주제	차시	교과
① 통합 청주시의 모습과 위치 파악하기	통합 청주시의 모습과 다양한 시설 알아보기	1	사회 창체
	여러 가지 지도를 이용하여 통합 청주시 찾아보기	2-3	사회 창체
	통합 청주시가 위치하는 곳의 특징 탐구하기	4-5	사회 창체
② 통합 청주시 지도 제작하기	통합 청주시 지도 만들기	6-8	미술
③ 통합 청주시의 상징과 자랑거리를 통해 지역적 특성 탐구하기	통합 청주시의 상징과 자랑거리를 통해 지역적 특성 탐구하기	9-10	사회 창체
④ 통합 청주시의 자랑거리 선정하기	통합 청주시의 자랑거리 10선 선정하기	11-12	사회 창체
	통합 청주시의 자랑거리 10선을 알리는 광고 만들기	13-14	사회 미술
⑤ 통합 청주시의 캐릭터 만들기	통합 청주시의 캐릭터 만들기	15-16	사회 창체

이 프로젝트 수업은 크게 다섯 가지의 학습주제로 되어 있습니다. 이 중 1번 주제는 통합 청주시에 대한 지식을 익히는 수업이라고 할 수 있어요. 통합 청주시의 시설, 지도를 통해 통합 청주시의 모습을 살펴보는 활동이 이에 해당합니다. 나머지 네 개의 주제는 지식 중심의 수업이 아닌 어린이들이 직접 참여하는 활동

중심의 수업입니다. 그중 장소에서 시작하는 어린이 지리교육을
실천한 수업 내용으로 2번 주제를 간단히 살펴보겠습니다.

① 통합 청주시 지도 제작 계획 세우기(지형도, 교통도, 산업도 등 살펴보기)

↓

② 통합 청주시 지도 그리기(지도에 자연환경, 교통, 산업·관광단지, 내가 표현
  하고 싶은 것 선정하여 표시하기)

↓

③ 통합 청주시 지도 감상하기(내가 만든 지도 소개하기, 친구들 지도 감상하기)

우선, 통합 청주시의 다른 지도들을 살펴봅니다. 지형도와 교
통도, 산업도 같은 주제도를 먼저 보죠. 그 후 지도에 들어갈 만
한 다양한 요소들을 생각해 보고, 내가 그릴 지도에 넣을 것들을
알아보는 것입니다. 그런데 이 지도에 있는 모든 것을 내가 만들
지도에 넣을 수는 없기 때문에 아이들은 선택의 갈림길에 빠지
게 됩니다. 이때 자신만의 주관적인 생각인 사적 지리가 들어가
게 되죠. 만약 관광지를 그린다면 내가 가본 곳, 내가 아는 곳 등
을 표시하게 됩니다.

다음 활동은 통합 청주시 지도 그리기입니다. 선생님은 아무것
도 그려져 있지 않은 통합 청주시 백지도를 주고, 어린이들이 직
접 지도를 채워나가게 됩니다. 그냥 무작정 지도를 바로 그리라
고 말하면 4학년 친구들에게는 큰 부담이 되겠죠. 그래서 행정구
역의 이름 쓰기, 자연환경 표시하기, 산업단지 및 관광단지 표시

하기 등 지도에 들어갈 만한 조건들을 미리 제시하고 스스로 지도를 완성하게 합니다.

마지막 단계에는 내가 표현하고 싶은 장소를 자유롭게 표시하게 하였는데요. 지도에 어린이들의 장소감을 표현할 수 있는 아주 유익한 장면이었습니다. 예를 들면, 우리 집, 우리 학교, 내가 좋아하는 놀이터, 내가 가족과 함께 여행한 장소 같은 곳이죠. 아이들은 자신이 특별하게 생각하는 장소, 내가 잘 알고 있는 장소

등을 백지도에 구체적으로 표시했습니다. 이 부분 때문에 아이들의 지도는 각자 다른 색깔의 옷을 입은 것처럼 개성 있는 나만의 통합 청주시 지도가 되었습니다.

　세 번째 활동으로 지도를 친구들에게 소개하고, 친구들의 지도를 감상하는 시간을 가졌습니다. 친구들이 그린 지도와 내 지도를 비교해 보면서 우리 반 친구들이 어떤 걸 자세하게 그렸고, 무엇을 많이 그렸는지를 알게 되었죠. 즉, 친구들의 우리 고장에 대한 장소감, 사적 지리를 알게 된 것입니다. 지도를 그리면서 우리 지역 청주에 대한 나의 장소감을 이해하고, 친구들의 지도를 보면서 나와 비교해 보고 다른 점을 찾아내면서 친구의 마음을 이해할 줄 아는 공감 능력을 기를 수 있었습니다. 이 수업은 어린이가 주인공이 되는 장소에서 시작하는 사회 수업의 좋은 사례로 볼 수 있습니다.

4

'나'에서 시작하는
어린이 역사

어린이들이나 선생님들이나 사회 수업에서 가장 어렵고 부담스러워하는 영역은 역사 분야일 것 같아요. 학교에서 하는 역사 수업은 외워야 할 사건과 인물이 많고 선생님의 설명을 가만히 들어야 하는 지루한 장면으로 떠오르거든요. 저에게도 학창 시절에 역사는 따분하고 지루한 과목 중 하나였어요. 물론 옛날 전쟁 이야기, 우리나라 역사의 숨은 이야기들을 수업 시간 틈틈이 해주신 선생님의 역사 수업 시간은 눈을 번쩍 뜨게 해주는 수업이었지만요. 지금은 이러한 수업 방법을 내러티브 또는 스토리텔링 수업이라고 합니다.

그런데 대부분의 역사 수업은 지식 중심의 전달식 수업이 될 수밖에 없어요. 여기에는 크게 두 가지 이유가 있습니다.

첫째로는 교과서 내용 자체가 지식이 많습니다. 최근에 역사 교육의 방향이 바뀌면서 주제와 인물 중심의 역사 교과서를 지향하고 있지만 교과서를 보면 여전히 고조선부터 삼국시대, 고려시대, 조선시대와 일제강점기 그리고 현재의 대한민국까지 이어지는 시대별 통사 구조로 되어 있습니다. 그런데 우리는 이 길고 긴 역사를 아주 짧은 시간에 배워야 해요. 교육과정 시기마다 다르지만 짧게는 1학기, 길게는 2학기 동안 배우거든요. 2015 개정 교육과정의 경우 5학년 2학기에 역사를 배우게 되는데요. 놀랍게도 고조선부터 대한민국의 현대사 초기(6·25전쟁)까지를 2개의 단원으로 끝내고 있어요. 1단원의 첫 번째 소단원 '나라의 등장과 발전'에는 고조선과 삼국시대, 통일신라시대까지 나오는데요. 총 24쪽으로 이 방대한 내용을 가르치게 됩니다. 그 기간 동안 가르쳐야 하는 내용은 또 엄청나게 많죠. 정치사, 경제사, 전쟁사, 문화사, 생활사 등 그 종류도 다양해요. 짧은 기간 동안 방대한 양의 역사 지식을 배우다 보니 우리 어린이들이 수업에서 소외될 수밖에 없는 것입니다.

두 번째 이유는 선생님들이 재미있는 역사 이야기를 찾아서 아이들에게 들려주기가 쉽지 않아요. 중등의 경우 역사 수업은 역사를 전공한 선생님이 가르치는 경우가 대부분이죠. 하지만 초등의 경우 사회 교과를 전담으로 가르치는 경우는 거의 없어요. 영어나 체육, 과학 등의 교과가 이미 전담 교과로 지정된 경우가 많아서 사회의 경우 담임 교사가 가르치게 되지요. 하지만 초등 교사의 경우 과목마다 차시별로 수업을 준비하는 게 쉽지 않아요. 특히나 역사의 경우 수많은 책, 수많은 자료가 있다 보니 아이들 수준에 맞고, 수업 내용과 관련된 이야기들을 찾아서 재미있게 수업을 풀어가는 것이 어려울 수밖에 없지요. 이렇다 보니 아이들에게 지식 위주의 암기식 교육이 이루어지고 어린이들은 역사를 재미없고 지루한 과목이라고 생각하게 됩니다.

'나'와 '역사'가 만나다

어린이들의 역사에 대한 인식 중에는 이런 것이 있어요. '역사는 나와 전혀 상관없는 일이다.', '너무 오래된 일이라 내가 이해하지 못한다.' 아마 이 책을 읽고 있는 선생님이나 부모님들도 당연히 이런 생각을 하는 경우가 많을 것입니다. 그런데 이 인식을 바꿔야지만 역사 수업에서도 어린이가 주인공이 될 수 있습니다.

 역사학자 E.H. 카는 '역사는 과거와 현재와의 대화'라고 하였는데요. 이때 과거를 역사 시간에 배우는 교육 내용이라고 보고 현재를 '나'로 보면 역사는 나와 과거의 역사 기록들이 만나서 대화를 나누는 것이라고 말할 수 있습니다. 그런데 역사와 대화를 한다는 것이 그렇게 쉬운 일은 아닙니다. 대화는 관계를 맺었을 때 일어나는데요. 어린이들이 과거의 일은 나와 상관이 없다고 느끼고 있기 때문에 관계를 맺기가 힘들어져서 대화가 일어나지 않는 것입니다. 이때 교사의 역할이 매우 중요해집니다. 바로 어린이와 역사를 연결해 주는 매개체 역할을 해주는 것이지요. 앞에서 배운 사적 지리와 공적 지리를 연결해 주는 것과 유사합니다.

우리는 보통 '나라의 역사', '민족의 역사'를 배우게 되는데요. 이건 사실 어린이들에게는 그 범위가 너무 큰 것들입니다. 이보다 범위를 좁혀 보면 '우리 가족의 역사', '나의 역사'도 존재한다는 것을 알 수 있지요. 어린이들이 좀 더 편안하고 익숙하게 역사에

다가가려면 이렇게 '나'와 가까운 대상의 역사부터 시작해야 합니다.

유아 시절이나 초등학교 저학년 시절에도 역사책, 드라마, 역사 만화 등을 보면서 역사를 접하게 되는데요. 이때는 역사가 흥미롭습니다. 어린이의 수준에 맞는 방식으로 역사가 표현되어 있고, 아이들이 흥미로워할 만한 인물 이야기, 전쟁 이야기들로 구성되어 있으니까요. 하지만 본격적으로 공교육에서 역사가 시작되는 초등학교 5학년 때부터는 상황이 달라집니다. 재미있는 주제가 있는 특정 부분만 다루는 것이 아니라 역사 전반을 다루게 되죠. 그것도 생활, 문화, 전쟁 등 주제 중심의 역사가 아니라, 고조선부터 대한민국까지 시대별로 다루는 통사를 배우게 됩니다. 너무나 많은 나라와 많은 인물, 많은 사건, 많은 유적이 등장하기 때문에 처음 공교육에서 역사를 접하는 어린이들은 입이 딱 벌어질 수밖에 없죠.

이 시기를 역사교육의 첫 시작으로 본다면 이때 첫 단추를 잘 끼우는 것이 무엇보다 중요해집니다. 이 시기에 역사에 대한 흥미를 잃어버리면 중학교, 고등학교에 가서도 그 이미지를 벗겨내기가 힘드니까요. 어린이가 자신의 삶과 역사가 관련되어 있다고 느끼고, 역사와 대화를 통해 만날 수 있게 하는 교육이 필요합니다. 바로 그것이 '나'에서 시작하는 역사입니다. 여기서 '나'는 어린이이므로 결국엔 '어린이 역사'가 됩니다. 즉, 어린이가 주인공인 역사교육이 이루어질 수 있지요.

어린이가 주인공이 되는
역사 수업 만들기

그렇다면 '나'에서 시작하는 어린이 역사를 만들어가는 방법으로 어떤 것이 있을까요?

첫째, 과거에서 시작하는 것이 아닌 현재에서 시작하는 역사 수업입니다.[23] 역사는 과거를 배우는 것인데 현재에서 시작한다고 하니 모순되는 것 아니냐고 생각할 수 있습니다. 하지만 역사는 과거와 현재의 대화이기 때문에 충분히 현재에서 시작하는 것이 가능합니다. 예를 들어, 조선시대의 과학기술에 대해 수업을 한다고 가정하면 장영실이 만든 발명품들이 오늘날에 무엇과 유사한지를 질문하는 것으로 수업을 시작하는 것입니다. 또는 학교에서 체험학습으로 박물관에서 가서 본 조선시대의 발명품이 무엇이 있는지를 물어보거나 가족들과 함께 여행을 가서 본 적 있는 발명품이 있는지를 질문하는 것도 좋은 방법이 됩니다.

반대로 과거에서 시작해 현재로 돌아오는 역사 수업은 아이들의 흥미를 끌어내기가 사실상 어렵습니다. 장영실이 발명품을 만든 역사적 사실에 대해 열심히 설명한 후 현재로 돌아와서 질문하면 아이들이 이미 지친 지 오래되는 것이죠. 초등학생의 인지 발달상 특성과 흥미를 느끼는 요인들을 생각해 봤을 때 수업의 시작이 매우 중요하기 때문에 우선 현재 어린이들의 삶과 관련된 질문과 소재로 수업을 시작하고 과거의 사건으로 넘어가는 것이 효과적입니다. '역사는 반복된다.'라는 말처럼 과거의 일은

---

23 김봉석(2011). 생활세계론에 기반한 초등 역사교육의 이론과 실제. 공주대학교 대학원 박사학위 논문에 '현재에서 시작하는 역사'를 소개하고 있습니다.

현재의 일과 많은 점에서 다르지만 비슷한 점도 참 많습니다. 이것을 어린이들이 스스로 생각해서 말해 보도록 하는 것이 매우 중요할 것입니다.

둘째, 어른의 역사 이야기가 아닌 어린이의 역사를 공부하는 것입니다. 제가 몇 년 전에 정말 인상적인 역사책을 읽었습니다. 바로 《어린이들의 한국사》[24]입니다. 제목만 봤을 때 어떤 주제의 역사책이라는 생각이 드나요? 그냥 어린이들이 보기에 좋은 한국사 책, 만화나 이야기 중심으로 되어 있는 일반 어린이 역사책이라는 생각이 들 겁니다. 한마디로 어린이들이 읽기 좋게 만들어진 일반적인 한국사 이야기일 거라고 예상하기가 쉽다는 이야기죠. 그런데 반전이었습니다. 이 책은 훨씬 더 특별했어요. 바로 '어린이'가 주인공인 한국사였으니까요. 제가 생각하는 사회 수업 주제와 딱 들어맞았죠.

지금까지의 역사교육은 어린이가 배우는 교육 내용이나 어른이 배우는 교육 내용이나 거의 차이가 없었어요. 인물사로 치자면 거의 항상 '위인'만 다루었죠. 위인은 우리가 흔히 아는 것처럼 나라의 왕이거나 전쟁에서 공을 세우거나 훌륭한 발명품을 만든 사람이거나 독립운동을 했던 사람들이에요. 물론 이분들을 안 배울 수는 없죠. 자랑스러운 역사니까요. 그런데 문제는 너무 위인만 강조하다 보니 평범한 사람들의 이야기가 빠져 있다는 것입니다. 특히 평범한 어린이들의 이야기는 거의 없다고 볼 수 있어요. 과거에는 우리나라뿐 아니라 거의 모든 나라에서 어린

---

24 역사교육연구소(2015). 《어린이들의 한국사》. 휴먼어린이.

이는 단순히 어른의 축소판일 뿐이었거든요. 의학기술도 발달하지 못해서 어린 나이에 목숨을 많이 잃다 보니 어린이를 불완전한 존재로만 여긴 것이 사실입니다.

하지만 지금은 세상이 많이 달라졌습니다. 아동의 권리에 대해 우리는 항상 이야기하고 있고 단순히 어린이를 미래 사회의 주인공이 아니라 현재 어린이로서도 참여하고 실천할 것이 많은 '어린이 시민'으로 바라보게 된 것입니다. 그러니 역사교육에서도 이런 점이 반영되어야 합니다. 지금까지 조명하지 못했던 우리나라 과거의 어린이들에 대한 이야기를 공부할 필요가 있는 것입니다. 공교육에서 처음 역사를 접하는 초등학교 고학년 어린이들에게 어른의 이야기만 가르치는 것이 아니라 어린이의 이야기도 가르친다고 상상해 보세요. 당연히 훨씬 더 관심을 가지지 않을까요? 공감도 많이 되고, 현재의 나와 과거의 어린이를 비교하기도 쉬우니까요.

《어린이들의 한국사》에는 어린이들이 우리 역사의 주인공으로 등장합니다. 위인들의 어린 시절 이야기가 아닌 어린이들의 삶 그 자체가 중심이 되죠. 사실 우리나라의 긴 역사 동안에는 어른들만 생활한 것이 아니에요. 어린이들도 어른들과 함께 행복한 삶을 보내기도 하고, 힘든 삶을 보내기도 하면서 역사를 만들어 왔어요. 즉, 어린이도 역사 속 주인공이죠. 역사를 배우는 학생들은 과거 친구들의 이야기를 들으면서 자신의 미래를 생각해 볼 수 있게 됩니다. 또 역사 속 어린이들이 역경을 이겨내는 장면, 자신의 힘으로 문제를 해결하는 장면을 보면서 지금의 어린이들도 용기를 얻고, 희망을 발견할 수가 있겠죠.

셋째, 타인의 이야기가 아닌 나의 이야기가 있는 역사 수업입니다. 가장 먼저 생각해 볼 수 있는 것은 나와 가족의 역사를 만들어보는 겁니다. 대한민국의 역사, 서울의 역사, 부산의 역사, 청주의 역사가 있듯이, 태어났을 때부터 현재까지 나의 역사는 누구에게나 존재합니다. 초등학교 어린이들이 역사에 관해 이야기하기엔 너무 어리지 않은지 반문할 수 있지만 전혀 그렇지 않습니다. 어찌나 세세하게 어린 시절을 기억하는지 인생에서 중요한 사건을 적으라고 했더니 유치원 시절에 친구가 자신의 장난감 자동차를 빼앗아서 싸운 일을 기록합니다. 그 친구의 이름과 날짜까지 기억하더라고요. 가족의 역사 이야기를 만들어보는 것도 가능합니다. 가족 구성원 한 명 한 명의 역사 연표를 만들어보는 것도 좋고, 우리 가족의 첫 시작, 즉 부모님의 결혼부터 연표를 만들어보는 것도 역사에 흥미를 일으킬 수 있는 좋은 활동이 됩니다.

그 후에는 역사 수업 내용에도 활용이 가능합니다. 신석기시대를 배운다고 가정해 볼까요? 그냥 그 시대의 사람들이 어떤 도구를 활용했고, 어디에 살았는지에 대해 설명식으로 수업하는 것은 내용을 쉽고 빠르게 전달할 수 있지만 흥미가 떨어질 수밖에 없습니다. 이때 '나의 이야기'로 바꿔서 수업을 진행해야 어린이들을 즐겁게 할 수 있겠죠. 일테면 내가 신석기시대에 살았다면 어떻게 살았을까 생각을 해보게 하고요. 지금 나의 삶과 신석기시대의 삶을 비교해 보는 것도 좋습니다. 또 신석기시대에 사는 사람들에게 편지를 써보는 활동도 좋겠죠. 그리고 모둠에서 역할을 나눠서 신석기 사람과 기자가 되어 그 시대의 삶을 인터뷰로 보여주는 것도 좋은 방법이 됩니다.

이렇게 나의 이야기를 통해 역사 수업을 시작하는 것은 어린이들 개인의 삶에서 시작하기 때문에 공적 역사가 아닌 사적 역사가 됩니다. 지리교육에도 '장소'에서 시작하는 사적 지리가 어린이 초등 사회 교육에서 아주 중요하다고 앞에서 이야기했었죠? 역사도 마찬가지입니다. 어린이들에게 처음부터 큰 스케일을 보여주는 것은 수준에 맞지 않습니다. 역사에서도 나의 이야기, 나의 가족 이야기, 나의 친구 이야기에서 국가 이야기로 넘어가야 어린이들의 흥미를 지속적으로 유지할 수 있습니다.

역사는 사실에 근거한다고 많이 이야기하지만 '나'에서 시작하는 역사는 개인의 감정도 매우 중요해집니다. '신석기시대에는 농사를 지었나요?'라는 질문보다 '내가 이 그림 속 상황의 신석기시대 어린이였다면 기분이 어땠을까요?'라는 질문이 더 핵심적인 질문이 되는 것이죠. 어린이와 역사가 대화를 통해 관계를 맺고 만나기 위해서는 어린이의 감정을 끌어내는 것이 우선되어야 합니다.

우리 반 도슨트가 되어 문화재 소개하기[25]

어린이가 주인공이 되는 역사 수업이 되려면 '나'에서 시작해야 한다고 말씀드렸는데요. 역시 가장 쉽게 역사를 만나는 방법은 내가 역사를 체험해 보는 것입니다. 역사는 과거의 이야기이기 때문에 우리가 과거로 돌아가 직접 역사를 체험해 볼 수는 없습니다. 하지만 간접적으로 체험해 봄으로써 그 당시 사람들의 생각을 미루어 짐작해 볼 수 있지요. 이런 활동을 추체험이라고 합니다. 어떤 인물의 행동에 감정이입을 하여 그것을 표현하는 활동을 말하죠. 조선시대 과학자가 되어서 그 시대의 발명품을 만들어보거나 어떤 시대의 흥미로운 역사 이야기를 보고 역할놀이를 해볼 수도 있고, 신분제 사회에 맞는 게임을 통해 귀족이나 노비를 체험할 수도 있습니다.

이 수업에서 아이들은 미술 작품이나 문화유산을 소개하는 '도슨트'가 되어보는 체험을 하게 되는데요. 도슨트가 되어서 마치 자신이 그 작품을 만든 것처럼 간접적인 체험을 할 수 있어요. 추체험이 가능한 거죠. 제대로 도슨트 역할을 하려면 설명하려는 작품에 대해서 깊이 있게 이해해야 해요. 작품을 만든 작가

25 신봉석(2019).《초등 한국사 레시피1》(테크빌교육) 162쪽을 참고해서 수업을 재구성하여 진행했습니다.

의 의도도 파악해야 하고, 듣는 사람의 수준에 따라 이해가 쉽도록 설명하는 능력도 길러야 하죠. 그리고 친구들에게 직접 설명을 해주면서 의사소통 능력도 길러지게 됩니다.

그리고 도슨트는 고려시대나 조선시대에는 없었던 직업이에요. 즉, 현재에서 시작하는 역사 수업이 가능합니다. 그냥 단순히 교사가 문화재에 대해서 소개하는 시간을 가지면 나오는 멀게 느껴지는 내용, 현재와 아무 상관 없는 내용으로 느껴지지만, 박물관이나 미술관에 현장 체험학습이나 가족과 관람을 하러 갔을 때 본 경험이 있는 도슨트를 등장시키면 어린이와 역사의 심리적 거리를 좁혀줄 수 있습니다.

수업 방법

1. 교사는 벽화, 유물, 유적 등 다양한 문화재 사진을 학급 온라인 소통방에 올려놓습니다(삼국시대, 통일신라시대, 고려시대, 조선시대 등 어떤 시대든 수업이 가능합니다).
2. 어린이들은 온라인 소통방에 있는 문화재 중에 마음에 드는 한 가지를 고르고 고른 이유를 친구들과 나눕니다.
3. 교사는 어린이들이 정한 문화재를 흑백으로 인쇄해서 나누어주고 어린이들은 문화재를 자신의 스타일에 맞게 꾸밉니다.
4. 교실이나 복도에서 돌아가며 자신이 선택한 문화재를 친구들에게 설명하고 질문하는 시간을 갖습니다.

수업 Tip

- 어린이들이 문화재를 선정할 때 선택한 이유를 서로 나누도록 해주세요. 예를 들어, 직접 가본 곳이거나 책을 통해 본 곳, 설명할 게 많다 등 다양한 이유를 서로 나눌 수 있습니다.
- 도슨트가 되어 친구들에게 설명해 줄 때 다양한 방법을 활용할 수 있다고 미리 안내해 주세요. 문화재와 관련된 노래나 랩, 악기 연주도 가능하고, 문화재와 관련된 퀴즈를 내는 것도 좋습니다.

어린이 삼강행실도 만들기[26]

삼강행실도는 조선시대 유교 문화를 상징적으로 보여주는 책이지요. 세 가지 덕목이 이 책에 나오는데요. 바로 군위신강(君爲臣綱), 부위자강(父爲子綱), 부위부강(夫爲婦綱)입니다. 임금과 신하의 관계, 부모와 자식과의 관계, 부부의 관계를 나타내고 있습니다. 충, 효, 열 등의 덕목을 일컫는 것이죠. 그런데 삼강행실도는 조선시대의 시대 상황과는 딱 들어맞지만 현재의 어린이들에게는 안 맞는 부분도 존재합니다. 공감하기가 어려운 것이지요. 그래서 '나'에서 시작하는 역사 수업을 위해 현재 어린이들의 세계관에 맞게 책을 만들어보면 좋습니다. 이름하여 '어린이 삼강행실도'를 만드는 것이죠.

조선시대 원판 삼강행실도에는 113명의 충신과 110명의 효자, 95명의 열녀 이야기가 소개되어 있습니다. 총 318명의 주인공이 등장하지요. 2020년 버전에서는 우리 반 친구들 23명의 이야기를 만드는 것입니다.

그런데 이때 중요한 것이 있습니다. 1434년 때 만들어진 삼강행실도의 덕목과 2020년에 만들어지는 삼강행실도의 덕목은 다

---

26 신봉석(2019).《초등 한국사 레시피1》(테크빌교육) 339쪽을 참고해서 수업을 재구성하여 진행했습니다.

를 수밖에 없죠. 시대가 요구하는 가치관이 다르고, 이것을 지켜야 하는 주체도 다르니까요. 그래서 먼저, 임금과 신하의 관계는 교사와 학생의 관계로 바꿉니다. 사위제강(師爲弟綱)이 되겠죠. 스승을 의미하는 한자 '師(사)'와 제자를 의미하는 '弟(제)'를 사용합니다. 부모님과 자녀와의 관계인 부위자강은 어린이를 강조하기 위해서 부위동강(父爲桐綱)으로 바꾸었습니다. 어린이를 뜻하는 한자 '桐(동)'을 써서 부모님과 어린이의 관계에서 필요한 덕목을 생각하게 하는 것이지요. 마지막으로 부부의 관계를 나타내는 부위부강은 친위우강(親爲友綱)으로 바꾸었습니다. 친함을 의미하는 '親(친)'과 친구를 의미하는 '友(우)'를 써서 친구 사이에 필요한 덕목에 대해 이야기합니다. 그리고 덕목을 정하고 아이들의 경험담을 모아서 책으로 만드는 것이 수업의 전체적인 흐름이 됩니다.

어린이들은 조선시대의 유명한 책을 자신들의 이야기를 넣어다시 만들면서 만족감을 느끼게 됩니다. 직접 참여한다는 데서자신감을 느끼게 되고, 내 이야기가 친구들에게 소개된다는 것에 책임감도 느끼게 되지요. 또 과거의 일을 2020년 버전으로바꿔서 해석함으로써 삼강행실도에 대한 심리적 거리도 가까워집니다. 이처럼 어린이들의 일상생활에서 역사책이 만들어지게되면 어린이가 주인공이 되는 역사 수업이 가능해집니다.

수업 방법

1. 모둠별로 삼강행실(스승과 제자, 부모님과 자녀, 친구 관계)에

필요한 덕목을 토의한다.

2. 모둠별로 결정한 삼강에 대한 덕목을 발표한다.

3. 삼강에 대한 덕목에 대해 함께 협의하고, 빠진 내용이나 추가하고 싶은 내용을 발표해서 우리 반 삼강 덕목을 만든다.

4. 삼강 중 자신이 이야기에 담고 싶은 하나를 정하고 그와 관련된 자신의 경험을 다양한 형식으로 만든다(글, 시, 시화, 만화, 그림 등 다양하게 표현).

5. 어린이들의 작품을 모두 모아 덕목별로 나누고 책으로 만들어 전시한다.

6. 쉬는 시간이나 점심시간을 이용해 어린이 삼강행실도를 모두 읽는다.

7. 어린이 삼강행실도 만들기 수업을 통해 느낀 점을 발표한다.

수업 Tip

• 삼강에 대한 덕목을 만드는 것이 중요합니다. 덕목은 '효', '우정'과 같이 낱말로 해도 좋고, 구체적으로 '부모님께 예의 바르게 행동하기', '친구에게 욕하지 않기' 등 실천 과제로 만들어도 좋습니다.

• 삼강행실도를 모은 후 스캔하여 PDF 파일을 학급의 온라인 플랫폼에 게시해서 열람이 가능하도록 하면 좋습니다. 그리고 삼강행실도를 모두 읽은 후 느낀 점을 함께 나누는 시간을 갖도록 합니다.

5

생활교육과 함께 가는 사회 수업

제가 보고서나 공문을 작성할 때 가장 많이 쓰는 표현이 있어요. 바로 '교과 및 창체 시간을 활용하여 수업'이라는 표현이죠. 학교에서 생활부 업무를 맡고 있어서 다양한 생활교육과 관련된 교육 주제를 학급에서 수업할 수 있게 안내하고 있거든요. 가장 대표적으로 학교폭력 예방교육이 있고, 안전교육, 인성교육, 생명존중교육, 도박 예방교육 등 그 종류는 점점 다양해지고 있습니다. 사실 학급에서는 아침 활동 시간이나 하교 전 종례 시간을 통해 다양한 생활교육을 진행하고 있는데요. 그런데도 이렇게 생활교육이 강조되는 이유가 무엇일까요? 아마 학교에서 일어나는 다양한 사건 사고들 때문일 겁니다.

학생의 인권, 교사의 교권이 침해되는 사례도 엄청나게 늘고 있지요. 그리고 학교에서 일어나는 학교폭력 사건도 하루가 멀다 하고 언론에 보도되고 있습니다. 초등학교도 마찬가지죠. 예전 같으면 중학교나 고등학교에서 일어날 법한 심각한 사건 사고들이 초등학교에서도 아주 빈번하게 일어나고 있거든요. 그래서 어린 시절부터 생활교육과 인성교육을 체계적으로 받아야 한다는 주장이 점차 힘을 받고 있습니다. 교육부에서는 지침을 주면서 위에서 언급한 생활교육 주제들을 일정 시간 이상 이수할 수 있도록 안내하고 있습니다.

그렇다면 어떤 교과 시간에 생활교육을 해야 할까요? 사실 그것은 학교와 학급 담임 교사의 재량에 의해 결정됩니다. 저도 그래서 선생님들께 교과 또는 창의적 체험활동 시간에 담임 교사가 판단해서 교육할 수 있게 안내를 하고 있지요. 그런데 교육해야 할 주제와 너무 안 어울리는 교과나 차시에 수업하는 것은 조금 이상합니다. 그 주제와 관련된 교과를 찾고, 성취기준을 확인하여 연계해서 수업해야 하는 것이죠. 이걸 바로 교육과정 재구성이라고 합니다. 생활교육과 관련된 교육 주제를 연계할 수 있는 가장 좋은 교과는 국어, 도덕, 사회로 볼 수 있습니다. 저는 그중에서도 사회 시간을 많이 활용합니다.

회복적 생활교육과
삶이 있는 교실

학생들과 선생님에게 교실은 어떤 공간인가요? 불과 몇십 년 전만 하더라도 좁은 공간에서 질서 있게 의자와 책상을 배치해 두고 교사만을 바라보는 답답하고 폐쇄적인 공간으로 교실을 생각했어요. 마치 공장의 작업실에서 공장장이 근로자들을 감시하는 것처럼 교사가 학생을 통제하는 공간이었죠. 그래도 최근에는 많이 달라지고 있어요. 학급당 학생 수도 줄어들고 학생들의 인권 향상을 위해 많이 노력하면서 '작업장' 같은 공간의 교실은 사라졌죠. 교실의 공간을 연구하는 학자들은 교실을 연극이나 뮤지컬과 같은 공연이 열리는 무대라고 비유하기도 했어요. 선생님과 학생의 역할에 따라 정해진 각본대로 교실이라는 무대에서 활동하는 것이죠.

어린이가 주인공이 되는 수업을 실현할 수 있는 교실 공간은 어떤 것일까요? 그건 바로 어린이들의 삶 그 자체로서의 공간일 것입니다.[27] 아침에 선생님 말씀을 듣고, 수업하다가 밥을 먹고 또다시 수업을 듣고 집에 가는 천편일률적인 모습의 교실이 아닌, 사람 한 명 한 명의 삶이 녹아들어 있는 공간이 되는 것이죠. 즉 어린이들이 학교의 교실을 어쩔 수 없이 가야만 하는 곳으로 인식하지 않고 나의 삶을 보내는 의미 있는 공간으로 대할 때 교실 속 주인공이 되는 것입니다.

이런 교실 공간을 만들기 위해 가장 중요한 것이 바로 생활교육입니다. 아마 이 책을 읽는 독자들은 '생활교육'보다는 '생활지도'가 훨씬 익숙할 거예요. 저도 그러니까요. 예전에 생활지도하면 떠오르는 것은 학생이 잘못된 행동을 저질렀을 때 벌을 주는 것, 생활지도부장 선생님이나 학생주임 선생님이 떠오르죠. '지도'라는 말 자체에 그런 의미가 포함되어 있거든요. 아직 미성숙한 학생들에게 벌을 주어서 교화되도록 만드는 것이죠. 그런데 요즘은 패러다임이 완전히 바뀌었어요. 벌을 주는 것만으로는

---

27 한희경(2009) 선생님은 〈교실 연구의 최근 동향과 '교실 공간 메타포' 연구〉에서 교실을 '작업장'이 아닌 '삶이 있는 공간'이 되어야 한다고 주장했습니다.

학생들이 달라지지 않는다는 것입니다. 그래서 '생활지도'가 아닌 '생활교육'을 해야 한다는 것이죠.

또 생활교육 앞에 자주 붙는 말이 있어요. '회복적 생활교육'입니다.[28] 학생과 학생, 교사와 학생 간의 관계를 회복하는 것, 학교폭력의 피해 학생과 가해 학생 간의 관계를 회복하는 것을 중요하게 생각하죠. 예전에는 교실 속에서의 관계가 '회복'에 초점을 맞추기보다는 '통제'와 '힘'을 강조했어요. 학기의 시작인 3월 초를 생각해 보세요. 어떤 선생님들은 아이들과 눈도 마주치지 않고, 웃어주지도 않죠. 만약 눈을 마주치면 아주 날카로운 시선으로 쳐다보기도 합니다. 이것이 교사의 권위를 올려주고 힘으로 학생들을 통제하고 학급의 질서를 유지하기 위한 방법이었습니다. 그리고 학급 내에서 학교폭력이 발생했다면 어떻게 했나요? 피해 학생을 보호하거나 관련 학생들과의 관계를 회복시켜주는 것보다는 가해 학생을 어떻게 얼마나 혼을 낼지에만 관심을 가졌어요. '권선징악'과 '인과응보'를 생각하면서 잘못했으면 혼이 나야 한다는 권위자의 욕구가 작용했던 것이죠.

이런 응보적 생활지도는 많은 문제점을 낳았습니다. 학생들도 교사와 진정한 관계를 맺지 못하고요. 학생들 사이에서도 제대로 된 관계 회복을 할 수 없게 됩니다. 문제를 일으킨 학생과 피해를 본 학생들의 상황과 맥락이 무시되고 그냥 말썽꾸러기 학급이 되어 모두 죄지은 것처럼 숙연하고 무거운 교실이 되어버리는 것입니다. 이러다 보니 학생들은 오히려 더 큰 문제를 일으

---

28 정진(2016) 《회복적 생활교육 학급운영 가이드북》(피스빌딩)을 참조했습니다.

키기도 하고, 자신의 욕구를 채우고 어른과 친구의 관심을 받기 위해 자신을 학대하는 모습을 보여주기도 합니다.

회복적 생활교육은 가해 학생을 처벌하고 응징해서 결론을 맺는 것이 아니라, 관련된 학생들, 교사가 함께 공동체로서 피해를 회복하고 성장하는 것을 목표로 합니다. 잘못이나 벌과 같은 결과에만 관심을 두는 것이 아니라 관계를 회복해 가는 과정에 훨씬 더 관심을 갖는 것이죠. 이때는 교실 속의 주인공들인 또래 친구들의 역할이 매우 중요합니다. 갈등을 일으킨 친구들이 문제를 해결할 수 있는 분위기를 만들어주고, 우리는 같은 학급의 구성원이라는 소속감을 심어주는 데 매우 중요한 역할을 해주기 때문이죠.

초등학교의 경우 학급의 분위기는 특히 중요합니다. 수업 시간과 쉬는 시간을 별개로 보기 어렵기 때문이에요. 하나의 교실을 한 명의 선생님과 같은 구성원인 학생들이 매일 같이 1년 동안 사용하기 때문에 교실의 분위기가 다운되고 무서운 공간이 된다면 어린이들도 위축될 수밖에 없죠. 만약에 1교시 음악 시간에 친구 둘이 리코더로 서로를 공격하는 큰 갈등이 일어났다고 생각해 보세요. 선생님은 그 자리에서 두 학생을 다그치고 혼내고 벌을 줄 수 있겠죠. 그렇게 쉬는 시간이 됩니다. 벌을 받는 아이들을 보면서 학급 구성원들도 부담감과 공포를 느끼게 되죠. 2교시 사회 수업 시간이 되었습니다. 분위기가 어떨까요? 아마 아무리 활동적이고 재미있는 수업이 계획되어 있다고 해도 제대로 된 배움이 일어나기는 어려울 것입니다.

그런데 반대로 큰 갈등 이후에 이런 조정 과정이 있다면 어떨까요? 친구들을 중심으로 싸운 아이들의 이야기를 들어주고, 서로의 미안함을 고백하고 진정한 대화가 일어나면서 서로를 격려하고 갈등이 잘 마무리되겠죠. 그러면 아마 평소보다 더 좋은 분위기 속에서 재미있는 2교시 사회 수업을 함께할 수 있을 것입니다. 이렇게 회복적 생활교육은 학생들의 진정한 삶이 있는 교실을 만들어주어 어린이가 주인공인 수업을 만드는 데 크게 기여할 수 있습니다.

회복적 생활교육과 사회 수업

회복적 생활교육의 핵심은 갈등을 해결하고 조정하는 것입니다. 사회 시간에 우리는 다양한 종류의 갈등과 해결을 배웁니다. 지역 사회 내에서 생기는 갈등, 정부와 기업, 근로자 등 경제 주체들 간의 갈등, 국가와 국가 간의 갈등 등 다양하죠. 이러한 사회적 갈등과 해결 과정을 우리는 배우고 해결 방법에 대해서도 실례를 바탕으로 차근차근 공부합니다. 학습을 하고 나서 아이들에게 갈등의 해결 방법이 무엇인지 물어보면 잘 대답하죠. 답이 정해져 있으니까요.

그런데 우리 친구들이 정작 자신이 겪고 있는 갈등은 잘 해결할까요? 사실 그렇지가 않죠. 사회 수업 시간에 사회 생활을 하면서 겪게 되는 갈등 상황과 해결 방법을 배움에도 불구하고 정

172

작 내 삶에서 겪는 갈등을 잘 해결하지 못한다는 것은 어찌 보면 참 안타까운 일입니다. 아무래도 교과서에 있는 내용은 주로 어른들의 이야기이거나 나와 관련성이 떨어지는 먼 주제이기 때문에 그렇겠죠.

그래서 초등학교 사회 수업 시간에는 학교 밖의 사회적 갈등만 다룰 것이 아니라 학교 내부, 교실 내부의 갈등을 다룰 필요가 있습니다. 개인의 내적 갈등이나 친구와의 관계에 대해서는 도덕 시간이나 국어 시간에 배우지만 그때 배우는 것은 사회 시간에 배울 수 있는 갈등 해결과는 결이 조금 다르거든요. 도덕 시간에는 아무래도 학습자 혼자 지닐 수 있는 가치 덕목에 대해서 배우게 되고, 국어 시간에는 이야기 속에 있는 등장인물의 마음을 알아보고 공감하는 것에 초점을 맞추게 됩니다. 사회 시간에는 교실 속 갈등 상황 속에서 친구나 선생님이 조정해 주거나 공동체가 함께 해결해 나가는 방법을 배울 수 있다는 점에서 차별성이 있죠.

대표적인 것이 바로 '또래조정'입니다. 아마 인성교육이나 생활교육을 담당해 보신 선생님들이라면 '또래상담'과 '또래조정'에 대해 많이 들어보셨을 것입니다. '또래'는 비슷한 연령대의 사람을 말하죠. 초등학생들을 생각해 보면 같은 학년의 친구들이거나 위아래로 한 학년 정도의 차이가 나는 형이나 동생이 되겠죠. 거의 친구라고 봐도 무방할 것 같아요. '또래상담'은 초등학생의 고민을 초등학생 상담가가 들어주는 것입니다. 어린이의 마음은 같은 어린이가 가장 잘 공감해 줄 수 있기 때문입니다. 저도 실제로 또래상담 동아리를 운영해 보았는데요. 모든 사례는 아니지만 꽤 효과가 있었어요. 우리 반의 여학생 한 명은 저에게 고민을 가끔 털어놓았지만 깊은 내용을 말하지는 않았거든요. 그런데 또래상담가인 6학년 언니에게는 정말 많은 이야기를 털어놓더라고요. 무려 한 시간이나 상담을 했죠. 어른에게 자신의 고민을 말하는 것보다 자기와 비슷한 또래에게 말하는 것이 편안한 친구들이 있으니까요.

'또래조정'은 친구들의 갈등을 또래가 해결해 주는 것을 말해요. 보통은 학급에서 친구들이 싸우면 아이들은 "선생님, 세현이랑 도현이가 싸워요."라고 이르게 되고, 선생님은 두 아이를 불러서 이야기를 듣고, 갈등을 해결해 주게 되죠. 그런데 또래조정은 조금 달라요. 숙련된 또래조정가가 친구 간의 갈등을 해결해 주죠. 왜 싸웠는지, 그때 기분은 어땠는지, 지금은 뭘 원하는지를 또래조정가가 묻고 답하면서 합의의 과정을 거치는 겁니다. 이는 어린이의 문제를 어린이 스스로 해결하는 대표적인 사례로 볼 수 있습니다.

이런 또래 활동은 그냥 바로 할 수 있는 것이 아닙니다. 회복적 생활교육에 기반한 교육의 과정이 필요하죠. 최근에는 동아리가 만들어지면서 교과 외 시간에 또래상담가, 또래조정가를 교육하는 학교가 많아졌어요. 사회 수업 시간을 활용해 또래조정을 통한 갈등 해결에 대해 수업하는 것은 어린이들의 시민성 함양과 생활교육과 교과 교육의 연계라는 측면에서 매우 유익한 방법이 됩니다.

　2015 개정 사회과 교육과정에는 많은 영역에서 '갈등'을 다루고 있습니다. 초등 3, 4학년 내용 요소에는 '지역 문제 해결'이 들어가 있는데요. 지역 사회 구성원 간의 갈등을 다루고 있습니다. 또 핵심 개념으로 사회·문화 영역에서는 '개인과 사회'가 제시되어 있고, 사회 속 개인의 역할에 대해 많은 주제를 다루고 있죠. 그리고 문화의 다양성, 편견과 차별 등에 대해 배우면서 타인을 이해하는 마음에 대해서도 지속해서 다루고 있습니다.

　그런데 어린이들과 가장 밀접하게 관련된 갈등인 '또래갈등'에 대해서는 사회과 교육과정에서 직접적으로 다루고 있지 않아요. 따라서 위에 제시된 교육 내용이 등장할 때 교육과정을 재구성할 필요가 있습니다. 예를 들어 '지역 사회의 갈등'은 '학급에서의 갈등'으로, '가족 간의 역할 갈등'은 '우리 반 친구들의 갈등'으로 바꿔보는 것이죠. 이때 갈등을 해결하는 방법을 어린이들이 생각해 보고 토의하는 수업을 합니다. 지역 사회나 국가 간 갈등처럼 스케일이 큰 주제의 해결책을 제시하는 것은 아이들에게 어렵고 부담스러운 일이지만 우리 반의 친구들과 관련된 갈등을 해결하는 문제에 대해서는 정말 적극적으로 의견을 내게 됩니다.

회복적 생활교육에 기반한
사회 수업 주제

회복적 생활교육과 관련된 사회 수업 주제로는 세 가지 정도를 떠올려볼 수 있습니다.

첫 번째는 '우리 반 친구들은 언제 싸울까?'입니다. 갈등에 대해서 배우려면 왜 갈등이 일어났는지 그 이유에 대해 알아보아야겠죠. 자신이 경험한 갈등 이야기, 친구들과 대화하면서 듣게 된 갈등 이야기, 우리 반 친구들 사이에서 있을 법한 이야기 등 친구들이 싸우는 이유와 상황에 대해 자유롭게 이야기하게 하고, 만화나 역할극 등으로 꾸며보는 수업을 해볼 수 있습니다(이 수업은 PART3 수업 사례에 자세히 소개되어 있습니다).

둘째, '또래조정으로 갈등 해결하기'입니다. 한마디로 또래조정의 절차를 배우는 것이죠. 생각보다 또래조정의 절차가 그렇게 어렵지 않아서 어린이들이 한 번 학습하고 실습을 하면 또래조정가의 역할을 잘 해내게 됩니다. 순서는 총 다섯 단계입니다.[29]

1. 환영 및 규칙 설명 : 싸운 친구들과 또래조정자가 모여서 처음 인사를 하고, 규칙을 정합니다. 존댓말 사용하기, 서로를 존중하기 등과 같은 규칙을 만들 수 있어요.
2. 서로 이해하기 : 어떤 상황에서 싸움이 일어났고, 과거와 현재의 감정이 어떤지 서로의 이야기를 듣는 시간입니다.
3. 진심이 전달되게 돕기 : 현재 상황에서 서로에게 원하는 것이 무엇인지를 듣고 전달하는 시간입니다.
4. 실천 동의 구하기 : 서로를 위해 실천할 수 있는 일을 함께 약속합니다. 예를 들어, 놀리지 않기, 아침에 만나면 인사하

---

29 경기도 부천 회복적 생활교육 연구회 《또래에 美치다》를 참조했습니다.

기 등이 있습니다.

5. 격려와 마무리 : 또래조정에 참여한 것에 대해 고마움을 표시하고, 마무리합니다. 혹시 2차 조정이 필요한 경우 다음 모임의 약속을 잡습니다.

이 단계를 아이들에게 알려주고 상황을 만들어서 3인 1조로 실습을 하게 합니다. 그리고 반 전체 친구들 앞에서 발표를 할 수도 있지요. 이 과정을 통해 또래조정을 할 때 갈등을 겪은 당사자나 또래조정자 모두가 어떤 점이 중요한지를 알 수 있습니다. 경청하는 자세, 남을 존중하는 자세, 내 감정에 대해 이해하는 자세가 필요하겠죠. 제가 학급을 운영할 때는 사회 시간을 활용해서 또래조정에 대해 함께 공부하고, 일주일이나 월 단위로 또래조정자를 몇 명 뽑아서 실제 학급에서 갈등이 일어났을 때 조정을 할 수 있도록 했어요. 처음에는 더 큰 싸움이 이어지기도 하고 또래조정을 포기하는 친구도 많았지만 두 달 정도 지나니 정착을 해서 스스로 문제를 해결하는 모습을 많이 볼 수 있었습니다.

마지막으로 학급자치법정 수업입니다. '학생자치'라는 말 많이 들어보셨죠? 자치는 '스스로 다스리다'라는 뜻입니다. 지방자치는 중앙정부가 위임한 일들을 자치단체가 직접 수행하는 것을 말하죠. 학생 자치는 학생 스스로 자신의 일을 수행한다는 말입니다. 또래조정도 크게 보면 학생자치로 볼 수 있겠죠. 학급자치법정은 학생자치의 실천 사례 중 하나입니다. 교실을 하나의 작은 사회로 보고, 교실에서 일어난 크고 작은 사건들을 자치법정에서 판결을 내려주는 것이죠. 또래조정이 갈등을 겪은 2명의 친구를 1명의 조정가가 문제를 해결해 주는 과정인데 반해, 학급자치법정은 갈등 상황을 교실 전체의 아이들이 의견을 모아 해결책을 제시해 주는 과정입니다.

우리는 사회 5~6학년군에서 법에 대해 배웁니다. 헌법, 민법, 형사법 등 법의 종류를 배우고 재판의 절차와 법조인이 하는 일에 대해서 배우죠. 그런데 이 법의 내용 역시 어린이들에게는 너무 먼 이야기입니다. 아이들이 법원에 간 경험이 거의 없을뿐더러 판사, 검사, 변호사의 역할 자체를 무겁게 느끼기도 하죠. 또 법정에서는 잘못한 사람에게 벌을 주는 것이라고 단순하게 인식하는 아이들도 많습니다. 이런 아이들에게 좀 더 쉽게 법에 대해서 알려줄 수 있는 것이 학급자치법정입니다.

학급자치법정은 다양하게 운영할 수가 있어요. 정말 법원과 똑같이 판사, 검사, 변호사, 피고, 원고, 배심원 등으로 구성해서 모의재판을 하는 것도 가능합니다. 그런데 이런 경우는 절차도 좀 까다롭고 3~4학년 아이들에게는 어렵게 느껴질 수도 있습니다. 그래서 학급자치법정을 회복적 서클 형식으로 운영할 수도 있습니다. 회복적 서클은 회복적 생활교육에서 강조하는 대화의 방식입니다. 반 전체 인원이 원으로 둘러앉아 서로의 생각을 이야기하는 것이죠. 회복적 서클로 자치법정을 운영하게 되면 모든 친구가 판사, 검사, 변호사, 배심원이 될 수 있습니다. 어떤 역할을 따로 정하는 것이 아니라 갈등 상황에 대한 자신의 의견을 이야기하는 겁니다.

예를 들어, 세현이가 도현이에게 5,000원을 빌렸는데 갚지 않았다고 가정해 볼게요. 그래서 회복적 서클 학급자치법정을 열었습니다. 먼저 세현이와 도현이가 각각 자신의 상황과 현재 기분 등을 이야기합니다. 그리고 돌아가면서 한 명씩 이 사건에 대한 개인적인 생각을 이야기합니다. 어떤 친구는 세현이가 돈을 내일까지 꼭 갚아야 한다고 말할 수도 있겠고요. 어떤 친구는 세현이 상황이 안 좋으니 도현이에게 다음 주까지 시간을 달라고 할 수도 있습니다. 또 다른 친구는 세현이가 도현이에게 먼저 사과를 해야 한다고 말할 수도 있죠. 의견이 있는 친구들이 모두 이야기를 하면 선생님이나 학급의 반장이 의견을 조율해서 문제를 해결할 수 있는 좋은 방법을 결정합니다. 이때 세현이와 도현이의 동의가 필요하겠죠.

이렇게 회복적 서클에 의한 학급자치법정을 하게 되면 슬기롭게 공동의 문제를 대화로 해결할 수 있게 됩니다. 또래조정과 학급자치법정을 통해 어린이의 문제를 직접 어린이가 해결할 수 있도록 돕는 것이 어린이가 주인공인 사회 수업을 만들 수 있는 비법이 될 것입니다.

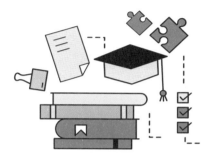

사회과 교육과정의
이론과 개념부터 수업 실천 사례까지!

쉽게 가르치고 재미있게 배우는
사회 수업을 생각하다

Part 3

어린이가
주인공인
사회 수업
함께 만들기

어떤 학문이든지 이론과 실제는 함께 서 있어야 합니다. 마치 건물을 지탱하는 기둥과도 같지요. 기둥이 한쪽만 너무 튼튼하고 두꺼우면 한쪽으로 기울 수밖에 없겠죠. 마찬가지로 학문도 단단한 이론적 배경을 기초로 해서 실천 사례가 나와야 합니다. 이론은 빠삭한데 실천하지 못한다면 아무 의미가 없습니다. 특히 교육에서는 더더욱 그렇습니다. 가르치는 사람과 배우는 사람 모두 마찬가지입니다. 교사가 열심히 경제교육 연수를 받아서 학급 화폐를 이용한 학급 경영에 대해 이론적으로 익혔지만 막상 운영하려니 준비할 것이 많아서 하지 않는다면 배움의 의미는 퇴색됩니다. 또 학습자가 로컬 푸드의 가치와 공정무역의 중요성에 대해 다양한 활동을 통해 배웠는데 그날 슈퍼에 가서 로컬 푸드를 외면한다면 그날의 학습은 허공으로 날아가는 것이지요.

반대로 실천을 열심히 하는데 그 안에 이론이 없는 것도 문제입니다. 교육에 있어서 실천은 수업이고, 이론은 수업을 '왜' 하는지 아는 것이라고 할 수 있습니다. 수업의 목표를 명확히 알고,

그 수업이 학습자에게 어떤 교육적 효과를 주는지를 정확히 알게 해주는 것이 이론입니다. 이것을 무시한 채 그냥 자신이 원하는 대로 수업을 한다면 그 수업은 방향성을 잃게 됩니다. 수업의 목표가 명확하지 않으니 학습자가 제대로 그 수업을 이해했는지, 내가 한 수업이 '좋은 수업'이 맞는지도 알 수 없게 되죠. 또 이론이 없다면 내 수업을 반성할 기준도 없게 됩니다. 그렇게 되면 나의 수업 전문성은 시간이 지나도 향상되지 않습니다.

PART1과 PART2에서는 어린이가 주인공이 되는 사회 수업을 만들기 위한 이론적 배경들을 살펴보았습니다. PART1에서는 교사들이 사회 수업을 어렵게 느끼고, 어린이들 또한 사회 수업을 싫어하고 있는데 그 이유가 무엇인지를 여러 각도로 살펴보았죠. 그래서 내린 결론은 어린이가 사회 수업에서 주인공이 되어야 하는데 조연으로 남아 있다는 것이었습니다. PART2에서는 어린이가 주인공이 되는 사회 수업을 위한 5가지 방향에 대해서 살펴보았습니다. 모험과 놀이, 어린이가 만들어가는 수업, 장소 지리교육, '나'에서 시작하는 역사, 생활교육과 함께 가는 사회 수업을 제시했습니다.

그런데 이런 이론적인 내용을 보면 대체 어떻게 수업하라는 것인지에 대한 의문이 남을 수밖에 없습니다. 물론 PART2에서는 각각의 방향마다 관련된 수업 사례를 소개하였습니다. 하지만 이것만으로는 부족할 수밖에 없죠. 그래서 PART3에서는 제가 어린이들과 함께 만들어가고 실천한 사회 수업을 소개합니다.

이 수업 사례들의 특징은 교사가 쉽게 준비 가능하고, 모든 어린이가 쉽게 참여할 수 있다는 점입니다. 10차시 정도 되는 대규모 프로젝트 수업은 준비하기도 어렵고, 그것을 공부하여 우리 교실에 직접 적용하는 것도 굉장한 부담이 뒤따릅니다. 저도 그런 책들을 읽을 때는 '이 프로젝트 진짜 괜찮다! 한 번 시도해 봐야지'라고 생각하지만, 막상 따라하려니 엄두가 안 났거든요. 그래서 저는 한 가지 수업 주제가 1~2차시 안에 끝나는 간략한 수업 사례들을 준비했습니다. 그리고 특정 지역, 특정 학교에서만 가능한 사례가 아니라 전국에 있는 모든 학교의 초등학생들이 실천할 수 있는, 공통으로 적용 가능한 수업만 다루었습니다. 서울의 국립중앙박물관에서만 할 수 있는 활동, 아주 작은 소규모 학교에서만 가능한 활동, 다문화 가정의 아이들이 많아야만 할 수 있는 활동들은 넣지 않았다는 뜻입니다.

또 3~6학년의 어린이들이 활동의 수준만 조금씩 조정하면 적용할 수 있는 주제들을 선정했습니다. 3학년에게 너무 어려운 주제이거나 6학년에게 너무 쉬운 소재는 빼고 어린이들 모두에게 흥미를 줄 수 있고 일상생활과 밀접히 관련되는 주제들을 수업 소재로 다루었습니다. 수업 때마다 교사를 당황하게 하는 아이들의 질문은 '이런 질문 꼭 있어요!'에서 소개했고, 해당 수업 사례와 유사한 주제를 다룬 '이런 수업은 어때요?'를 통해 수업의 범위를 넓혔습니다. 제가 소개하는 수업 사례들을 보고 우리 교실의 어린이와 함께 주제를 정해서 어린이가 주인공이 되는 사회 수업을 함께 만들어보시기 바랍니다.

1

우리 반 친구가
좋아하는 학교 장소는?

- **이 수업의 핵심 개념** 장소

- **왜 배워야 할까요?** 초등학교 지리교육에서 '장소'는 매우 중요합니다. 우리가 흔히 지리 시간에 배운 '공간'이라는 개념에 인간이 의미를 부여하면 '장소'가 되거든요. 우리 어린이들이 의미 있게 생각하는 장소를 친구들과 함께 공유한다면 지리교육의 시작으로 더할 나위 없이 좋습니다.

"아, 나는 과학실 가기 너무 싫어."

"왜? 나는 과학실에서 실험하는 거 정말 재미있던데."

"그러면 뭐하냐? 과학실 1층이잖아. 가기도 귀찮고, 뭔가 지하 같아서 싫어."

과학실에 가기 위해 줄을 서는데 반 친구들이 대화를 나눕니다. 한 친구는 과학실에 가는 것을 싫어합니다. 일단 4층에서 1층까지 내려가야 하는 게 싫은 거죠. 또 과학실이 운동장보다 낮은 곳에 있어서 지하 같은 느낌도 들어 싫다고 합니다. 다른 친구는 과학실을 좋아하고 있어요. 과학실에서 실험하는 것을 좋아하는 친구죠.

이렇게 같은 장소라도 친구마다 감정이 달라요. 개인이 느끼는 '장소감'이 다른 것이죠. 그리고 같은 장소에 대해서도 시간이 지나면서 그 감정은 달라지기도 합니다. 1~2학년 친구들은 과학 수업이 없어서 과학실은 그냥 급식실 옆에 있는 우리 학교 장소로 생각하거나 방과 후 수업 때 가본 교실 정도로만 인식하죠. 그런데 3학년이 되어서부터는 과학 수업을 하기 위해 과학실에 자주 가서 특별한 감정이 생기게 됩니다.

장소감에 대해서는 사회과 교육과정에서 3학년 1학기에만 잠깐 등장하고 뒤에는 나오지 않아요. 머릿속에 떠오르는 우리 마을 지도 그리기 활동을 하면서 내가 좋아하는 장소, 내가 의미 있게 생각하는 장소를 그려보는 활동을 하게 되죠. 그런데 어린이들의 장소감은 4학년이 되어서도 6학년이 되어서도 계속 달라집니다. 우리 동네에서 좋아하는 장소가 달라지고, 우리 학교에서 행복을 주는 장소, 우리 학교에서 불편함을 주는 장소가 생겼다가 사라지기도 하죠. 또 학년이 올라가면서 다양한 친구들을 만나게 됩니다. 그 친구들과 나의 장소감을 이야기하고, 서로의 장소감을 공감하게 되면서 함께 일상생활을 공유합니다.

또래 관계 아이들의 학교생활, 우리 지역에 대한 소속감과 애정을 기르게 하는 데 장소감 교육은 무엇보다 중요합니다. 저는 그래서 3학년이 아니어도 매년 사회 시간 또는 창체 시간을 활용해서 장소감 수업을 합니다. 학기 초와 학기 말, 두 번 하는 것도 좋아요. 어린이들의 장소감이 처음에 비해 어떻게 달라졌는지 보는 것이지요. 이 책에서는 제가 주로 학기 말에 어린이들과 함께하는 '우리 반 친구가 좋아하는 학교 장소는?' 수업을 소개합니다.

이 수업과 관련 있는 사회과 성취기준

[4사01-01]우리 마을 또는 고장의 모습을 자유롭게 그려보고, 서로 비교하여 공통점과 차이점을 찾아 고장에 대한 서로 다른 장소감을 탐색한다.

＊학습 요소 : 장소감의 표현과 공유

수업은 이렇게 :
나의 장소감 말하기, 장소감 듣고 친구 알아맞히기

수업은 학기 말인 2월에 이미 친구들과 많은 추억을 쌓고, 우리 학교에 대해서 누구보다도 잘 아는 4학년 아이들과 함께 진행했습니다. 사회 시간과 창의적 체험활동 시간을 연결해서 2차시로 수업을 구성했죠. 선생님들이 수업을 구성할 때는 학기 초나 학기 중반에 해도 무방합니다. 이미 학교에 익숙한 아이들이라 장소감이 어느 정도 형성되어 있기 때문입니다.

구분	교육 내용	참고
학습 주제	• 우리 학교 장소에 대한 나의 장소감 표현하기	
도입	• 우리 학교 교실 배치도 보고 장소 말하기 • 우리 학교 건물 밖 장소 말하기	학교 교실 배치도 활용

전개	• 우리 학교 장소에 대한 나의 감정과 경험 적어보기 • 내가 좋아하는 장소 3곳, 좋아하지 않는 장소 3곳 적어보기 • 친구들이 말하는 장소와 장소감을 듣고 누구인지 알아맞히기	우리 학교 장소에 대한 활동지 활용
정리	• 장소에 대한 친구의 감정 중 공감 가는 것 말하기	

이 수업을 통해 키울 수 있는 핵심역량
1. 의사소통 및 협업 능력 : 나의 장소감을 친구들에게 표현하면서 기를 수 있어요.
2. 정보 활용 능력 : 교실 배치도와 학교 지도를 보고 우리 학교의 장소에 대해 생각하면서 기를 수 있어요.

어린이 시민을 위한 핵심 질문!
1. 우리 학교 장소 중에 나에게 의미 있는 장소는 어떤 장소인가요?
2. 우리 학교 장소들을 생각하면 어떤 느낌이 드나요?
3. 우리 학교에 대한 친구들의 장소감을 들으면서 어떤 친구의 장소감에 공감했나요?

도입에서는 먼저 어린이들에게 학교 교실 배치도를 보여줍니다. 그리고 학교 건물 밖에는 어떤 장소가 있는지 아이들의 발표를 통해 알아봅니다. 아이들에게 교실 배치도를 보여주면 생각보다 아이들이 잘 모르는 곳도 있다는 것을 알 수 있습니다. 제가 근무하는 학교는 5층에 돌봄교실이 있는데요. 양옆으로 5, 6학년 교실들이 쭉 있습니다. 4학년 아이들은 현재 4층에서 생활하는데요. 지금까지 5층의 교실을 한 번도 가본 적 없는 아이들이 생각보다 많았어요. 그래서 어떤 아이들은 "뭐야? 5층에 돌봄교실이 있었어?" 하는 반응이었죠.

건물 밖도 마찬가지입니다. 활동성이 많고 호기심이 가득한 몇몇 친구들은 저도 모르는 학교의 특별한 장소를 말하기도 하는 반면에 정말 운동장과 교실만 아는 친구들도 많습니다. 또 학교로 들어오는 입구가 정문과 쪽문이 있는데요. 아이들이 사는 곳에 따라서 정문으로 오는 아이도 있고, 쪽문으로 오는 아이도 있다 보니 서로 아는 곳이 달랐습니다. 이렇게 아이들과 함께 학교 속 장소에 대한 경험을 환기하고 다음 활동으로 넘어갑니다.

첫 번째 활동으로는 장소에 대한 경험과 감정 적기 활동입니다. 먼저 6개 정도의 장소를 적습니다. 그리고 우리 반 친구들이나 선생님 또는 혼자 가지고 있는 장소와 관련된 경험을 적습니다. 아래에는 장소를 생각하면 떠오르는 감정을 적습니다. 어떤 친구들은 장소를 6개까지 적는 것을 어려워할 수도 있고, 또 다른 친구들은 장소를 더 많이 적고 싶어 하는 경우도 있습니다. 개수가 중요한 것이 아니라 장소에 대한 자신의 경험과 감정을 적어보는 것이 중요하므로 활동지의 내용과 분량은 교사가 적절히 조절해 주는 것이 좋습니다. 이때 나의 경험을 적는 것은 장소감을 표현하기 위해서입니다. 사람에게 감정은 경험이 있을 때 일어나거든요. 또 학교와 같이 매일 보는 친숙한 장소들의 경우 내가 이 장소에 대해 어떤 감정이 드는지 생각하지 않을 때가 많습니다. 그래서 자신의 경험을 적어보게 함으로써 감정을 끌어내는 것입니다.

두 번째 활동으로는 내가 좋아하는 장소, 내가 좋아하지 않는 장소를 적어보게 합니다. 저희 학급에서는 총 3개씩 정해서 장소를 적게 하고, 좋아하는 이유와 좋아하지 않는 이유를 각각 적게 했습니다. 이때 유의해야 할 점은 짝과 상의하지 않는 것입니다.

'우리 학교 장소와 나의 경험, 감정 적기' 활동지 [30]

우리는 매일 학교에서 즐겁게 생활하고 있어요. 우리 반 교실, 강당, 운동장, 복도, 화장실 등 다양한 장소에서 학교생활을 합니다. 친구마다 학교의 장소들에 대해 가지고 있는 느낌은 다릅니다. 아래의 종이에 떠오르는 학교의 장소를 적고, 장소와 관련된 경험과 감정을 적어봅시다.

30 교육부(2018) [2015 개정 교육과정 교수학습자료 사회 3~4학년군]을 활용했습니다.

어린이가 주인공인 사회 　　　　　　　　　　　이름 ♥

1. 우리 학교에서 내가 좋아하는 장소 3개를 적어봅시다!

번호	내가 좋아하는 장소	이유	나의 감정
1	강당	넓고 뛰어다닐수 있어서	자유롭다
2	우리반 전체	친구들과 대화하며 놀수있고 공부학수있어서	즐겁다
3	급식실	밥을먹을수 있어서	신난다

2. 우리 학교에서 내가 좋아하지 않는 장소 3개를 적어봅시다!

번호	내가 좋아하지 않는 장소	이유	나의 감정
1	운동장	햇볕에 눈이 부셔서	짜증난다
2	보건실	친구나 내가 다치면 가는곳 아니까	슬프다
3	복도	시끄럽고 아이들이 뛰어다녀서	화난다

다음 활동으로 퀴즈를 낼 것이기 때문에 미리 알면 당연히 재미가 없어지겠죠. 어린이 중에서는 그저 그런 감정을 가진 장소를 적고 싶어 하는 친구도 있을 것입니다. 그럴 때는 그 감정이 긍정적인지 부정적인지 한 번 물어보고 그래도 구별할 수 없다면 그 친구에게는 '내가 그저 그렇게 생각하는 장소 3'도 추가로 적어보게 할 수 있습니다.

　감정을 적을 때 어떤 친구들은 좋아하는 장소는 모두 '좋음'으로 적고, 좋아하지 않는 장소에는 모두 '싫음'으로 적는 경우도 있습니다. 이건 아이들이 자신이 가지고 있는 감정을 단어로 표현하는 것에 어려움을 겪기 때문에 생기는 현상인데요. 학기 초에 어울림 프로그램이나 친교 활동으로 감정과 관련된 단어들로 스피드 퀴즈를 하거나 나의 감정 알아맞히기 활동을 미리 하는 것이 좋습니다. 다양한 감정과 관련된 단어는 국어나 도덕 관련 단원의 교사용 지도서를 참고하거나 '감정조절 카드', '공감대화

카드'와 같은 학습 교구를 통해서 확인하고 아이들과 함께 공부하는 것이 좋습니다.

세 번째 활동은 게임과 함께하는 활동입니다. 두 번째 활동에서 친구들이 쓴 장소 활동지를 보고 퀴즈를 내는 것인데요. 퀴즈를 내는 방법은 크게 두 가지입니다. 첫 번째는 장소를 설명하고 어떤 친구인지 맞히는 방법입니다. 두 번째는 친구의 이름을 알려주고 그 친구가 좋아하는 장소나 싫어하는 장소를 맞히는 것입니다. 두 방법 모두 유익하고 재미있는 방법인데요. 첫 번째 방법보다 두 번째 방법이 시간상으로 조금 더 오래 걸립니다. 따라서 학급 인원이 많다면 장소를 불러주고 친구 이름을 맞히게 하고, 학급 인원이 적다면 친구의 좋아하는 장소를 맞히게 하는 게 좋습니다. 이때 본인이 직접 자신의 이야기를 맞히게 할 수도 있지만 친구가 나의 문제를 내게 하는 것이 조금 더 흥미롭고 몰입감을 주는 방법이 됩니다.

좋아하는 장소를 먼저 힌트로 줄 수도 있고, 좋아하지 않는 장소를 힌트로 먼저 말할 수도 있는데요. 이때 자신이 정답인 친구들은 퀴즈 속 주인공이 자기가 아니라는 연기를 하려고 일부러 '정답'을 외치고 다른 친구를 의심하기도 합니다. 심리전이 참 볼만 합니다. 게임과 놀이 형식으로 수업을 진행하기 때문에 모든 어린이가 적극적으로 참여하게 되고, 자연스럽게 나의 장소감을 이해하고 타인의 장소감도 공감할 수 있는, 교육적으로 효과가 높은 수업이라고 볼 수 있습니다.

이런 질문 꼭 있어요!

창현 선생님! 근데, 저는 학교 장소 중에 싫어하는 장소가 딱히 없는데요?

박쌤 그렇구나, 창현아. 그건 창현이가 학교를 정말 좋아해서 그런 것 같아. 그러면 좋아하는 감정을 다양하게 적어보는 것은 어때? 장소마다 느끼는 감정이 조금씩 다를 것 같거든. 교실에 오면 기분이 어때?

창현 음… 교실은 편안해요. 그리고 강당은 친구들과 같이 체육 수업을 해서 재밌어요.

박쌤 그래. 장소마다 느낌이 조금씩 다르지? 그럼 교실은 '편안함', 강당은 '재밌음'이라고 적어봐.

나의 의미 있는 장소 소개하기

얼마 전에 어릴 적 살던 집 근처에 다녀온 적이 있습니다. 잠시 볼 일이 있어서 근방에 갔는데 어떻게 변했는지 궁금하더라고요. 동네에 가서 가장 먼저 찾아갔던 곳은 집으로 가는 언덕 앞의 계단이었어요. 그 집에 초등학생 시절부터 중학생 때까지 살았는데 그 계단에서 시간을 참 많이 보냈거든요. 낮에는 친구들과 계단 오르기 놀이를 했고, 밤에는 부모님이 퇴근해서 집에 돌아오는 것을 기다리기도 했던 장소입니다.

그 계단에서 부모님을 기다리면서 이런 생각 저런 생각 참 많이 했습니다. 기분이 안 좋을 때는 계단에 앉아서 아이스크림을 먹으며 스트레스를 풀기도 했고요. 기분이 좋을 때는 계단을 오르락내리락하며 콧노래를 부르기도 했어요. 어릴 적 추억이 많은 의미 있는 장소입니다.

우리 초등학생 친구들에게도 나만의 의미 있는 장소가 있습니다. 물론 '저는 없어요!' 하는 친구들도 많았지만, 의미 있는 장소의 범위를 넓혀주면 다들 장소를 하나씩 말하기 시작했죠. 예를 들면 가족과 가장 많이 가는 장소, 학교와 집을 빼고 내가 가장 많은 시간을 보내는 장소, 너무 가고 싶거나 반대로 너무 가기 싫은 장소 등입니다.

어떤 친구는 내 방의 책상과 의자를 의미 있는 장소로 말하기도 하고 집 앞에 있는 편의점 밖의 파라솔을 가장 의미 있는 장소로 말하기도 했어요. 저는 그냥 의미 있는 장소를 말로만 발표하는 것이 아니라 직접 그 장소에 함께 가보는 특별한 과제를 내주었어요. 모둠을 정해 주고, 한 명 한 명의 의미 있는 장소를 함께 가보는 것이죠. 그곳에서 같이 사진을 찍기도 하고, 그 장소가 왜 의미가 있는지 모둠 친구들에게 소개해 주고 느낀 점을 말해 주게 했습니다. 정말 의미 있는 장소감 수업이지요? 타인의 장소감을 이해하면서 공감대를 확장할 수 있는 좋은 수업이니 학급 친구들과 함께 해보기를 추천합니다.

2

우리 학교
사용설명서

- **이 수업의 핵심 개념** 지역 문제, 주민 참여

- **왜 배워야 할까요?** 사회과의 내용 조직 원리인 환경확대법에 의하면 가까운 우리 동네부터 먼 세계까지 학습의 순서를 정해야 한다고 말합니다. 어린이들에게 집을 제외하면 가장 친숙하고 가까운 곳은 학교입니다. 학교에서 일어날 수 있는 문제, 참여가 필요한 일을 파악하여 직접 참여하는 것은 어린이 시민이 되는 출발점이 됩니다.

'우리 동네 안전 지도 만들기', '자전거 도로 만들기' 등과 같이 우리 동네 주변에서 발생한 문제를 어린이가 참여하여 해결한 사례들을 앞에서 소개했습니다. 어린이 시민으로서 우리 동네, 우리 지역의 문제, 그중에서도 어린이들과 관련된 문제를 스스로 참여를 통해 실천한 대표적인 사례였죠.

그런데 이런 문제들이 우리 학교 학생들 주변에서 항상 발생하고 있는 것은 아닙니다. 특수한 상황이라는 것이죠. 사회 수업에서 지역 문제를 찾고 해결하는 프로젝트 단원을 구성하고 싶

은데 사는 동네가 어린이들과 관련된 심각한 문제가 없고 순탄 하다면 아이들에게 동네의 문제를 찾아오라고 숙제를 내줘도 쉽 게 찾아오지를 못합니다. 그렇게 되면 해결이 쉽지 않은 문제들 을 들고 오게 되죠.

"우리 집 앞에 개가 똥을 싸고 갔어요."

"중학교 형들이 PC방 앞에서 담배를 피워요."

"층간 소음 때문에 집에 있기가 싫어요."

누구나 아는 문제이고 이미 해결을 위해 여러 가지 방법을 쓰 고 있는데 해결이 쉽지 않은, 한숨이 푹푹 절로 나오는 그런 종류 의 상황들을 많이 이야기하게 됩니다. 그래서 생각해 보았어요. 어떤 동네, 어떤 학교에 가도 아이들이 직접 참여하고 어린이 시 민으로서 뿌듯함을 느낄 수 있는 수업으로 어떤 것이 있을까? 고 민해 본 것이죠.

제 요즘 취미 생활 중 하나가 스마트폰으로 웹툰을 보는 것인 데요. 얼마 전에 한 웹툰을 보면서 수업의 아이디어를 얻었습니 다. '연의 편지'라는 웹툰이었는데요. 주인공이 전학을 와서 학교 생활을 하는데 우연히 자신의 책상 서랍에 붙어 있는 편지를 발 견하게 됩니다. 거기에는 그 학교에서 주인공이 적응할 수 있는 '학교설명서'가 적혀 있었어요. 학교의 특별실 위치, 학교 정문 말고 쪽문으로 가는 지름길 등 친구 관계 때문에 어려움을 겪었 던 주인공에게 그 편지는 정말 한 줄기 빛이었죠. 친구나 선생님 에게 물어보고 싶은데 쉽사리 말을 꺼내기 어려웠던 것, 이 학교 에 다니는 학생들만 알 법한 꿀팁들이 적혀 있었으니까요.

저는 이 부분을 보고 어린이들과 함께 '우리 학교 사용설명서'를 만드는 수업을 해보기로 구상했습니다. 어떤 학교, 어떤 학년이든 전학을 오고 가는 것은 흔하게 있는 일이죠. 전학을 온 친구들은 아무리 외향적인 친구라고 하더라도 그 학교에 대해서 궁금한 것들이 참 많을 수밖에 없어요. 물론 시간이 지나면 알게 되는 것들이 많지만 미리 알면 학교생활을 더 편하게 할 수 있는 정보들이 참 많답니다. 또 1학년으로 입학을 하거나 아직 저학년인 친구 중에서는 학교생활의 대부분을 교실에서 보내면서 학교 어느 곳에 어떤 시설이 있는지 잘 모르고 있는 아이들이 많아요. 이런 친구들에게도 '우리 학교 사용설명서'를 만들어주는 것은 의미 있는 일이 될 것입니다.

이 수업과 관련 있는 사회과 성취기준

[4사03-06]주민 참여를 통해 지역 문제를 해결하는 방안을 살펴보고, 지역 문제의 해결에 참여하는 태도를 기른다.

수업은 이렇게 :
'학교' 마인드맵 그리기, '우리 학교 사용설명서' 만들기

'우리 학교 사용설명서' 만들기 수업은 총 2시간 연 차시로 구성했습니다. 아무래도 직접 종이에 그림을 그려야 하는 활동이 있어서 1시간으로 수업을 끝내기는 어려우니까요.

구분	교육 내용	참고
학습 주제	• '우리 학교 사용설명서' 만들기	
도입	• 전학과 관련된 경험 이야기하기 　– 직접 전학을 간 경험 　– 우리 반에 전학생이 온 경험	
전개	• '학교' 하면 떠오르는 것 마인드맵 그리기 • 전학 온 친구를 위해 만들어줄 '우리 학교 사용설명서'에 들어갈 내용 토의하기 　– 우리 학교 특별실의 위치는? 　– 우리 학교 맛있는 급식 메뉴는? 　– 우리 학교에서 사진 찍기 좋은 곳은? • '우리 학교 사용설명서'에 넣고 싶은 주제를 3가지 이상 적어보기 • 스크랩북에 '우리 학교 사용설명서' 만들기 　– 만화, 그림, 편지 등 다양한 형식으로 표현하기	의견이 있는 사람 전체발표 (자유롭게 만들도록 하되 어떤 걸 넣어야 할지 모르는 친구를 위해 예를 들어준다.)
정리	• 내가 만든 작품을 전시하고, 친구들의 작품 감상하기	

이 수업을 통해 키울 수 있는 핵심역량
1. 창의적 사고력 : '우리 학교 사용설명서'에 들어갈 내용을 생각하고, 설명서를 다양한 형식으로 표현하면서 기를 수 있어요.
2. 문제 해결력 및 의사 결정력 : 전학 온 친구가 겪는 문제를 생각하고 이를 해결해 주기 위한 방법을 떠올리고, 직접 '우리 학교 사용설명서'를 만들면서 기를 수 있어요.

어린이 시민을 위한 핵심 질문!
1. 우리 학교로 전학 온 친구가 겪는 어려움은 어떤 것이 있을까요?
2. '우리 학교 사용설명서'에 어떤 내용이 들어가야 읽는 친구에게 도움이 될까요?

　도입 단계에서는 전학과 관련된 경험을 서로 나누게 합니다. 반 친구 중에는 본인이 전학을 경험한 경우도 있고, 우리 반에 전학 온 친구를 만난 경우도 있습니다. 물론 그런 경험이 아예 없는 친구도 있지만 "경은이가 전학을 간다면 어떤 어려움이 있을 것 같아요?"와 같은 질문으로 간접적으로 체험하게 할 수 있습니다.

경험을 이야기하다 보면 대부분 학교에 대해 잘 알지 못해서 생기는 어려움, 친구 관계에 대한 어려움 등을 이야기하곤 합니다. 적응을 하루 만에 빠르게 하는 경우도 있지만, 천천히 오래 걸려서 겨우 적응하는 경우도 있고, 전에 다니던 학교를 너무나 그리워하는 경우도 있지요.

사실 선생님들도 항상 학교를 옮겨 다니다 보니 학교에 적응하는 데 꽤 긴 시간이 소요됩니다. 저만 해도 지금 근무하는 학교에 처음 왔을 때 식당을 못 찾았어요. 특이하게 현관이 2층에 있고, 1층에 식당이 있는데요. 당연히 현관이 가장 아래층이라 생각해서 식당이 현관보다 아래층에 있을 거라고 생각을 못 한 것이죠. 이때 학교를 소개하는 설명서가 있으면 참 좋겠구나, 이런 생각을 했는데요. 아이들은 더더욱 그렇겠죠. 실제로 우리 반에는 전학을 온 친구들이 상당히 많았어요. 특히 아버지가 직업 군인인 친구는 4학년인데 4번째 전학을 와서 친구들을 놀라게 했습니다.

이렇게 '우리 학교 사용설명서'의 필요성을 아이들에게 느끼게 한 후 본격적인 활동에 들어갑니다. 먼저 '학교' 마인드맵 그리기를 합니다. '학교' 하면 떠오르는 것들을 자유롭게 적어보는 시간이죠. 아이들이 생각하는 학교와 연관된 낱말, 문장 등을 보면 학교생활에 필요한 것들이 어떤 것인지 어느 정도 추측할 수 있습니다. 빠지지 않고 나오는 것은 '교실', '친구', '체육', '강당', '급식', '방과 후' 같은 낱말들입니다. 이런 것을 보면 체육 수업을 하는 강당이 어디인지, 밥을 먹는 식당은 어디인지, 우리 학교 급식 메뉴 중 반 친구들이 좋아하는 메뉴는 무엇인지, 방과 후 수업에는 어떤 것이 있고, 어느 장소에서 하는지 등 학교와 관련된 관심사를 알 수 있지요. 시기가 시기인지라 마인드맵에는 '코로나', '마스크'라는 단어가 참 많이 등장했어요.

다음은 전학 온 친구를 위해 만들어줄 '우리 학교 사용설명서'에 들어갈 내용을 토의합니다. 모둠별로 의견을 모아서 발표해도 좋고, 각자 개인의 의견을 적어서 발표해도 좋습니다. 서로 의견을 나누는 과정에서 자신들이 생각하지 못한 것을 친구가 말하면서 공감도 하게 되고, '이건 들어갈 필요가 없지!'라고 반론을 펼치기도 합니다. 분위기가 너무 과열되지 않게 교사가 잘 조율해 주어야겠죠. 대부분의 친구가 마인드맵을 보고 발표하기 때문에 그와 관련된 내용이 나오게 됩니다.

다음으로는 설명서에 들어갈 내용을 정하는 시간입니다. 반 친구들이 발표한 내용을 교사는 칠판이나 컴퓨터 화면에 잘 정리해 둡니다. 그래야 친구들이 어떤 주제에 관심이 많고, 전학 온 친구에게 보여줄 설명서에 어떤 내용이 들어가면 좋을지 생각할 수 있으니까요. 또 무작정 예시나 내용 없이 자유롭게 만들라고 하면 분명히 어려움을 겪는 친구가 생기죠. 그러니 다양한 예시를 주는 측면에서도 친구들이 말한 주제를 적어놓는 것이 좋습니다. 그리고 활동지에 '우리 학교 사용설명서' 연습을 해봅니다. 여기에는 들어갈 내용의 제목, 간단한 그림 등으로 채우게 합니다. 너무 자세하게 하면 시간이 훌쩍 지나버리겠죠.

이제 스크랩북에 사용설명서를 만듭니다. A4용지로 가위질을

우리 **학**교 **사**용 **설**명서   이름:

1. 학교 마인드맵 – '학교' 하면 떠오르는 것은?

2. 우리 학교 사용 설명서 연습하기!

하고 접고 붙여서 책을 만드는 방법도 있지만 시중에서 파는 무지 스크랩북을 활용하는 것을 추천합니다. 훨씬 튼튼하게 만들어져 있고 두꺼운 종이로 만들어져 있어서 정말 책 같은 느낌도 들죠. 전시할 때도 잘 세울 수 있어서 좋습니다. 맨 앞에는 설명서의 표지를 만들게 합니다. 책 표지나 광고 포스터를 참고 자료로 보여주면 아이들은 창의적인 방법으로 표지를 잘 만듭니다. 그리고 속지에는 이전 활동을 통해 정리해 놓은 사용설명서의 내용을 적습니다. 이때 학교와 교실 안에서 볼 수 있는 것, 학교생활을 하면서 필요한 내용뿐 아니라 방과 후에 친구들과 함께 놀 수 있는 곳, 맛있는 분식집, 우리 반 친구들이 많이 가는 학원, 팬시점 같은 곳을 소개해도 좋다고 하면 훨씬 더 풍부한 내용을 가진 '우리 학교 사용설명서'가 만들어집니다.

작품을 완성하면 사물함 위나 정해진 전시 장소에 작품을 올려놓습니다. 사실 가장 좋은 것은 자신이 만든 책을 실물화상기를 통해 직접 발표하는 것인데요. 그러면 시간이 너무 오래 걸리는 단점이 있겠죠. 창의적 체험활동 시간이나 미술 시간을 함께 연계해서 수업을 진행한 경우에는 학급 전체 어린이들에게 발표하도록 해도 좋은 활동이 됩니다.

저 같은 경우는 사회 시간만을 활용했기 때문에 전체 발표를 시키지는 않고 미술관 전시회처럼 작품을 감상할 수 있게 시간을 줬어요. 그리고 포스트잇을 들고 다니게 하면서 친구 작품을 보고 느낀 소감을 적어서 그 친구의 작품에 붙여주거나 붙일 공간이 없다면 사물함이나 그 친구에게 직접 전달해 주기로 했죠.

이렇게 친구의 작품을 감상하고, 자기 생각을 표현하는 활동을 하면서 서로의 생각을 나누는 좋은 시간이었습니다.

'우리 학교 사용설명서'에 등장했던 소재에는 이런 것들이 있었습니다.

- 우리 반 친구들 전체 소개
- 우리 학교 4학년 담임 선생님과 전담 선생님 소개
- 우리 학교 교화, 교목, 교가 등 소개
- 내가 생각하는 과목별 난이도
- 우리 학교에서 하면 안 되는 것
- 우리 학교에서 지켜야 할 코로나 생활 수칙
- 우리 학교 학년별 층, 우리 학교의 특별한 공간
- 우리 동네에서 내가 자주 가는 문구점과 마트

이렇게 만드는 것으로만 끝내면 너무 아쉽겠죠? 설명서를 만든 목적을 다시 한 번 떠올려봅니다. 바로 우리 학교에 대해 잘 알지 못하는 전학생이나 1학년 학생들에게 보여주어 학교생활에 잘 적응할 수 있게 돕는 것이었습니다. 우리 학년이나 다른 학년에 전학생이 있는지 확인해 보고, 그 친구에게 우리 학교 사용 설명서를 선물로 주는 활동을 과제로 제시합니다. 또 친구들이 잘 만들었다고 추천해 준 몇 작품은 교무실에 비치해서 선생님들도 함께 보고, 전학 온 친구가 학급을 배정받기 전에 교무실에 가게 되는데 그때 그것을 보게 하는 것도 좋은 방법입니다.

　내가 직접 만든 '우리 학교 사용설명서'가 전학생과 선생님들에게 전달된다니 참 뿌듯하겠죠? 이처럼 참여와 실천을 통해 느끼는 만족감은 긍정적 자아 형성에 큰 도움이 됩니다. 나도 할 수 있다는 믿음으로 자존감이 향상되고 임파워먼트가 길러지겠죠. 또 그 실천이 우리 학교 공동체 구성원의 적응과 즐거운 생활에

큰 도움이 된다면 더더욱 좋겠죠. 어릴 적에 친구들과 함께한 소중한 경험도 바람직한 시민이 되는 밑거름이 될 것입니다.

이런 질문
꼭 있어요!

은혁　선생님, 저는 얼마 전에 전학을 와서 이 학교에 대해서 잘 모르는데 어떡하죠?

박쌤　아, 그렇지. 은혁이는 올해에 전학 왔구나. 그럼 선택지가 2개 있어. 첫 번째는 전에 다니던 학교에 대해 친구들에게 소개하는 설명서를 쓰는 거야. 재밌겠지? 또 하나는 우리 학교에 대해 궁금한 것을 정리해서 질문 책으로 만드는 거야. 한쪽에 2~3개 질문을 적는 것이지. 은혁이가 원하는 것으로 해봐.

이런 수업은
어때요?

이 식물의 이름은 무엇?

과학 시간이었습니다. 줄기와 잎을 관찰하기 위해 학교 내에 떨어져 있는 나뭇잎을 주워오기로 했어요. 생각보다 학교에 다양한 종류의 식물이 있더라고요. 꽃, 풀, 나무. 역시나 예상했던 질문이 등장합니다.

"선생님, 이 꽃 이름이 뭐예요?"

"음… 이게 뭐더라? 나중에 알려줄게."

식물 이름은 설명을 들어도, 검색을 해서 익혀놔도 바로바로 잊게 됩니다. 마치 한자와도 같지요. 그런데 생각보다 식물의 이름을 궁금해하는 친구들이 많았어요.

"선생님, 공원이나 식물원 같은 곳에 가면 나무나 꽃 앞에 식물 이름이랑 설명이 적혀 있잖아요. 우리 학교에는 왜 없어요?"

사회 시간에 우리 지역의 문제를 찾고 해결 방안을 찾는 것, 주민 참여를 통해 살기 좋은 동네를 만드는 것을 배우고 있었는데 타이밍이 너무 좋습니다. 학교라는 작은 사회 속에서 어린이들이 문제의식을 느꼈으니 참여를 통해 문제를 해결해 보아야 하는 것이죠.

요즘에는 스마트폰 어플로 식물 사진을 찍으면 식물의 이름이 나오더라고요. 그래서 지역 문제 해결 수업으로 아이들과 학교의 식물 이름을 검색해서 찾고 식물 이름 표지판 만들기 활동을 해보기로 했습니다. 많은 어린이가 좋아하겠죠?

3

우리나라 역사 속
어린이 이야기

• **이 수업의 핵심 개념** 어린이 역사

• **왜 배워야 할까요?** 사회 교과서에 나오는 인물들은 대부분 나라에 공을 세운 어른의 모습입니다. 하지만 역사 속에는 평범한 삶을 살아간 어린이들의 모습도 존재합니다. 우리 어린이들에게 과거의 또래 친구들은 어떻게 지냈는지를 알려주는 것도 좋은 역사교육이 될 것입니다.

몇 년 전 6학년 아이들과 일제강점기의 독립운동을 주제로 수업을 진행했습니다. 유관순, 윤봉길 등 불굴의 독립투사들이 교과서에 등장하는데요. 우리말을 지키기 위해 부단히 노력한 주시경 선생에 관한 내용이 빠져 있더군요. 그래서 보충해 주는 의미로 주시경 선생님의 삶에 대해 가르쳐주려고 따로 수업을 준비했어요. 단순히 주시경의 업적을 나열하면서 설명하는 것은 아이들의 한숨과 하품을 직접적으로 마주칠 게 뻔해서 집에 있는 어린이용 주시경 도서를 가져와서 주시경 선생의 어린 시절 이야기를 아이들에게 들려주었습니다.

"선생님이 조선시대에 살았던 한 남자아이의 이야기를 들려줄 게요. 잘 들어보세요. 이 친구는 황해도 봉산군에서 어린 시절을 보냈어요. 그리고 어릴 적 이름은 상호였고요. 아버지가 서당의 훈장님이셔서 어릴 적부터 공부를 무척이나 열심히 했답니다. 상호가 열두 살이 되었을 때였어요. 서울에 살던 큰아버지가 자식들을 모두 잃어서 아들을 꼭 키우고 싶다고 상호의 집에 찾아왔어요. 근데 상호는 형이 한 명 있었고, 둘째 아들이었어요. 그래서 큰아버지는 상호를 데려다 키우기로 했어요. 상호가 지금의 여러분들 나이에 부모님과 헤어지게 된 것이죠. 내가 상호라면 어떤 생각이 들었을까요?"

아이들이 자신의 의견을 말하기 시작했어요.

"저라면 절대 안 간다고 울고 떼썼을 것 같아요."

"상호를 보낸 부모님이 나빠요. 큰아빠도 나쁘고요."

어? 이게 무슨 일인가요? 사회 시간이 맞나 싶을 정도로 수업이 시끌벅적했어요. 사실 활발하던 아이들은 사회 역사시간이 되면 갑자기 다른 아이들이 되어서 교실이 정말 조용했었거든요. 그런데 이번 시간에는 말을 많이 하는 거예요. 알고 보니 '어린이 주시경'에게 공감을 하고 있기 때문이었어요. 주시경이 어른이 되어서 이룩한 큰 업적들은 훌륭한 일이기는 하지만 어린이의 관점으로는 공감하기가 어려워요. '일제강점기의 국어학자' 하면 '주시경'이라고 암기할 뿐이죠. 하지만 주시경의 어린 시절을 소재로 수업을 하니 아이들이 완전히 달라졌어요. 바로 '나'의 삶과 비교하고 내가 어린 주시경이라면 어떨지 생각할 수 있기 때문이죠.

이렇게 역사 속 어린이의 삶에 대해 배우는 것을 '어린이 역사'라고 부를 수 있어요. '어린이 역사'는 역사 속에 어린이들의 생활을 함께 살펴보고 나의 삶과 비교하는 것을 목표로 합니다. 어린이들이 사회 수업 시간에 배우는 역사 속 인물은 모두 '어른'이 이미 되어버린 그리고 나라 발전에 큰 영향을 끼친 위인들이 대부분이에요. 역사 속에는 주연과 조연이 따로 있는 것이 아닌데, 우리는 나라에 큰 공을 세운 위인들 그리고 이미 성인이 된 인물들만 배우게 됩니다. 하지만 우리나라의 긴 역사 속에는 평범하게 살다간 사람들이 더 많고, 그 사람들은 모두 어린이로서도 생활했어요.

어린이 친구들은 '어른의 이야기'가 아니라 '어린이들의 이야기', '뛰어난 위인'의 삶이 아니라 '나처럼 평범한 사람'의 삶에 더욱 흥미를 느끼고, 그 삶에 공감하기 쉬워요. 지금까지의 역사 수업이 이러한 점을 간과했기 때문에 어린이들이 수업에서 항상 조연에 머물러 있었다고 볼 수 있습니다. 모든 역사 수업을 어린이의 삶, 평범한 사람들의 삶으로 진행할 수는 없지만, 최소한 역사를 처음으로 배우는 학습자, 역사 수업의 시작은 '어린이 역사'로 시작할 수 있으면 좋겠어요. '내 나이 또래의 역사 속 인물은 어떻게 생활했을까?'라는 질문을 던져주면서 역사를 시작한다면 어린이가 주인공이 되는 역사 수업을 만들어줄 수 있습니다.

수업은 이렇게 :
송현이와 나의 삶 비교하기, 송현이에게 응원 쪽지 쓰기

과거에는 지금처럼 어린이의 삶에 관심이 많지 않았기 때문에 어린이들의 삶을 자세히 살펴볼 수 있는 역사 자료가 그렇게 많지 않은 게 사실입니다. 그런데 몇 년 전에 제가 도서관에 갔을 때 눈에 탁 들어오는 책을 한 권 발견했어요. 바로 《어린이들의 한국사》라는 제목을 가진 책이었죠. 제목만 봐도 우리나라 역사 속 어린이들의 이야기가 나올 것이란 것을 짐작해 볼 수가 있습니다.

이 책에는 여러 어린이의 삶이 나오는데요. 나무껍질로 끼니를 때웠던 삼국시대 어린이 이야기, 열 살에 결혼한 고려의 꼬마 신부 이야기부터 꿈과 이름을 모두 빼앗긴 일제강점기의 어린이들 이야기, 6·25 전쟁 시기에도 희망을 꽃피웠던 어린이 이야기까지 우리나라 역사 곳곳의 어린이 이야기가 가득 차 있는 책이었습니다.

저는 그중 가장 인상적으로 본 내용이 가야 소녀 '송현이' 이야기였어요. 정확히 말하면 제가 느끼기에 가장 슬픈 내용이었어요. 반 아이들에게 송현이의 구슬픈 이야기를 들려주고 공감하는 능력을 익힐 수 있도록 사회 수업을 구성해 보았습니다. 저는 4학년 아이들과 이 수업을 했는데 3학년부터 6학년까지 모두 흥미롭고 쉽게 역사에 다가갈 수 있는 좋은 주제라고 생각합니다.

구분	교육 내용	참고
학습 주제	• 가야 시대 송현이의 삶을 보고 역사 속 어린이의 삶 추측하기	
도입	• 가야 소녀 관련 신문 기사 보기 – 가야에 대해 아는 것 말해 보기 – 가야 소녀의 모습 보고 추측하기	서울신문 '1500년 전 그녀는 8등신 미인'
전개	• '가야 소녀 송현이의 하루'를 읽은 뒤 나와 송현이의 삶 비교해 보고 같은 점과 다른 점 말해 보기 • '송현이의 슬픈 날'을 읽은 뒤 송현이와 개똥이, 돌쇠에게 응원의 메시지를 포스트잇에 쓰고 칠판에 붙이기	《어린이들의 한국사》참조
정리	• 친구들의 응원 메시지 읽어보기	

이 수업을 통해 키울 수 있는 핵심역량
1. 의사소통 및 협업 능력 : 송현이의 이야기를 보고, 나의 삶과 비교하여 자신의 의견을 말할 때 기를 수 있어요.
2. 비판적 사고력 : 송현이의 이야기를 보고 가야시대의 삶에 대해 알아보면서 시대 상황을 비판적으로 성찰하는 능력을 기를 수 있어요.

어린이 시민을 위한 핵심 질문!
1. 송현이와 우리 반 친구들의 삶은 어떤 점이 같고, 어떤 점이 다른가요?
2. 내가 송현이나 개똥이였다면 어떻게 행동했을까요?

"어떻게 뼈만 보고도 소녀인지 알 수 있어요?"

래윤이가 가야 소녀 관련 신문기사를 함께 읽고 나서 물었어요. 무덤 속에 있던 뼈와 장신구들을 고고학자와 역사학자들이 분석해서 16세 소녀의 모습으로 복원했다고 기사에서 소개하고 있거든요.

"선생님, 옛날에도 귀걸이도 하고 예쁘게 꾸몄어요?"

"맞아. 아주 오래전에도 아름다움을 위해 장신구를 했지요. 지금 바로 저 귀걸이를 해도 예쁠 것 같지 않아?"

좋은 수업의 시작은 이렇게 아이들에게 궁금증을 유발하는 게 가장 중요한 것 같아요. '의외성'을 주는 것이죠. 왠지 1500년 전에는 귀걸이를 안 했을 것 같잖아요. 그런데 무덤 속에서 귀걸이를 포함한 장신구가 나왔다는 것을 설명하면 아이들이 고개를 절레절레 흔들게 됩니다. 마치 러시아인데 사람들이 더워하는 모습의 사진을 보여주거나, 비 한 방울 안 온다고 믿는 아프리카 지방에 비가 많이 오는 곳을 보여주는 것과 같은 원리지요. 도입 단계에서 이렇게 가야시대 '송현이'와 관련된 기사를 간략히 보여주고, 가야에 대해 아는 것에 대해 말해 보게 했어요.

"저는 악기가 생각나요. 가야금요."

"예전에 역사책에서 봤어요. 우리나라의 옛날 나라 이름입니다."

"빨리 망한 우리나라의 옛날 나라 이름요."

그리고 기사 속에 등장하는 송현이의 모습을 보여주고 어떤 삶을 살았을지 추측해 보게 했습니다.

"예쁜 옷을 입고 비싸 보이는 장신구를 차고 있는 게 잘사는 부잣집 딸이었을 것 같아요."

"옛날 시대니까 엄청 가난했겠죠. 너무 어린 나이에 빨리 죽은 거니까 불쌍해요."

아이들의 대답은 다양했어요. 미리 송현이의 삶을 알려주지 않고 복원된 모습만 보고 삶을 추측하게 했더니 노비였을 것 같다는 말은 하나도 나오지 않았지만, 부자였을 것 같다는 의견은 생각보다 꽤 나왔습니다.

다음으로 전개 활동에서는《어린이들의 한국사》책에 있는 송현이의 이야기를 제가 조금 각색해서 아이들에게 들려주었습니다. 실제 송현이의 추정 나이는 16세인데 저는 송현이의 12살 시절 이야기를 만들어 아이들에게 소개했어요. 그래야 아이들이 나와 나이가 비슷한 또래라고 생각하고 관심을 많이 가질 수 있으니까요.

송현이가 한 집에서 노비로 살았다는 것, 이른 아침부터 저녁까지 쉴 새 없이 바쁘게 살았다는 것을 들려주었죠. 그리고 나의 삶과 관련지을 수 있는 두 가지 질문을 했어요.

"우리 반 친구들과 송현이의 삶을 비교해 보면 어때요? 송현이의 삶이 친구들의 삶과 어떤 점이 비슷하고, 어떤 점이 다른가요? 발표해 볼 친구?"

"친구들은 지금 학교에 나와서 공부하고 있는데, 송현이는 학교를 안 다녀요."

"우리는 송현이처럼 일을 많이 하지 않아요. 송현이는 너무 일

'가야 소녀 송현이' 수업 활동지

어린이가 주인공인 사회	어린이 역사 – 가야 시대 송현이 이야기

이름_____

학습 문제	• 고대 사회의 생활 모습 알아보기 • 가야 시대 송현이의 삶을 보고 역사 속 어린이의 삶 추측하기
가야 소녀 송현이 의 하루	송현이는 가야의 어느 한 마을에 살아요. 나이는 이제 12살이 된 여자 어린이에요. 송현이는 언제나 아침부터 바빠요. 왜냐하면 송현이는 집안일을 하는 종이기 때문이에요. 아침에는 어른들의 밥을 짓기 위해 일찍 일어나서 일을 해요. 아궁이에 불을 지펴 밥을 하고 반찬도 가지런히 담아 어른들의 아침상을 열심히 준비하죠. 항상 집의 어른들에게는 고기반찬이 있어요. 송현이는 너무 먹고 싶답니다. 그런데, 송현이는 종이라는 이유로 고기반찬을 먹지 못해요. 고작해야 콩이나 보리밥 조금 먹는 게 다이고요. 밥도 엄청 빨리 먹고, 또 일을 하러 가야 해요. 집안일이 어찌나 많은지 해도 해도 끝이 없어요. 방바닥을 닦기 위해 자주 무릎을 꿇고 일했더니 송현이는 힘들어요. 오전 일을 겨우 마쳤는데 또 할 일이 있네요. 이제 점심밥을 먹을 시간이거든요. "송현아, 점심에 먹을 나물 좀 개똥이랑 캐와라." 송현이는 같은 나이인 개똥이와 함께 나물을 캐러 산에 갑니다.
송현이 의 생활 이해하기	1. 우리 반 친구들과 송현이의 하루가 어떻게 다른가요? 2. 내가 만약 송현이나 개똥이라면 어떤 기분이었을까요?
송현이 의 슬픈 날	송현이가 15살이 되던 해였습니다. 송현이네 집에 정말 슬픈 일이 생겼어요. 집의 주인 어른이 병으로 돌아가게 되신 거예요. 주인어른의 가족들과 종들 슬피 울었어요. 송현이는 주인어른과 이별한 것도 슬펐지만 정말 슬픈 이유는 따로 있었어요. 자신도 함께 돌아가신 주인어른과 함께 무덤 속에 묻혀야 됐거든요. 송현이네 집은 송현이 말고도 개똥이와 돌쇠까지 남자 종이 두명 있었어요. 이 남자 종들도 송현이랑 같이 묻히게 되었어요. 주인 아주머니는 송현이가 땅에 묻힐 때라도 예쁜 모습으로 갈 수 있도록 예쁜 저고리와 치마를 입혀주고 연꽃무늬가 가죽신도 신겨주었어요. 그리고 금으로 된 귀고리도 차게 해주었죠. 송현이는 평소에 정말 입어보고 싶던 옷들과 장신구였지만 웃을 수 없었어요. 송현이는 다시 태어난다면 꼭 종이 아닌 사람으로 태어나길 바랐어요.
송현이 응원 하기	1. 이야기 속 송현이가 예쁜 옷을 입을 때 기분이 어땠을까요? 2. 송현이나 개똥이, 돌쇠에게 응원의 말을 포스트잇에 적어보세요.

을 많이 해요."

　준우와 시연이는 송현이가 교육을 받지 못하고 일만 하는 것을 불쌍하게 생각하고 있었어요. 정말 현재 우리나라 아이들과 송현이의 삶은 그야말로 하늘과 땅 차이죠.

　"어른만 고기를 먹고, 송현이는 고기를 못 먹는다는 거 보니까 정말 화나요. 우리 집은 제가 고기 제일 많이 먹어요."

　평소 고기를 매우 좋아하는 민창이가 송현이 이야기를 듣고 화가 났어요. 일을 시키는 것도 너무한데 고기반찬도 안 준다니 정말 안타까울 수밖에 없었던 겁니다.

　"그러면 내가 만약 송현이나 개똥이였다면 어떤 기분이 들었을까요?"

　실제로 송현이를 찾아낸 무덤에는 송현이의 유골 말고도 남자로 추정되는 유골이 더 있었어요. 남자 종들이었을 것으로 고고학자들은 추측하고 있죠. 그래서 저는 개똥이로 이름을 지어서 함께 집안일을 하는 것으로 설정해서 이야기 속에 포함했습니다.

　"저는 아마 죽고 싶었을 것 같아요. 당연히 당장 집을 나갔을 거예요."

　"너무 슬프고 힘들었을 것 같아요. 제가 가야에서 안 태어나서 정말 다행이에요."

　역사를 통해 현실의 행복을 느낄 수 있다고 하죠? 아이들은 송현이의 힘든 삶을 보며 현재 자신의 삶에 안도하는 것 같았습니다.

　다음 활동으로 '송현이의 슬픈 날'을 읽고 송현이에게 위로의

송현이 의 생활 이해하기

1. 우리 반 친구들과 송현이의 하루가 어떻게 다른가요?

우리반 친구들은 교육도 받고 저는 매일 고기를 먹는 것 같은데 송현이는 교육 못 받고 고기도 못 먹는다.

2. 내가 만약 송현이나 개동이라면 어떤 기분이었을까요?

정말 힘들고 슬펐을 것 같아요

송현이 의 생활 이해하기

1. 우리 반 친구들과 송현이의 하루가 어떻게 다른가요?

우리반 친구들과 송현이가 다른점이 우리들반은 웃고 즐기고 친구들과 수다도 떨수있어서 좋은데 송현이는 학교도 못가고 고기도 못 먹어서 불쌍하다.

2. 내가 만약 송현이나 개동이라면 어떤 기분이었을까요?

만약 내가 송현이 였다면 그집을 뛰쳐나갈 것이었다

말을 해주는 시간을 가졌습니다. '송현이의 슬픈 날'은 제가 송현이와 관련된 기사와 책을 참고해서 이야기로 만든 것인데요. 비극적인 이야기입니다. 우리나라 고대 사회의 풍습 중에 '순장'이라는 것이 있었죠. 가장이 죽으면 가족들이 함께 무덤에 묻히고, 주인이 죽으면 주인의 물건도 함께 묻는 장례 풍습인데요. 열심히 종으로 살아가던 송현이에게 가장 슬픈 날이 찾아온 것입니다. 그건 바로 송현이가 모시던 주인어른이 병으로 죽게 된 것이었어요. 송현이는 태어나 가장 서글프게 눈물을 흘리는데요. 그건 주인어른이 돌아가시게 된 것도 있지만 자신도 주인어른과 함께 묻혀야 한다는 것을 알았기 때문일 겁니다. 종은 주인의 소유물로 인식되었기 때문에 죽은 주인이 무덤 속에서 외롭지 않게 함께 묻힌 것이죠. 지금 생각하면 정말 말도 안 되는 일이지만 그 당시에는 흔히 일어나는 일이었습니다.

더 슬픈 건 죽음을 앞둔 송현이가 예쁜 옷과 장신구를 입는 것이에요. 평소에 일만 하느라 한 번도 입고 착용해 보지 못한 것을 죽을 때 입는다니, 아마 송현이는 전혀 기쁘지 않았을 것입니다.

아이들에게 이 이야기를 들려주고, 먼저 어떤 생각이 드는지 물어봤어요.

"송현이가 왜 죽어요? 너무 억울하잖아요."

"어른들이 너무해요. 왜 어린 송현이가 죽게 그냥 둬요?"

아이들은 분노했죠. 당연하죠. 아무 죄 없는 송현이가 종으로 산 것도 억울한데 주인이 죽어서 함께 죽어야 한다니 이해하기 어려울 수밖에 없죠. 이렇게 아이들은 현재와 과거의 생활을 비교하면서 다양한 역사적 사고력을 기를 수 있습니다.

포스트잇을 나누어주고, 송현이에게 응원의 메시지를 적게 했습니다. 다 적은 후 칠판에 나란히 붙이게 했죠. 아이들은 죽은 사람에게 위로의 말을 한다는 것에 낯설 법도 했지만, 송현이에게 하고 싶은 말을 열심히 적어서 붙이기 시작했습니다. 살아간 시대는 다르지만 비슷한 또래의 친구에게 위로의 말을 적는 것이기 때문에 좀 더 쉽게 접근할 수 있었던 것이죠.

마지막 정리 활동으로 다른 친구들이 송현이에게 쓴 메시지를

읽어보게 했습니다. 민지는 친구들이 쓴 위로의 편지를 다 읽고는 저에게 이렇게 말했습니다.

"송현이가 꼭 다시 태어났으면 좋겠어요. 그래서 먹고 싶은 것 다 먹고, 친구들이랑 재미있게 놀았으면 좋겠어요."

민준 선생님! 송현이가 어차피 못 보는데 응원의 말은 왜 써요?

박쌤 민준아! 꼭 송현이가 이 말을 들으라고 쓰는 것은 아니야. 우리가 살아가다 보면 억울한 일을 당한 친구, 가족에게 위로의 말을 해야 할 때가 있거든. 그 말을 들은 친구나 가족은 힘이 나게 된단다. 그리고 또 아니? 송현이에게 우리 반 친구들의 진심이 닿아서 하늘나라에서도 더 편안하게 잠들지도 모르잖아.

학급 오디션! 우리 반 선랑을 찾아라! [31]

석가탄신일에 절에 가보면 연꽃 모양의 예쁜 등을 밝히며 다양한 행사를 하죠? 우리나라는 고대 사회부터 불교를 받아들이면서 부처님 오신 날이 되면 다양한 행사를 했습니다. 삼국시대부

---

31 역사교육연구소(2015).《어린이들의 한국사》'신라의 어린이, 화랑이 되다' 이야기를 참조했습니다.

터 '팔관회'라는 행사가 있었는데요. 연등회와 함께 그 당시 가장 큰 불교 행사였습니다.

고려시대까지 이어진 팔관회에서는 주인공 '선랑'을 뽑았습니다. '선랑'은 그대로 해석하면 '신선 도령'인데요. 팔관회에서 진행되는 행렬의 가장 맨 앞에서 위풍당당하게 포즈를 취하고 있는 역할을 수행하는 것이 선랑이죠. 그래서 팔관회가 열리기 전에 관청에서는 선랑을 뽑는 오디션을 진행했습니다. 오디션의 대부분은 10대 청소년들이 지원했고 면접을 통해 선랑을 뽑았어요. 면접 때 평가 기준은 학식과 외모, 하고자 하는 의지 등이었습니다. 선랑에 뽑힌 청소년들은 인생 최대의 영광스러운 순간을 맞이하게 되는 것이지요. 이렇게 어린이나 청소년이 국가의 큰 행사에서 중요한 역할을 했다는 것을 알려주면 우리 어린이들이 꽤 흥미를 느낍니다.

그리고 이 '선랑'을 그대로 우리 교실로 가져옵니다. 삼국시대나 고려시대의 불교나 문화사와 관련된 수업을 할 때 팔관회의 '선랑'에 대해 소개해 주고, 아이들과 함께 우리 반 '선랑'의 선발 기준을 만듭니다. 선발 기준에 따라 반장 선거처럼 연설을 듣고 투표를 통해 우리 반 '선랑'을 함께 뽑아보는 수업을 하는 겁니다. '선랑'으로 뽑힌 친구에게 학급에서 하는 행사에서 사회를 보게 하거나 주인공 역할을 부여한다면 취지에 잘 맞겠습니다.

4

조선시대
평범한 사람들의 이야기

- **이 수업의 핵심 개념** 조선시대의 생활 모습

- **왜 배워야 할까요?** 우리가 아는 조선시대의 이야기는 대부분 왕과 귀족들의 정치 이야기나 중국, 일본과의 전쟁 이야기입니다. 하지만 정치적인 큰 사건이 일어나고 중국이나 일본과 전쟁을 하는 와중에도 평범한 사람들은 제각기 자신의 가정에서 역할을 충실히 해가며 우리나라 역사를 만들고 있었습니다. 위인의 이야기가 아닌 조선시대의 평범한 사람들이 어떤 생활을 했는지 알아보는 것은 어린이 역사교육에서 매우 중요합니다.

어린이의 역사가 소외되었다고 앞 주제에서 소개했는데요. 또 하나의 소외된 역사 영역이 있습니다. 그건 바로 생활사입니다. 최근에는 관심을 많이 기울이고 있지만, 정치사나 전쟁사에 밀려 소외되었던 것이 사실이죠. 아무래도 우리나라의 긴 역사를 짧은 기간 동안 고대사부터 현대사까지 배워야 하니 위인 위주로, 큼지막한 사건 위주로 배울 수밖에 없었던 것입니다. 어찌 보면 역사교육의 한계이기도 하죠.

그런데 비중이 작은 생활사도 그 내용을 자세히 들여다보면 거의 신분제와 관련된 내용, 농업과 상업 등 경제사와 연관된 내용이 주를 이룹니다. 사회 구조와 관련된 것과 경제 발전이 어떤 식으로 이루어져 있는지에 대한 지식 위주의 생활사가 되었지요. 그렇다면 어린이들이 관심을 가질 수 있는 생활사 내용에는 어떤 것이 있을까요? 바로 평범한 사람들의 일상생활 이야기입니다.

우리가 역사를 공부할 때 너무 왕과 귀족, 위인들만 배우다 보니 지극히 평범한 사람들이 어떻게 살았는지는 알기가 어렵습니다. 정말 역사에 관심이 있는 학생이나 성인이 도서관에서 힘들게 책을 찾아 읽어야지만 알 수가 있죠. 그런데 인구 비율로 보면 위인보다 위인이 아닌 사람이 훨씬 높습니다. 역사에 이름을 남긴 사람들만 역사적 인물은 아니죠. 이름을 남기지 않았더라도 신라시대, 고려시대, 조선시대를 살아간 많은 평범한 사람들의 이야기도 역사가 됩니다. 평범한 사람들의 사적인 역사도 한 쪽씩 학교 교육 시간에 공부를 한다면 어린이들이 역사를 좀 더 친근하게 느낄 수 있고, 역사의 새로운 면도 볼 수 있게 됩니다.

가끔 TV 드라마나 영화 속에서 이런 평범한 일상을 볼 수 있죠. 주인공은 위인이지만 그 위인의 업적이나 큰 사건을 보여줄 때 조연들의 생활도 함께 보여주니까요. 많은 사람은 오히려 그런 부분에서 재미를 더 느끼기도 하고, 역사에 대해 자세히 이해하기도 합니다. 전라남도에서 근무하는 서영석 선생님이 어릴 때부터 역사를 정말로 사랑하는 '역사덕후'에 대해서 연구를 한

적이 있는데요.[32] 역사덕후들은 단순히 위대한 인물과 역사적 사건을 보고 역사에 푹 빠지는 것이 아니라, TV 드라마나 영화, 재미있는 역사 만화나 동화 속에 있는 이야기를 보고 계기가 되어 역사덕후가 됩니다. 평범한 일상생활 이야기가 흥미를 준다는 것을 알 수 있죠.

사실 평범한 사람들의 이야기는 먼 옛날일수록 자료가 그렇게 많이 남아 있지는 않습니다. 대부분 유물과 유적을 통해 추측해 볼 수밖에는 없죠. 하지만 조선시대 이후에는 달라집니다. 꽤 많은 이야기 자료들이 남아 있습니다. 항간에 떠도는 이야기를 모아서 책으로 만든 것도 있고, 개인의 일기가 추후에 발견되어 책으로 나온 것도 있습니다. 이러니 그 이야기가 꽤 자세하고 신뢰성도 있죠.

2015 개정 교육과정에서는 역사 분야를 세 가지 영역으로 구분하고 있습니다. 역사 일반, 정치·문화사, 사회·경제사가 그것이죠. 이 중 생활사는 사회·경제사에 포함됩니다. 사회·경제사의 핵심 개념으로는 신분제의 변화, 경제적 변동, 가족제도, 전통문화가 있는데요. 내용의 대부분이 미시적이기보다는 거시적인 관점에서 다루어지고 있다는 것을 알 수 있습니다. 그리고 핵심 개념들을 구체적으로 설명하기 위해 평범한 생활 이야기를 소재로 사용하는 방법이 사용되고 있습니다.

---

32 서영석(2019). 역사덕후들의 흥미는 어떻게 만들어지는가?. 한국교원대학교 대학원 석사학위 논문을 참조하였습니다.

이 수업은 조선시대 사람들의 생활 모습을 알아보는 것이기 때문에 5학년에 도입하면 좋지만 5~6학년군에는 이와 관련된 적절한 성취기준이 없습니다. 오히려 3~4학년군의 성취기준에 '생활 모습'과 관련된 것이 있었습니다. 그래서 저는 공교육에서 아직 역사 수업을 받아보지 못한 4학년 학생들을 대상으로 수업을 진행했습니다. 통사를 배울 때처럼 앞 시대의 사건을 알아야지만 할 수 있는 단계별 수업이 아니기 때문에 역사에 흥미를 주는 방향으로 사회 시간과 창의적 체험활동 시간을 연계해서 아이들과 함께 활동했습니다.

성취기준을 보면 알 수 있듯이 '변화'와 '비교'가 이 수업에서는 핵심이 됩니다. 조선시대 사람들의 생활 모습을 보면서 현대 사회에서는 그 모습이 어떻게 변화하였으며, 지금 나의 삶과 조선시대 사람들의 삶을 비교하는 것이죠.

수업은 이렇게 :
세 가지 이야기 들려주기, 다양한 방식으로 표현하기

조선시대의 생활 이야기와 관련된 여러 책을 읽고, 어린이들이 들어보지 못했을 법한 내용이면서도 흥미를 줄 수 있는 소재를 추려서 세 가지 이야기를 선정했습니다. 첫 번째 이야기는 '조선시대 여성의 편지'이고요. 두 번째 이야기는 '조선시대 남성의 이야기'입니다. 마지막으로 세 번째는 '조선시대 평민의 모습'을 나타낸 시입니다. 이 세 가지 이야기를 제가 들려주고, 다양한 형태로 모둠별로 표현해 보도록 했습니다. 총 2차시의 수업입니다.

구분	교육 내용	참고
학습 주제	• 조선시대 평민의 삶에 대해 이해하기	
도입	• 드라마 〈장영실〉 예고편 보여주기	드라마 〈장영실〉 또는 영화 〈천문〉 영상

전개	• 조선시대 평범한 사람들의 이야기 세 가지 들려주기
	  1) 조선시대 여성의 편지
	  2) 조선시대 남성 이야기
	  3) 조선시대 평민의 모습
	• 모둠별로 세 이야기 중 한 가지를 골라 활동하기
	  – 역할극으로 꾸미기
	  – 역사 신문 만들기
	  – 인터뷰 활동하기
		참고도서
		•《홀로 벼슬하며 그대를 생각하노라》
		•《68년의 나날들, 조선의 일상사》
		•《이향견문록》

정리	• 친구들의 활동을 보고 소감 말하기	

이 수업을 통해 키울 수 있는 핵심역량

1. 의사소통 및 협업 능력 : 모둠 친구들과 함께 조선시대의 생활 모습을 다양한 형태로 표현하면서 기를 수 있어요.
2. 창의적 사고력 : 세 이야기를 듣고 역할극이나 신문 만들기 활동을 하면서 새로운 생각을 만들어낼 수 있어요.

도입 단계에서는 드라마 〈장영실〉 영상을 보여주었습니다. 조선시대 과학자 장영실의 신분이 노비였죠. 그러다 보니 장영실이 관청에 들어가기 전에는 조선시대의 평범한 사람들이 많이 등장합니다. 얼마 전 개봉한 영화 〈천문〉도 마찬가지죠. 이런 영상을 보여주면서 조선시대 사람들이 어떻게 살았을지 질문하면 어린이들은 다양한 답변을 합니다. 자신들이 드라마나 영화를 통해 알고 있는 지식을 말하는 친구도 있고, 영상을 보고 추측을 하는 친구도 있지요.

본 활동에서는 세 가지 이야기를 소개했습니다. 책의 내용을 그대로 따온 후 설명을 덧붙이기도 하고, 관련된 사진을 찾아서 보여주기도 했습니다. 주제가 가족 간의 사랑, 결혼과 출산 이야기, 평민의 궁핍한 삶 등 일상생활과 관련된 것이어서 아이들은 정말 흥미롭게 이야기를 들었습니다.

첫 번째 이야기는 책 《홀로 벼슬하며 그대를 생각하노라》(정창권 지음)에 나오는 조선시대 이응태 부부의 사연입니다. 사실 조선시대의 부부 관계를 생각해 보면 왠지 유교 문화의 영향 때문인지 남편이 '어험'하면서 애정 표현도 별로 하지 않을 것 같고 가부장적인 관계라고 예상하기가 쉬운데요. 이 편지 내용을 보면 꼭 그렇지도 않은 것 같아요. 편지 내용 중 '당신은 언제나 나에게 둘이 머리가 하얘지도록 살다가 함께 죽자고 하였지요.' 부분이나 '이내 편지 보시고 내 꿈에 와서 말해 주세요.' 부분을 보면 정말 애틋하죠. 이응태의 부인이 1586년에 젊어서 사별을 하면서 죽은 남편에게 쓴 편지인데요. 읽다 보면 얼마나 서로 사랑한 부부였는지 알 수 있습니다.

두 번째 이야기는 《68년의 나날들, 조선의 일상사》(문숙자 지음)에 나오는 노상추 가족의 이야기입니다. 가족과 출산에 대한 내용인데요. 출산의 과정이 현재도 매우 위험한 과정이긴 하지만 의학 기술이 발전하면서 상대적으로 안전해졌죠. 조선시대 때만 해도 출산은 목숨을 건 사건이었습니다. 이 글을 쓴 노상추는 자신의 엄마도 아기를 낳다 죽고, 본인도 세 번 결혼했는데 첫 번째 아내와 두 번째 아내가 자식을 낳다 죽었습니다. 아무래도 조선시대 때는 아들을 낳아서 대를 잇는 것을 굉장히 중요하게 생각했죠. 그러면서 안타깝게도 여성들이 자식을 낳으면서 많은 희생을 한 것이 사실입니다. 이 책을 쓴 노상추 가족은 양반 가문인데요. 양반 가문도 이렇게 자식을 낳다가 죽는 경우가 많았는데, 가난한 하층민 여성이라면 아기를 낳다가 죽는 일이 훨씬 더 잦았을 거라고 예상할 수 있습니다.

세 번째 이야기는 유재건의 《이향견문록》에 나와 있는 시입니다. 조선 후기의 이야기인데요. 평민들의 궁핍한 삶이 고스란히 담겨 있습니다. 사실 우리가 배우는 초등학교 사회 교과서에서는 조선시대의 평민을 매우 담백하게 서술하고 있습니다. '상민은 농업·어업·수공업·상업 등에 종사하였으며 군역을 지고 세금을 냈다. 상민의 대부분은 농민이었고 그들은 농사를 지어 거두 어들인 곡식의 일부를 세금으로 내거나 땅 주인에게 바쳤다. 여 자는 집안일을 하면서 농사일이나 옷감을 짜는 일도 하였다.'라 고 나와 있죠. 그런데 실제로 조선시대 평민들은 그해에 흉년이 라도 들면 바로 걸인이 되었어요. 나라에 내야 할 세금도 너무 많 은데 오히려 관리들은 자신의 배를 불리기 위해 평민들을 더 못 살게 굴었거든요.

세 가지 이야기를 소개한 후 모둠별로 이 중 한 가지를 골라 다양한 방식으로 표현해 보는 활동을 진행했습니다. 이야기를 역할극으로 꾸미기, 역사 신문으로 만들기, 인터뷰가 들어간 뉴 스 만들기 등입니다. 한 모둠은 이야기를 하나만 고르지 않고 모 두 모아서 책처럼 만들고 싶다고 해서 그렇게 해도 좋다고 했죠.

첫 번째 이야기는 죽은 남편과 아내의 이야기라서 한 모둠이 인터뷰로 꾸몄습니다. 열심히 대본을 쓰고 연습을 한 후에 친구 들 앞에서 발표했는데, 여학생 한 명이 남편을 잃은 아내를 연기 하면서 생각보다 감정을 참 잘 살려서 놀랐습니다. 그리고 기자 역할을 맡은 남학생도 '고인의 명복을 빕니다.'와 같은 표현을 써 서 또 한 번 놀랐죠.

두 번째 이야기는 역사 신문으로 만든 모둠이 많았는데요. 노 상추 가족의 이야기를 소개하는 내용이었습니다. 어린이들은 결 혼을 여러 번 했다는 내용이 기삿거리가 될 것 같다고 말하기도 했고, 아이를 낳다가 안타깝게 죽게 되었다는 내용도 기사로 담 았습니다. 활동을 하면서 한 친구는 오늘날과 조선시대가 정말

'조선시대 평범한 사람들의 이야기' 수업 활동지

어린이가 주인공인 사회	조선시대 평범한 사람들 이야기
	이름_____

학습 문제	• 조선시대의 평민의 삶에 대해 이해하기 • 문학작품을 보고 조선시대의 생활 모습 이해하기
조선 시대 여성의 편지	원이 아버지에게 　당신은 언제나 나에게 둘이 머리가 희어지도록 살다가 함께 죽자고 하였지요. 그런데 어찌 나를 두고 당신 먼저 가십니까. 나와 어린아이는 누구의 말을 듣고 어떻게 살라고 다 버리고 당신 먼저 가십니까. 　당신은 나에게 마음을 어떻게 가져왔고 또 나는 당신에게 어떻게 마음을 가져왔나요. 함께 누우면 언제나 나는 당신에게 말하곤 했지요. 여보, 다른 사람들도 우리처럼 서로 어여삐 여기고 사랑할까요. 남들도 정말 우리와 같을까요. 어찌 그런 일들을 생각하지도 않고 나를 버리고 먼저 가십니까. 　당신을 여의고는 아무리 해도 나는 살 수 없어요. 빨리 당신께 가고 싶어요. 나를 데려가 주세요. 당신을 향한 마음을 이승에서 잊을 수가 없고 서러운 뜻 한이 없습니다. 내 마음 어디에 두고 자식 데리고 당신을 그리워하며 살 수 있을까요. 　이내 편지 보시고 내 꿈에 와서 말해주세요. 꿈속에서 당신의 말을 자세히 듣고 싶어서 이렇게 써서 넣어 드립니다. 자세히 보시고 나에게 말해주세요. 당신은 내 뱃속의 자식 낳으면 보고 말할 것이 있다 하고서 그렇게 가시니 뱃속의 자식 낳으면 누구를 아버지라 하라는 겁니까. <div align="right">1586년 6월 1일 아내가</div>
조선 시대 남성의 이야기	노상추의 아버지 노철은 첫 아내 완산최씨를 큰아들 상식을 낳고 며칠 만에 잃었다. 출산 후 일어나지 못하고 며칠을 앓다가 스물다섯 젊은 나이에 사망한 것이다. 그리하여 두 번째로 맞이한 풍양조씨 부인이 바로 노상추의 생모였다. 노상추의 생모는 다섯 명의 자녀를 낳고 결혼생활을 영위하다가 여섯 번째 딸을 낳고 일주일 만에 사망하였는데, 당시 나이 마흔넷이었다. 　노상추 역시 세 번 혼인하였는데, 첫 번째 부인과 두 번째 부인이 모두 출산으로 인해 사망했다. 첫 부인 월성손씨는 아들을 낳고 한 달 이상을 앓다가 사망하였는데, 그때 그녀의 나이 겨우 스물둘이었다. 　자신보다 열여덟 살이나 어린 여동생을 낳고 어머니가 사망하는 것을 경험한 노상추에게, 같은 이유로 아내가 목숨을 잃은 경험은 매우 끔찍하고 절망적이었다.
조선 시대 평민의 모습	반년간 모진 고생하였지만 / 가을에 도리어 황무지가 되었다네 열 식구 모두 배고픔을 호소하는데 / 어찌 창고에 무엇이 있기를 바라겠소 동쪽 집은 마소를 팔고 / 서쪽 집은 대추나무며 뽕나무를 베어내는데 환곡 갚을 시기는 이미 닥쳤고 / 신포 또한 급해졌다고 관청 하인은 사납기 호랑이 같아 / 문에 다다라 멋대로 빼앗고 약탈하니 한 집 안을 둘러보아도 / 네 벽에는 오직 무너진 담뿐 포승줄에 매여 갈까 몹시 두려워 / 낡은 옷가지도 모두 팔았답니다. ...(중략)... 식솔을 거느려 떠돌이 거지가 되니 / 천지는 어찌 그리 망망한지 통곡하며 고향 마을 떠나 와 / 피눈물을 조상의 무덤에 뿌렸다오 <div align="right">유재건(劉在建, 1793~1880), 『이향견문록(里鄕見聞錄)』</div>
모둠 활동	다음의 세 이야기 중 한 가지를 골라 친구들과 활동을 해보세요. 1) 역할극으로 꾸미기 2) 역사 신문 만들기 3) 인물 인터뷰하기

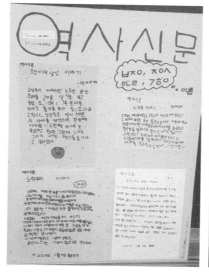

다른 것 같다고 했고, 다른 친구는 옛날에 태어나지 않아서 다행이라고 이야기했어요. 자연스럽게 지금 나의 삶과 조선시대의 삶을 비교하면서 과거와 대화하는 역사교육이 이루어졌습니다.

세 번째 이야기는 역할극으로 꾸며졌습니다. 흉년이 들어 슬퍼하는 농민과 그 가족들 그리고 불쌍한 농민에게 세금을 거두고 힘들게 하는 관리를 등장인물로 정했습니다. 농민 가족은 흉년으로 인해 거지가 되면서 슬피 울고, 비가 오지 않아서 흉년이

들었다며 하늘을 원망하기도 했죠. 아이들은 조선시대 사람들의 감정을 잘 이해하고 공감하며 역할극에 참여하는 모습이었습니다. 한 친구는 역사책에서 항상 귀족들의 삶만 보게 되어서 가난한 사람들의 삶에 관심이 없었는데, 이 시를 읽고 역할극을 꾸며보면서 조선시대 농민들에 대해서 좀 더 알고 싶어졌다고 소감을 말하기도 하였습니다.

이런 질문 꼭 있어요!

지훈 선생님! 이미 엄청 오래전에 살았던 사람들 이야기를 우리가 왜 알아야 해요?

박쌤 맞아. 사실 너무 오래된 일이라 왜 배워야 하는지 잘 모를 수 있지. 그런데 지훈아, 과거가 있어야 현재도 있고 앞으로 우리가 살아갈 미래도 있는 것이란다. 옛날 사람들이 어떻게 살았는지 알고, 지금 사람들의 삶과 비교를 해보면 미래에 우리가 어떻게 살아야 하는지도 생각해 볼 수 있어. 이제 이해할 수 있겠지?

이런 수업은
어때요?

우리 반 신분제, 한 달 살기

흔히 역사는 어린이들의 삶과 떨어져 있어서 가르치기 힘들다
고 말합니다. 당연히 그럴 수밖에 없죠. 같은 시대의 삶이라도 우
리 지역이 아니거나 우리 또래의 이야기가 아니면 흥미가 떨어
지는데 심지어 수백 년 수천 년 전 일이라면 관심은 더욱더 떨어
질 수밖에 없겠죠. 그래서 어린이들의 일상생활에 역사를 대입
해 보는 것이 가장 효과적이라고 말합니다.

　우리나라의 경우 시대별로 신분제가 있었죠. 일반적으로 왕 –
귀족 – 평민 – 노비의 형태로 신분제가 자리 잡고 조금씩 시대별
로 변화해 왔습니다. 이 신분제에 대해서 글이나 영상만으로 학
습하면 실제로 일상생활에서 신분의 차이를 이해하기가 어려운
데요. 직접 학급에 신분제를 만들어서 생활하게 해보면, 이 신분
제가 얼마나 무서운지를 깨닫게 됩니다. 일테면 날짜를 정해서
일주일이나 길게는 한 달씩 신분을 정해서 생활하게 해봅니다.
추첨은 무작위로 하는 것이 좋겠죠. 그래야 별 탈이 없으니까요.
그리고 인원은 피라미드 형태로 합니다. 왕은 2명, 귀족은 4명,
평민과 노비는 10명 이런 식으로요.

　신분이 정해지면 계급에 맞게 권리와 의무를 부과합니다. 예
를 들어, 왕은 가만히 앉아 있으면 노비가 사물함에서 책을 갖다
주고 점심시간에 식사도 가장 먼저 하게 하는 것이죠. 청소는 왕

과 귀족을 제외한 평민과 노비가 하고, 아이들이 가장 힘들어하는 일들은 노비가 담당하게 합니다. 이렇게 생활을 하다 보면 어린이들은 옛날 우리나라의 신분제도가 정말 괴로운 것이라는 것을 깨닫게 됩니다. 신분제를 직접 몸으로 체험하면서 왜 우리나라가 이렇게 평등하지 않고 많은 사람의 인권을 침해한 신분제를 유지하고 있었는지에 대해 생각하는 비판적 사고력도 기를 수 있습니다.

5

우리 학교 길 이름은
우리가 만들어요!

• **이 수업의 핵심 개념** 주민 참여, 장소감

• **왜 배워야 할까요?** 우리 집의 주소를 지번 주소로 사용하다가 몇 년 전부터 도로명 주소로 바뀌었습니다. 이에 따라 길 이름에 대한 사람들의 관심이 커졌는데요. 학교의 익숙한 길에 이름을 붙이면 그 길은 어린이들에게 의미 있는 장소가 됩니다. 또 학교의 길 이름을 우리가 만들어서 실제로 표지판까지 만들면 참여하는 멋진 어린이 시민이 될 수 있습니다.

작년에 우리 학교에 쪽문이 만들어졌습니다. 차량 들어오는 곳과 아이들 들어오는 곳이 정문 하나로 되어 있다 보니 아이들이 많이 오는 시간에는 상당히 위험한 부분이 있거든요. 그래서 아이들의 등하교 시간에만 열어두는 쪽문이 생겼어요.

그러면서 그 문과 학교 본관 사이에 예쁜 길도 함께 생겼죠. 그 길은 주차장과 가까이 있어서 교직원들이 주차한 후 들어오는 입구였는데 이제는 쪽문이 생기면서 어린이들도 함께 많이 이용하는 새로운 길이 되었습니다.

"선생님, 학교 오는 길에 필통이 떨어져 있었어요."

"아 그래? 정확히 어느 곳에서 주웠어? 정문 쪽? 쪽문 쪽?"

"쪽문에서 오는 길요."

예전에는 등굣길이 하나라 굳이 물어볼 필요가 없었는데 이제는 어느 길에서 왔는지 물어보곤 합니다. 그때 한 친구가 말했습니다.

"선생님, 차도나 우리 동네에 있는 길들은 다 이름이 있잖아요. 근데 왜 학교에 있는 길에는 이름이 없어요?"

"오! 좋은 질문이야. 사실 선생님도 그게 좀 안타까워. 학교의 도로명 주소를 보면 길 이름이 나와 있지. 그건 우리 학교 정문 앞 도로의 길이야."

"맞아요. 쪽문 생기면서도 길이 생겼고, 쓰레기 버릴 때 가는 길도 있잖아요. 그런 길들은 이름이 없네요?"

어린이들이 학교 안에서 해결해야 할 문제를 발견한 순간입니다. 학교에 있는 길에 이름을 붙여주어서 의사소통을 수월하게 하자는 것이죠. 어른들도 어떤 길을 얘기할 때 길 이름을 정확히 알면 의사소통이 쉬워집니다.

"거기 3순환로에서 시내 쪽으로 빠져서 조금만 가면 있는 해장국집 알지?"

저만 해도 이런 식으로 대화를 하거든요. 학교 길은 어린이들에게만 매우 친근하고 편안한 곳입니다. 이런 익숙한 길에 새로운 이름을 붙여주기 위해 그 길을 관찰하고 의미를 생각하게 되면 어느 순간 그 길이 낯설게 느껴지기도 합니다. 그리고 친구들과 함께 의견을 나누고 이름을 함께 지어주고 그 길을 불러주면 특별한 장소가 되죠. 이런 의미에서 학교 길 이름 만들기 활동은 어린이들의 학교에 대한 장소감 형성에 도움이 됩니다. 초등 지리교육의 시작점이 되는 겁니다.

이 수업과 관련 있는 사회과 성취기준

[4사01-01]우리 마을 또는 고장의 모습을 자유롭게 그려보고, 서로 비교하여 공통점과 차이점을 찾아 고장에 대한 서로 다른 장소감을 탐색한다.
[4사03-06]주민 참여를 통해 지역 문제를 해결하는 방안을 살펴보고, 지역 문제의 해결에 참여하는 태도를 기른다.

수업은 이렇게 :
우리 학교 둘러보고 지도 그리기, 길 이름 표지판 만들기

우리 학교 길 이름 만들기 수업은 2차시로 구성했습니다. 첫 번째 수업 시간에는 친구들과 함께 학교를 둘러보고 간단한 학교 지도를 그립니다. 그리고 지도를 보면서 내가 이름을 짓고 싶은 길을 정하고 길 표지판을 꾸며보는 활동을 하게 됩니다.

구분	교육 내용	참고
학습 주제	• 우리 학교 길 이름 만들기	
도입	• 내가 아는 길 이름 말하기 • 우리 교실 앞 복도에 길 이름 지어보기	여러 지역의 유명한 길을 소개한다.

| 전개 | • 학교 둘러보고 지도 그리기
  – 학급 친구들과 함께 학교 둘러보기
  – 학교 지도 그리기
• 길 이름 표지판 만들기
• 길 이름과 지은 이유 설명하기
  – 학교 길 이름 투표하기 | • 자주 다니는 길, 좋아하는 길 등에 감정을 표현한다.
• 길 이름 표지판의 다양한 예를 보여준다. |
| 정리 | • 학교 길에서 내가 만든 길 표지판 들고 사진 찍기 | |

이 수업을 통해 키울 수 있는 핵심역량
1. 창의적 사고력 : 우리 교실 앞 복도와 우리 학교 길 이름을 지으면서 기를 수 있어요.
2. 정보 활용 능력 : 학교 길을 둘러보고 지도 그리기를 하면서 기를 수 있어요.

어린이 시민을 위한 핵심 질문!
1. 내가 좋아하는 우리 학교, 우리 동네의 길은 어디이고, 좋아하는 이유는 무엇인가요?
2. 우리 학교 길에 어떤 이름을 붙여주고 싶은가요? 그 이유는 무엇인가요?

　도입 단계에서는 어린이들의 경험을 상기시킵니다. 자신이 알고 있는 길의 이름, 도로의 이름을 발표하게 했는데요. 처음에는 잘 모르겠다는 표정의 아이들도 한 친구가 제주도의 올레길을 발표하자, 지리산의 둘레길을 말하는 친구도 있었고, 내가 사는 집의 도로명에 나와 있는 도로 이름을 정확하게 발표하는 친구, 우리 학교 주소에 나오는 길 이름을 발표하는 친구들도 많았습니다. 또 학교로 오는 길인 등굣길, 아빠가 집에 돌아오는 퇴근길 등의 길과 관련된 용어를 말하는 친구도 있었는데요. 4학년 아이들이지만 생각보다 길에 대해 관심도 많고, 이에 대한 지식이 풍부한 친구들이 많았습니다.

그리고 창의력을 발휘할 수 있는 질문을 하나 던졌습니다.

"그럼, 우리 교실 앞에 복도가 있잖아. 복도에 이름을 붙여준다면 뭐라고 지을 수 있을까?"

학교 길 이름을 붙이기 전에 워밍업으로 진행한 활동인데요. 재미있는 답이 참 많이 나왔습니다. 길 이름을 들으면 의미를 딱 느낄 수 있을 정도로 직관적인 의견이 참 많았지요.

길 이름	이유
조용히 길	복도에서 떠들지 말라고
3, 4학년 길	3, 4학년이 다녀서
만남의 길	다른 반 친구를 만나서

이제 본격적인 활동으로 학교 둘러보기를 했습니다. 우리가 길이름을 지을 장소들을 위주로 학교 주변을 둘러보았습니다. 우선, 작년 가을에 새로 생긴 쪽문으로 난 길을 둘러보았고, 다음으로는 평소 우리가 가장 많이 이용하는 정문에서 본관으로 가는 길을 가보았습니다. 쓰레기를 버리러 갈 때 자주 이용하는 식당 옆길을 둘러보고, 그 길에서 운동장으로 연결된 길을 마지막으로 학교 둘러보기를 마쳤습니다.

활동의 목적을 떠나서 아이들이 학교를 둘러본다는 것은 학교와 친해진다는 의미, 익숙한 곳을 자세히 들여다보며 새로운 것을 발견한다는 의미, 장소에 의미를 부여하면서 학교에 대한 특별한 장소감이 생긴다는 점에서 교육적 의미가 상당합니다. 사회 시간이 아니더라도 자주 어린이들과 학교를 둘러보면서 다양한 활동을 해보시길 추천합니다.

교실로 들어와 활동지에 우리 학교 지도를 간단히 그렸습니다. 지도에는 학교 건물과 길이 드러나게 그리도록 하였습니다. 그리고 내가 자주 가는 장소와 자주 가지 않는 장소, 좋아하는 장소와 좋아하지 않는 장소를 표시하게 해서 학교 장소에 대한 장소감도 표현할 수 있도록 안내했습니다.

다음으로 길 이름 만들기 활동을 진행했습니다. A4 도화지에 자신이 직접 이름을 붙이고 싶은 길을 한 가지 정해서 길 이름을 적고 꾸며보게 했어요. 그냥 바로 꾸며보기를 시작하면 당황하는 친구들이 있겠죠. 그래서 포털 사이트에서 '길 표지판', '길 이름 표지판'으로 검색을 해서 몇 가지 사례를 이미지로 보여주었습니다. 차도에 나와 있는 파란색 표지판도 있고, 어린이들이 예쁘게 꾸며 만든 길 표지판도 있었습니다.

길 이름 표지판 만들기 활동을 하면서 친구들은 발표도 했습니다. 어떤 길인지 위치를 설명하고, 길 이름을 발표하도록 합니다. 그리고 길 이름을 지은 이유도 함께 설명하도록 했습니다. 친구들이 지은 길 이름 중 가장 공감되고 실제 길의 위치와 잘 어울리게 지은 길이 무엇인지 투표도 해보았습니다. 만약 기회가 된다면 교장 선생님께 말씀드려서 길 표지판을 만들어볼 생각이거든요. 내가 지은 길 이름이 진짜로 학교의 길 이름으로 선정되어서 우리 학교의 구성원들이 표지판을 보고 그 길 이름으로 의사소통을 한다면 얼마나 뿌듯할까요?

'우리 학교 길 이름 만들기' 수업 활동지

어린이가 주인공인 사회 **우리 학교 길 이름을 지어요!**
이름_____

학습 문제	• 우리 학교를 친구들과 함께 둘러봅시다. • 우리 학교의 특별한 길 이름을 만들어 봅시다.
일상 생활 과 길 이름	· 길에도 이름이 있다는 것을 알고 있나요? 내가 알고 있는 길 이름을 적어봅시다. · 우리 교실 앞 복도에 이름을 짓는다면 어떤 이름을 붙이고 싶나요? 지은 이유 :
학교 둘러 보고 지도 그리 기	· 친구들과 학교 건물 밖을 함께 돌아보고, 아래에 학교 지도를 간단하게 그려봅시다. (건물을 표시하고, 친구들과 선생님이 다니는 길을 표시합니다.) · 지도에서 내가 자주 다니는 길에는 ★, 자주 안 다니는 길에는 ▲ 표시를 해봅시다. · 지도에서 볼 수 있는 학교의 길에 나의 감정을 나타내는 이모티콘을 그려봅시다. **예) 내가 좋아하는 길에는 '웃음', 좋아하지 않는 길에는 '슬픔' 이모티콘을 그리기**

쪽문 쪽 길	
1. 풀잎길	풀잎이 길 주변에 많아서
2. 고속인도길	빠르게 학교 안으로 들어올 수 있어서
3. 사천쪽길로	사천초등학교로 오는 쪽 길이라서
정문 등굣길	
1. 학생로	학생과 선생님이 오는 길
2. 즐거운 학교길	즐거운 학교로 들어오는 길
3. 행복한 사천학교길	행복함이 있는 사천학교로 오는 길
운동장 길	
1. 장미 보게 하는 길	길을 가다 보면 장미가 많아서
2. 운동하는 길	사람들이 그 길에서 자주 운동해서
분리 배출장 가는 길	
1. 급식이 맛있는 학교길	길 옆에 급식실이 있어서
2. 우리 반이 깨끗해지는 길	쓰레기를 버리고 돌아오는 길이어서
3. 분리수거하며 장미 보는 길	분리 배출장 가는 길에 예쁜 장미가 있어서

어린이들이 지은 길 이름이라 그런지 순수한 느낌이 많이 듭니다. 어려운 용어를 쓰는 것이 아니라 정말 어린이가 그 길을 보면서 드는 생각이 길 이름에 반영되어 있어서 훨씬 더 정겹고 길과 잘 어울리는 느낌이 들었습니다.

이제 마지막 활동으로 다시 교실 밖을 나갔습니다. 자신이 만든 길 이름 표지판을 들고 그 길 위에서 사진을 찍었습니다. 아이

들이 하는 말소리가 들립니다.

"서진이가 진짜 잘 지은 것 같아. 길 이름이 딱이야."

"표지판을 여기다 만들어주면 좋을 것 같은데?"

평소에 그냥 학교 들어오는 길, 쓰레기 버리러 가는 길 정도로만 인식했던 장소에 이제는 직접 이름을 붙이고 표지판까지 세우면서 뿌듯해하는 아이들입니다. 멋진 어린이 시민으로 커가는 모습이 기특합니다.

제성　선생님! 길에 이름이 왜 필요해요? 저는 길 이름 말 안 해도 별로 불편한 게 없었어요.

박쌤　제성이가 정말 좋은 질문을 했구나. 별로 불편하지 않을 수 있지. 그런데 길 이름을 만들었을 때 좋은 점도 생각해 보자. 학교 끝나고 친구와 만날 때 길 이름을 이야기해서 장소를 결정할 수도 있잖아. 그리고 우리가 직접 길 이름을 지으면 그 길이 더 특별해지지 않을까?

나의 학교 오는 길 소개하기

'장소' 하면 교실이나 운동장, 학교 앞 문방구처럼 멈춰 있는 한 지점을 생각하기가 쉬운데요. 사실 우리 친구들이 집에서 학교까지 오는 길, 학교에서 집까지 가는 길도 넓은 의미에서 장소라고 볼 수 있습니다. 길을 지나면서 보게 되는 가게나 친구 집도 나에게 장소감을 갖게 하지만, 그냥 주변에 아무것도 없지만 친구랑 학교까지 10분 동안 걷는 그 길 자체도 나에게 특별할 수 있거든요. 몇 년 전에 이사를 간 제자가 저에게 연락을 해서 그러더군요. 가장 가고 싶은 곳이 학교 앞 삼거리라고요. 그곳에서 친구들을 만나 교실까지 대화를 하면서 오던 길이 그리웠던 것입니다.

어린이들의 장소감을 키워주기 위한 수업 방법으로 '학교 오는 길 소개하기' 활동을 해볼 수 있어요. 한 명씩 나와서 친구들에게 내가 집에서 학교까지 오는 길을 소개하고, 그 길에 대한 나의 감정을 소개하는 거죠. 어떤 친구들은 혼자 와서 쓸쓸할 수도 있고요. 어떤 친구들은 차도를 여러 번 건너야 하니 불안할 수도 있겠죠. 길을 소개하는 방법은 다양합니다. 요즘에는 스마트 기기가 잘 되어 있으니 학교로 오는 길을 사진이나 동영상으로 촬영해 오도록 해도 좋고요. 아니면 포털 사이트에 들어가서 지도나 거리뷰를 보면서 이야기를 하게 해도 좋습니다.

촬영한 사진이나 동영상을 컴퓨터 화면에 띄우고 친구들에게 자신의 경험과 감정을 이야기하게 하면서 사진을 보며 어디인지 친구들에게 맞히게 하는 것도 서로의 장소감을 이해하고 공감하는 능력을 기르는 재미있는 놀이 활동이 됩니다.

6

내가 좋아하는
음식의 여행기

- **이 수업의 핵심 개념** 환경교육, 먹거리 시스템

- **왜 배워야 할까요?** 현대 사회의 가장 큰 이슈 중 하나는 환경 문제입니다. 사회과 교육에서는 지리 영역에 환경교육이 포함되어 등장하는데요. 지구온난화나 미세먼지 등과 관련된 교육이나 지속가능발전 교육 등 그 주제도 다양합니다. 환경교육을 처음 접하는 초등학생들에게 이 개념들은 상당히 어렵게 다가오는데요. 환경을 가장 쉽고 편안하게 접할 수 있고 흥미를 주는 소재는 바로 음식입니다. 따라서 먹거리, 음식으로 시작하는 환경교육은 어린이들의 사회 수업에 꼭 필요하다고 볼 수 있습니다.

저는 항상 반 친구들과 아침에 만나면 이런 대화를 나눕니다.

"수정아, 어서 와. 어제 저녁에 뭐 먹었어?

"저요? 어제 엄마가 해준 생선조림 먹었어요."

가장 일상적인 대화이죠. 지난 주말에 어디 다녀왔느냐, 아니면 어제 저녁엔 가족들과 뭘 먹었느냐와 같은 이야기는 언제든 편하게 나눌 수 있답니다. 어린이들이나 어른이나 음식과 관련된 이야기는 항상 흥미를 끄는데요. 하루 세 끼 식사를 하는 우리

인간들에게는 정말 필수적인 대화 주제일 것입니다.

요즘에는 조금만 번화한 곳으로 나가면 한식은 물론 중식, 일식, 양식을 아주 쉽게 먹을 수가 있지요. 그만큼 나라 간의 교류가 커진 것을 의미하고요. 우리나라 사람들의 음식에 대한 관심이 높아졌다는 것을 말해 주기도 하죠.

2년 전쯤에 한국지리환경교육학회를 다녀왔는데요. 학술대회의 주제가 '먹거리도 지리다!'였습니다. 우리나라의 트렌드를 반영한 것이죠. '식도락'이라고 들어보셨죠? 음식을 먹는 즐거움은 어떤 즐거움보다 큰데요. 여행을 하다 보면 그 지역의 맛집을 찾아다니는 것이 필수 코스가 될 정도로 지역과 음식은 긴밀하게 연결되어 있다고 볼 수 있습니다. 예를 들어, 벼농사를 많이 짓는 남쪽 지역은 주로 떡국을 먹고, 밀농사를 많이 하는 북쪽 지역은 만둣국을 많이 먹어요. 이렇게 지역의 특성에 따라 즐겨 먹는 음식이 달라지죠. '자연환경에 따라 인간의 삶이 달라진다.'는 유명한 지리학의 명제를 음식을 통해 익히면 아주 쉽고 빠르게 이해할 수 있는 것입니다.

이런 음식에 대한 뜨거운 관심을 학교로 옮겨가 보면요. '음식'을 소재로 수업을 구성하는 것을 생각해 볼 수 있습니다. 혹시 '먹거리 시민성'이라고 들어보셨나요? 우리나라 교육의 목적은 민주시민을 양성하는 것이고 사회과의 목표 역시 동일하죠. 사회가 변화하면서 새로운 시민성을 요구하고 있는데요. 세계화 시대에 필요한 '세계 시민성'이라든가, 디지털 사회에 필요한 '디지털 시민성'이 대표적입니다. '먹거리 시민성'도 사회의 변화에 따라서 필요해진 다양한 시민성 중 하나입니다.

불과 몇십 년 전만 해도 우리나라는 일제강점기와 6·25전쟁을 거치면서 경제적으로 힘들게 살아갔죠. 그래서 단순히 먹을 것이 있느냐 없느냐에만 관심을 가졌어요. 그런데 요즘엔 어떤 음식을 먹느냐, 어떤 재료로 먹느냐에 관심이 쏠리기 시작했습니다. 즉, 먹거리 시스템에 관심이 생긴 것이죠. 윌킨스(Wilkins)라는 학자는 '먹거리 시민성'이 현대 사회를 살아가는 사람에게 필요하다고 주장했어요. 먹거리 시민성을 '민주적, 사회적, 경제적으로 정의롭고 환경적으로 지속 가능한 먹거리 시스템의 발전을 지지하는 먹거리와 관련된 행위에 참여하는 것'이라고 정의했죠. 바로 지속가능한 발전을 고려하면서 음식을 소비하는 것이에요. 그리고 이는 어른만 할 수 있는 것이 아니고 누구나 할 수 있겠죠?

먹거리를 통한 교육은 여러 가지 장점이 있습니다. 식재료에 대한 관심이 늘어나서 농업과 농촌에 대한 이해도를 높일 수 있고요. 현대 사회의 먹거리 문제, 환경 문제에 대한 이해도를 높이고 그에 대한 해결책도 생각해 볼 수 있습니다. 또 바른 먹거리의 중요성을 알려주면서 어린이 개인에게는 식습관을 올바르게 해주는 계기가 될 수도 있습니다.

수업은 이렇게 :
나의 점심 메뉴 BEST5! 음식의 여행기 그리기

전북에서 근무하는 채유정 선생님은 '먹거리 시민성' 함양을 위한 사회과 환경교육 프로그램을 개발했는데요.[33] 초등학생들에게 아주 좋은 환경교육 프로그램입니다. 저도 이 프로그램을 약간 변형해서 수업을 구성했는데요. 내가 먹는 음식에 관심을 두게 하고 어떤 과정으로 음식이 나의 몸에 들어가게 되는지를 알려주기 위한 수업입니다. '먹거리 시민성'은 먹거리에 대한 이해(지식)를 바탕으로 지속가능한 발전을 위한 건강한 소비(실천)를 하면서 기를 수 있는데요. 이번 수업에서는 '먹거리에 대한 이해'에 초점을 맞추었습니다.

도입 단계에서는 어린이들이 먹거리에 대한 경험을 나누도록 질문합니다. 가족들과 함께 여행을 가서 먹어본 맛집을 소개하거나 지난 주말에 먹은 음식에 관해 이야기하는 것이죠. 그리고 소개한 음식이 왜 좋은지 그 이유도 함께 질문합니다. 그러면 다

---

33 채유정(2018). 먹거리 시민성 함양을 위한 초등 사회과 환경교육 프로그램의 개발과 적용. 한국교원대학교 대학원 박사학위 논문.

양한 답이 나오는데요. 단순히 맛있어서 그렇다는 친구도 있고
요. 그 지역의 특산품으로 만들어서 그렇다는 친구도 있습니다.
또 아주 드물게 몸에 좋아서 그렇다는 친구도 있고, 자주 먹을 수
없는 음식이어서 좋다는 의견도 나왔습니다.

구분	교육 내용	참고
학습 주제	• 먹거리 시스템 이해하기	
도입	• 내가 좋아하는 맛집 이야기하기	가족과 여행한 경험 등 다양한 지역이 나올 수 있게 질문한다.
전개	• 내가 좋아하는 점심 메뉴 BEST 5 – 우리 학교 식단표를 보고 내가 좋아하는 메뉴를 5가지 적는다. – 메뉴에 들어가는 재료를 함께 적는다. • 먹거리 시스템 이해하기 – 생산 → 유통 → 소비 → 처리 • 'OOO의 여행' 표현하기 – 글이나 그림으로 표현하기 – 친구들에게 발표하기	• 식단표는 2개월 치 이상 보여주는 것이 좋다. • 글이나 그림, 만화 등 다양한 방식으로 표현하도록 안내한다.
정리	• 학급 친구들의 음식 여행기 감상하기	

이 수업을 통해 키울 수 있는 핵심역량

1. 문제 해결력 및 의사 결정력 : 내가 좋아하는 메뉴를 선택하며 기를 수 있어요.
2. 정보 활용 능력 : 식단표를 보고 좋아하는 메뉴를 적고, 메뉴를 만들기 위한 재료를 적으면서 기를 수 있어요.

어린이 시민을 위한 핵심 질문!

1. 우리가 먹는 음식은 어떤 과정을 통해 우리 식탁까지 올까요?
2. 친구들은 어떤 음식을 좋아하나요? 그리고 그 이유는 무엇인가요?

활동은 크게 두 가지로 진행합니다. 첫 번째 활동은 '내가 좋아하는 점심 메뉴 BEST5'입니다. 4, 5학년 정도가 되면 학교 급식에서는 이제 훌륭한 미식가가 됩니다. 매월 나오는 식단표를 2달치 정도 준비해서 아이들에게 나누어줍니다. 어떤 활동지, 이야기 자료보다 아이들에게는 정말 흥미로운 자료지요. 그 후에 내가 제일 좋아하는 메뉴 5가지를 정하게 했습니다. 그리고 그 메뉴에 어떤 재료가 들어가는지도 적게 했지요. 먹거리 시스템을 이해하기 위해서는 그 음식의 재료가 무엇인지를 아는지가 우선입니다. 학교 식단표에 있는 메뉴 이름을 보면 어떤 재료가 들어가는지 어느 정도 알 수 있기 때문에 어렵지 않게 활동할 수 있습니다.

두 번째 활동으로는 음식이 우리 식탁으로 오기까지의 과정, 즉 먹거리 시스템을 어린이들에게 설명했습니다. 그 과정은 총 네 단계가 있습니다.

첫째, 생산의 단계입니다. 사람의 먹거리를 만들어내는 일이죠. 자연에서 직접 얻을 수도 있고 공장에서 가공을 할 수도 있습니다. 둘째, 유통의 단계입니다. 이건 생산자에게서 소비자까지 전달되는 과정이죠. 최근에는 유통의 단계가 축소되는 경향이 있습니다. 예전에는 농산물을 생산하는 농부가 트럭을 타고 시장에 도매로 팔면 소비자가 그것을 샀지만 요즘에는 농민에게 직접 인터넷으로 주문을 해서 배송을 받는 일이 많아지고 있죠. 셋째, 소비의 단계입니다. 소비자가 먹거리를 직접 사는 과정이죠. 음식을 만들기 위한 재료를 살 수도 있고, 이미 누군가가 만든 음식을 살 수도 있습니다. 어린이들은 소비의 주체가 됩니다. 우리는 먹거리 시민성을 실천할 때 환경을 생각해서 건강한 소비를 하게 되죠. 넷째, 처리의 단계입니다. 먹거리 시스템을 앞의 3단계(생산-유통-소비)로만 생각하기 쉬운데요. 어찌 보면 이 처리의 단계가 가장 중요합니다. 특히나 소비자 입장인 어린이들에겐 더더욱 그렇죠. 어떤 재료나 음식을 사게 되면 몸속으로 들어가 흡수되는 것도 있지만 그렇지 않은 것도 있습니다. 예를 들어 포장지가 그렇고요. 음식물 쓰레기가 남을 수 있죠. 가공 과정에서 화학 물질이 발생하기도 합니다. 이런 것들을 처리하는 것까지 완료가 되어야 먹거리 시스템이 건강하게 유지될 수 있습니다.

앞서 설명한 바와 같이 어린이들에게는 3단계 소비와 4단계 처리가 가장 중요합니다. 실천의 대상이 되기 때문입니다. 어린이가 직접 소비할 때는 합리적인 기준을 세우고 실천할 수 있도록 교육해야 합니다. 정할 수 있는 기준은 매우 다양합니다. 내가 좋아하는 것, 환경을 오염시키지 않는 것, 값이 비싸지 않은 것, 우리 지역에서 나온 재료를 사용한 것 등이 될 수 있겠지요. 처리 과정도 함께 교육해야 합니다. 분리배출 하는 법, 남은 음식물 쓰레기를 처리하는 법 등은 실생활에서 꼭 필요한 지식이며 먹거리 시민성을 기를 수 있는 핵심적인 교육 내용입니다.

세 번째 활동은 'OOO의 여행'을 글이나 그림으로 표현하는 것입니다. 내가 고른 베스트 메뉴 중에 하나를 골라서 완성하는 것이죠. 역시나 어린이들은 치킨이나 피자, 떡볶이, 햄버거를 좋

어린이가 주인공인 사회

먹거리는 어떻게 우리에게 오는가?

이름_____

1. 나의 Best 5! 점심 메뉴는 무엇일까요?

순위	어떤 메뉴	무엇으로 만들었나요?
1		
2		
3		
4		
5		

2. 맛있는 음식이 나에게 오기까지 '○○○의 여행'을 글이나 그림으로 간단히 나타내어 보세요.

아했습니다. 이건 어쩔 수가 없겠지요. 표현 방식은 어린이들이 원하는 대로 다양하게 할 수 있음을 안내합니다. 글로만 써도 좋고, 그림으로 그려도 되고, 글과 그림을 같이 넣는 것도 좋습니

254

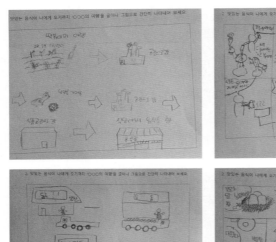
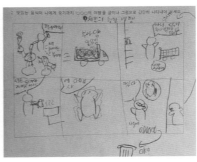

다. 만화로 표현해도 되고요.

　이미 두 번째 활동으로 먹거리 시스템에 대한 이론적 내용을 학습했기 때문에 아이들은 음식의 여행기를 꽤 잘 만듭니다. 생산 단계에서는 메뉴의 주재료를 생산하는 과정의 그림이 들어가게 되죠. 치킨이면 닭, 햄버거면 밀과 소, 피자면 밀과 치즈 같은 식으로요. 다음 유통 과정은 소비하는 장소까지 이동하는 과정을 표현합니다. 치킨집으로 닭이 가는 과정, 피자집으로 재료들이 가는 과정이 표현되죠. 소비는 어린이들이 직접 그것을 구매하는 것인데요. 직접 가서 구매하거나 PC로 주문하거나 스마트폰으로 주문하는 등 요즘에는 그 방법도 다양합니다. 마지막 처리 단계는 대부분 쓰레기봉투에 쓰레기를 담는 것을 표현하는 경우가 많았습니다.

마지막 정리 활동으로는 친구들의 여행기를 칠판에 전시하고 그것을 감상하게 했습니다. 포스트잇을 옆에 두고 작품에 질문이 있거나 응원의 글을 써주고 싶으면 적도록 했죠. 워낙 재미있게 표현한 작품들이 많아서 감상하는 데 시간이 꽤 걸렸습니다. 너무 많은 어린이가 칠판에 몰리면 안 되어서 한 분단씩 순서대로 나가서 볼 수 있게 했습니다. 먹거리 시스템에 대해 잘 이해할수 있는 유익한 수업 시간이 되었습니다.

이런 질문 꼭 있어요!

창현 선생님! 저는 학교 급식 중에 별로 좋아하는 것이 없어요. 그리고 주로 집에서 엄마가 해주는 것만 먹어서 쓸 내용도 없는 것 같아요.

박쌤 아, 창현아. 그렇구나. 당연히 그럴 수 있지. 그래도 학교 급식 메뉴 중에 창현이가 기억하고 있는 메뉴 하나를 골라보는 것은 어떨까? 그리고 음식의 소비를 생각할 때 완성된 음식을 사서 먹는 것만 소비는 아니란다. 집에서 밥을 해 먹으려면 쌀도 사야 되고 반찬을 만들기 위한 재료도 사야 하지? 그것도 소비란다. 그리고 그 쌀과 재료들도 누군가 생산을 한 것이고. 그렇지?

이런 수업은
어때요?

공정무역 초콜릿을 먹어요!

환경을 생각하는 건강한 소비에서 빼놓을 수 없는 것이 바로 공
정 무역입니다. 공정무역 초콜릿과 공정무역 커피는 많이 들어
봤을 것 같아요. 이 개념은 '환경 정의'와 밀접하게 관련되어 있
습니다. '환경 정의'는 국가 간 그리고 세대 간의 형평성이 있는
환경을 만들자는 것인데요. 개발도상국의 노동자들이 열심히 생
산품을 만들었는데 소비하는 국가에서는 정당한 대가를 지불하
지 않고, 저렴하게 소비하는 일이 많아요. 이것은 정의롭지 못합
니다. 또 환경을 오염시키는 건 선진국에서 더 많이 하고 있는데
피해는 후진국에서 보는 것도 문제죠.

 이러한 불평등, 정의롭지 못한 생산과 소비의 문제를 해결하기
위해서 '공정무역'이라는 개념이 등장했습니다. 개발도상국의 소
외된 노동자들이 정당한 대가를 받는 것이 목적입니다. 그래서
소비자가 생산자에게 어느 정도 이상의 가격을 지불해서 그 대
가가 생산자에게 가도록 하고, 인종이나 국적, 종교 등으로 인한
차별 없이 동일하게 임금을 받게 하는 것입니다.

 어린이들에게 힘들게 일하는 지구 반대편에 사는 어린 노동자
의 사진이나 영상을 보여주고, 생각보다 많지 않은 임금을 받거
나 아예 받지 못하는 경우도 있음을 소개합니다. 공정무역의 필
요성에 대해 알려주는 것이죠. 그리고 교사가 준비한 공정무역

초콜릿을 보여줍니다. 공정무역 제품에는 공정무역 마크가 표시되어 있어요. 'fair trade'라고 쓰여 있지요. 이것을 보여준 후 함께 초콜릿을 먹습니다. 아이들은 공정무역의 필요성에 대해서 학습을 했기 때문에 훨씬 더 맛있게 그리고 환경과 개발도상국의 노동자를 떠올리면서 초콜릿을 먹게 됩니다.

사실 제일 좋은 것은 직접 어린이들이 공정무역 제품을 소비해 보는 것인데요. 인근 마트나 시장에서 관련 제품을 찾는 것이 쉽지 않습니다. 그래서 저 같은 경우는 인터넷으로 초콜릿을 사서 수업 시간에 아이들과 함께 먹었습니다. 환경과 올바른 먹거리를 생각해 보는 의미 있는 시간이 되었습니다.

7

행복한
햄버거를 만들어요!

- **이 수업의 핵심 개념** 푸드 마일, 로컬 푸드, 건강한 소비

- **왜 배워야 할까요?** 초등 사회과에서 환경교육을 아이들에게 가르치는 궁극적인 목적은 환경을 생각하는 건강한 소비를 실천하는 것입니다. 아이들이 좋아하는 '햄버거'라는 소재로 푸드 마일리지, 로컬 푸드의 개념을 알려주고 나와 사회가 함께 건강하고 행복한 햄버거를 소비하는 것의 중요성을 알게 해줍니다.

"지훈아, 학교에서 급식으로 꼭 나오면 좋겠다고 생각하는 것 있어?"

"당연히 있죠. 햄버거요. 치킨은 가끔 나오는데 햄버거는 안 나오잖아요. 예전에 가족들이랑 수제버거를 먹으러 갔었는데 너무 맛있었어요."

먹거리 시민성을 길러주기 위한 수업은 아이들에게 인기가 정말 좋았어요. 좋아하는 급식 메뉴를 고르는 것, 내가 선택한 음식의 여행기를 표현하는 활동을 하면서 환경을 공부하는 것이 재

미있다는 것을 느낀 것이죠. 사실 우리나라 사람들과 먹는 것은 떼고 싶어도 뗄 수 없는 관계잖아요. 인사할 때도 '밥 먹었니?'라고 묻고, 고민이 있을 때는 '밥이 안 넘어가.', 자신의 능력을 증명할 때는 '밥값은 합니다!'라고 말할 정도니까요.

그래서 한 번 더 먹거리를 소재로 한 환경 수업을 계획했습니다. 첫 번째 수업에서는 먹거리 시스템(food system)을 배웠는데요. 이것은 먹거리 시민성의 인지적인 측면이지요. 어린이들의 사고력을 길러주거나 실천 의지를 갖게 할 수 있는 수업을 구성할 필요성을 느꼈습니다.

그래서 직접 내가 밖에서 소비할 수 있는 음식이나 집에서 가족들과 함께 해먹을 수 있는 음식을 소재로 결정했습니다. 채유정 선생님의 먹거리 시민성 프로그램에서도 햄버거에 대한 내용이 나와 있는데요. 마침 우리 학급의 어린이들도 햄버거에 관심이 많았습니다. 그런데 패스트푸드점에서 먹는 햄버거는 아무래도 건강에 그렇게 좋은 편이 아니다 보니 '건강한 햄버거', '행복한 햄버거'라고 부르기에는 적합하지 않았어요. 그때 우리 반 친구 한 명이 수제버거 이야기를 하면서 건강한 햄버거를 직접 만드는 계획을 하는 수업을 구성해 보기로 했습니다.

처음에는 직접 재료를 가지고 와서 학교에서 요리 실습을 해보려고 했으나 생각보다 그 절차가 까다롭더라고요. 게다가 코로나 때문에 모둠 활동도 불가능한 상태인 데다가 날씨도 더운 편이라 식중독의 우려도 있었고요. 그래서 직접 만들지는 않고 재료 카드를 나누어주고 그걸 붙이는 활동, 우리 모둠만의 햄버거를 그림으로 그려보는 활동을 진행하기로 했습니다. 아이들이 햄버거의 재료를 직접 선택하고 자신만의 햄버거를 만들기 위해서는 합리적인 선택을 할 수 있는 다양한 기준을 배워야겠지요. 그래서 '푸드 마일'과 '로컬 푸드 개념'을 도입해서 설명했습니다.

이 수업과 관련 있는 사회과 성취기준

[6사08-05]지구촌의 주요 환경 문제를 조사하여 해결 방안을 탐색하고, 환경 문제 해결에 협력하는 세계시민의 자세를 기른다.
[6사08-06]지속가능한 미래를 건설하기 위한 과제(친환경적 생산과 소비 방식 확산, 빈곤과 기아 퇴치, 문화적 편견과 차별 해소 등)를 조사하고, 세계시민으로서 이에 적극 참여하는 방안을 모색한다.

수업은 이렇게 :
햄버거의 푸드 마일 구하기, 행복한 햄버거 만들기[34]

수업은 2차시로 구성했습니다. 첫 번째 차시에는 여러 종류의 햄버거를 보고, 내가 원하는 햄버거를 결정한 후 재료의 원산지를 보면서 푸드 마일을 구해 보는 수업입니다. 그리고 두 번째 차시에는 푸드 마일과 로컬 푸드 개념을 토대로 모둠에서 '행복한 햄버거'를 그려보았습니다.

구분	교육 내용	참고
학습 주제	• 행복한 햄버거 만들기	

---

34 채유정(2018) 선생님의 박사학위 논문에 소개된 수업을 재구성하였습니다.

도입	• 햄버거 관련 뉴스 기사 소개	햄버거 관련 뉴스나 기사 소개
전개	• 내가 좋아하는 햄버거 선택하기 – 햄버거를 선택한 이유 발표하기 • 햄버거 재료의 여행 거리 구하기 – 재료를 세계지도에 표시하기 – 우리나라와 표시된 지역을 선으로 연결하기 – 햄버거의 여행 거리 구하기 – 푸드 마일의 중요성 알아보기 • 행복한 햄버거 만들기 – 재료 카드를 골라 햄버거 만들기 – 햄버거 소개 자료 만들기 – 행복한 햄버거의 조건 발표하기	• 푸드 마일 / 푸드 마일리지 개념 도입 • 푸드 마일을 줄일 수 있는 방법으로 '로컬 푸드' 개념 도 입
정리	• 환경을 생각하는 소비 실천 다짐하기	

이 수업을 통해 키울 수 있는 핵심역량

1. 정보 활용 능력 : 활동지의 햄버거와 재료, 원산지에 대한 정보를 보고 세계 지도에 표시하면서 능력을 키울 수 있어요.
2. 문제 해결력 및 의사 결정력 : 행복한 햄버거를 선택하고, 환경 문제를 해결하기 위한 방안을 생각하면서 기를 수 있어요.
3. 창의적 사고력 : 우리 모둠이 만들 '행복한 햄버거' 소개 자료를 만들면서 기를 수 있어요.

어린이 시민을 위한 핵심 질문!

1. 푸드 마일이 적은 상품이 왜 환경에 좋을까요?
2. 개인과 사회, 환경이 모두 행복한 먹거리를 소비할 수 있는 방법에는 어떤 것이 있을까요?

도입 단계에서는 '햄버거'와 관련된 기사나 뉴스를 소개합니다. 우리나라에는 롯데리아, 맥도널드, 맘스터치 등 햄버거를 주로 판매하는 패스트푸드점이 급증했죠. 이를 다룬 기사를 소개합니다. 우리 주변에 패스트푸드점이 많다는 것을 확인시켜주기 위해 인터넷 지도를 활용하여 함께 아이들과 찾아보는 활동을 하는 것도 좋습니다.

첫 번째 활동은 '내가 좋아하는 햄버거 메뉴 선택하기'입니다. 교사가 미리 준비한 활동지를 보고 좋아하는 메뉴를 선택하는데요. 이때 재료를 다양하게 보여주고, 원산지도 함께 보여주면서 선택을 어렵게 만들어야 합니다. 저 같은 경우는 재료를 고기와 양상추, 토마토로 정했습니다. 만약에 더 추가한다면 치즈나 빵(밀가루)을 넣어도 좋습니다.

'내가 좋아하는 햄버거 선택하기' 수업 활동지

1. 아래의 버거 중 내가 좋아하는 햄버거 메뉴 이름을 적어보세요.

불고기 버거		불고기 버거		치킨 버거	
재료	원산지	재료	원산지	재료	원산지
소고기	호주산	소고기	국내산	닭고기	브라질산
양상추	필리핀산	양상추	미국산	양상추	중국산
토마토	국내산	토마토	중국산	토마토	국내산

아이들마다 선호하는 햄버거가 다른데요. 가장 많이 나온 질문이 '선생님, 저는 새우버거만 먹는데요?'였습니다. 그래서 '새우버거가 다 팔렸대. 그러면 어떤 버거 먹을래?'라고 답변을 하였습니다. 아이들이 선택을 했다면 몇몇 친구들에게 그 햄버거를 선택한 이유를 물어봅니다. 그러면 어떤 아이들은 단순히 불고기버거이기 때문에 좋을 수도 있고요. 치킨버거이기 때문에 좋다고 말할 수도 있습니다. 이때 선생님이 재료와 원산지를 함께 적어둔 것을 이야기하면서 그와 관련된 이유를 발표하도록 유도하는 것이 좋습니다. 몇몇 아이들은 재료와 원산지와 관련된 이유를 아래와 같이 말했습니다.

· 국내산 한우로 만든 햄버거라서 한우버거가 좋아요.
· 저는 한우버거에 들어가는 토마토가 중국산이라서 싫어요. 그래서 불고기버거 골랐어요.
· 소고기는 미국 것이 더 맛있다고 했어요. 그래서 저는 불고기버거가 좋아요.

다음 활동은 햄버거 재료의 여행 거리 구하기입니다. 이때 '푸드 마일'의 개념을 처음 도입했습니다. '푸드 마일'은 식료품이 생산지로부터 생산, 운송, 유통 단계를 거쳐 소비자의 식탁에 이르는 거리를 말합니다. 앞 시간에 배운 먹거리 시스템에서 나온 개념이죠. 음식이 먼 곳에서 와서 길게 여행하면 푸드 마일이 높아지게 되고, 음식이 가까운 곳에 오게 되면 푸드 마일은 낮아집

니다. 푸드 마일과 함께 알아두어야 할 개념이 '푸드 마일리지'인
데요. 실제로 이 개념을 더 많이 사용하죠. 푸드 마일리지는 '식
품의 무게×운송 거리'입니다. 무거운 식품일수록, 거리가 늘어
날수록 높아지는 겁니다. 운송 거리가 높아지면 차량을 타든 비
행기를 타든 배를 타든 많은 에너지가 소비됩니다. 그러면 당연
히 환경에 악영향을 줄 수밖에 없겠죠. 환경 오염과 푸드 마일의
관계를 자연스럽게 알려주고 활동을 하도록 하면 훨씬 더 의미
있는 수업이 됩니다.

이번 수업에서는 햄버거에 들어가는 재료의 무게까지 알려주
면서 계산할 필요는 없기 때문에 푸드 마일만 구하게 했습니다.
우선 자신이 고른 메뉴의 재료들 원산지를 확인합니다. 원산지
를 세계 지도에서 찾아서 점으로 표시하고요. 아이들이 세계 지
리를 아직 잘 모르는 경우가 많으므로 선생님이 미리 활동지에
표시를 해두거나 컴퓨터 화면으로 지도에 원산지의 위치를 알려
주는 것이 좋습니다. 저는 빨간색 점으로 표시했습니다.

원산지에 점을 찍은 후 우리나라와 선으로 연결합니다. 이제
그 거리를 구해서 모두 합치면 푸드 마일이 나오죠. 이때 국내산
의 경우 아예 0으로 하는 것은 문제가 있기 때문에 0.5cm로 계
산해서 길이를 재도록 했습니다. 아이들은 이미 푸드 마일의 개
념을 배웠기 때문에 푸드 마일이 높을수록 환경에 좋지 않다는
것을 알고 있습니다. 그래서 활동을 한 후에 푸드 마일이 높으면
국내산이 많은 것을 고르지 않은 것을 후회하기도 했습니다.

원산지 국가를 보면 우리나라를 제외하면 중국과 필리핀은 아

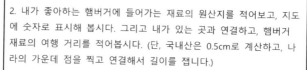

2. 내가 좋아하는 햄버거에 들어가는 재료의 원산지를 적어보고, 지도에 숫자로 표시해 봅시다. 그리고 내가 있는 곳과 연결하고, 햄버거 재료의 여행 거리를 적어봅시다. (단, 국내산은 0.5cm로 계산하고, 나라의 가운데 점을 찍고 연결해서 길이를 잽니다.)

번호	재료명	원산지	여행 거리(cm)
1			
2			
3			

· 내가 구한 여행 거리를 모두 합치면 몇 cm인가요? (   )

· 여행 거리가 높은 것이 환경에 좋을까요? 낮은 것이 환경에 좋을까요?
(   )

시아라 가까운 축에 속하고, 호주가 중간 정도, 미국과 브라질은 매우 멉니다. 많은 친구들이 브라질산임에도 불구하고 치킨버거를 택했지만 푸드 마일이 높은 것을 보고 충격에 빠지게 되었죠.

다음은 행복한 햄버거 만들기 활동입니다. 앞 활동은 모두 개인 활동이었는데요. 이제는 모둠 친구들과 함께 이야기하며 햄버거의 재료를 선택하고 새롭게 만들 햄버거 홍보 자료를 만듭니다. 우선, 모둠 친구들에게 재료 카드를 나누어줍니다. 재료 카드에는 고기 패티, 양상추, 토마토가 있습니다. 그리고 각 카드에는 원산지가 표기되어 있습니다.

어린이들은 친구들과 함께 의견을 나누면서 원하는 햄버거 재료 카드를 잘라서 활동지에 붙입니다. 선택 기준은 여러 가지가 있겠죠. 일단 소고기와 닭고기 중에 먹고 싶은 패티를 고를 거예요. 그리고 양상추와 토마토는 원산지를 확인하고 고르게 됩니다. 이미 푸드 마일에 대해 학습을 한 친구들이기 때문에 같은 재료라면 푸드 마일이 적은, 즉 거리가 가까운 곳에서 생산한 재료들을 고르게 됩니다. 같은 토마토라도 유럽산이 아닌 충청남도 아산 토마토를 고르는 것이죠. 건강한 지구를 생각한 재료 선택이 되겠습니다.

재료 카드를 붙이고 재료를 고른 이유를 발표하도록 했습니다. 아이들은 '가까운 게 더 싱싱하니까 가까운 지역의 재료를 사용했어요.', '수입산이 싸기는 하지만 로컬 푸드를 이용해야 환경에 좋기 때문에 골랐어요.', '우리나라 사람들이 재배한 재료를 쓰는 게 좋을 것 같아서요.' 등 다양한 답변이 나왔습니다.

다음은 햄버거 소개 자료 만들기 활동입니다. 햄버거를 직접 어린이들과 만들어서 먹어보는 것이 최고의 수업이 되겠지만, 여러 제약 조건으로 인해 우리 모둠이 직접 디자인한 햄버거를 그림으로 그려서 소개 자료를 만들기로 했습니다. 방법은 자유롭게 할 수 있도록 아이들에게 맡겼는데요. 인터넷을 찾아보니

햄버거 재료 카드

소고기(미국)	소고기(충청북도 보은)
닭고기(브라질)	양상추(중국)
닭고기(미국산)	토마토(충청남도 아산)

정말 햄버거 신메뉴들이 많더라고요. 그 이미지들을 어린이들에게 참고 자료로 보여주었습니다.

　햄버거를 그리고, 햄버거의 이름을 지어주고, 햄버거의 장점을 적습니다. 소비자의 관심을 끄는 문구가 매우 중요하죠. 원산지도 함께 적어줘서 지구를 건강하게 하는 행복한 햄버거임을 강조했죠. 모둠마다 각기 다른 종류의 햄버거를 만들었는데 이럴 땐 어린이들의 창의력에 감탄이 절로 나옵니다. 그리고 친구들에게 완성된 햄버거 소개 자료를 발표합니다. 발표할 때는 햄버거 이름을 지은 이유, 자신들이 생각하는 행복한 햄버거의 조건

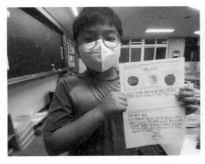

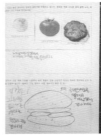

등을 발표했죠.

기억에 남는 우리 반 친구의 햄버거는 바로 '범철버거'입니다. 자신의 이름을 따서 만든 햄버거인데요. 자칭 햄버거를 1000개 넘게 먹은 친구라서인지 햄버거를 아주 잘 이해하고 있었습니다. 어찌나 구체적으로 햄버거를 소개했는지 범철이의 발표에 많은 친구들이 웃음바다가 되었습니다.

햄버거의 특징: 불맛나는 불판에 양파의 풍미를 느끼게 해주는 소고기와 보관 기간을 줄여 신선함을 제공하는 양상추, 깔끔하게 세척해서 건강까지 책임지는 범철버거를 만나보세요.

마지막으로 활동을 마친 후 수업에 대한 소감을 발표하는 시간을 가졌습니다. 먹거리 시민성 함양을 위한 교육으로 환경에 대해 여러 번 강조하다 보니 어린이들은 햄버거를 만드는 중요한 기준으로 '맛'과 함께 '환경'을 꼽았어요. 교육 효과가 나온 셈이죠. 직접 집에서 가족들과 수제버거를 만들어 먹고 인증샷 남기기를 주말 과제로 부여하는 것도 좋은 방법이겠죠. 우리가 알고 있는 지식을 바탕으로 실천하는 것까지가 시민성 함양의 완성 단계가 되겠습니다.

· 햄버거를 많이 먹는 게 환경을 해치는 건지 전혀 몰랐어요. 이제 생각 좀 하면서 음식 먹어야겠어요.
· 왜 이렇게 엄마가 우리나라 음식, 우리 동네 음식을 좋아하나 했는데 이제 알 것 같아요. 멀리서 올수록 환경에는 확실히 안 좋은 거잖아요.
· 집에서 가족들이랑 건강한 햄버거 만들기 해보고 싶어요.

이런 질문 꼭 있어요!

지은　선생님! 저 한 명이 건강한 햄버거를 먹는다고 지구의 환경오염이 사라질까요?

박쌤　지은아, 아주 좋은 이야기를 해줬네. 사실 지은이 말도 일리가 있어. 나 혼자 쓰레기를 아무 곳에나 버리지 않는다고 해서 길이 깨끗해지는 것은 아니니까. 하지만 환경을 위해 내가 먼저 실천하면 나의 가족과 나의 친구도 실천하고 많은 사람이 함께 실천하기 위해 노력하지 않을까?

동물복지, 로컬 푸드를 이용해요!

환경을 생각하는 먹거리 시민성 교육의 가장 마지막 종착지는 역시 '소비'입니다. 열심히 학교에서 어떤 먹거리가 환경에 좋은지, 푸드 마일이 낮은 음식들이 무엇인지 배우는 것에서 그친다면 환경에 도움이 되는 것이 없겠지요.

그래서 학교에서 배운 지식을 실천하는 멋진 시민의 모습을 행동으로 보여주기 위해서 실천 과제를 제시하면 좋습니다. 첫 번째 방법으로는 '동물복지' 제품을 사보도록 하는 것입니다. 대표적으로 동물복지 계란이 있지요. 우리가 가장 즐겨먹는 육류인 닭, 소, 돼지는 정말 좁은 공간에서 많은 스트레스를 받으며 살고 있는 경우가 꽤 많아요. 그래서 동물을 생각하는 많은 사람, 건강한 먹거리를 생각하는 많은 사람이 '동물복지'가 그 해답이라고 대안을 제시하고 있습니다.

넓은 목장에서 스트레스를 덜 받은 상태에서 알을 낳고, 새끼를 낳으며, 우유를 생산하고 그것을 우리가 소비하는 것이죠. 이렇게 동물들의 환경을 개선하다 보면 가격은 올라갈 수밖에 없습니다. 하지만 동물복지의 장점을 알고 있다면 동물복지 제품을 소비하는 것도 먹거리 시민으로서의 좋은 실천 방법이 됩니다.

　이외에도 로컬 푸드 매장을 이용해 보는 것입니다. 푸드 마일과 푸드 마일리지 개념을 배운 학습자에게 제시할 수 있는 실천 과제이지요. 우리 동네 로컬 푸드 매장에 가서 내가 사고 싶은 재료들을 사보는 것입니다. 최근에는 지역 곳곳에 로컬 푸드 직매장이 많이 생기고 있어요. 농협에서 운영하는 하나로 마트에도 로컬 푸드 코너가 있죠. 실제로 로컬 푸드를 이용하면 유통 과정에서 생기는 에너지를 절약할 수 있고, 소비자 관점에서도 신선한 재료를 살 수 있다는 장점이 있습니다. 아이들이 먹거리 시민성을 기를 수 있도록 가족과 함께 동물복지 제품, 로컬 푸드 제품을 사보도록 과제를 제시해 보면 좋겠습니다.

8

아동의 권리를
지켜주세요!

- **이 수업의 핵심 개념** 아동의 권리

- **왜 배워야 할까요?** 교과서에 등장하는 권리는 대부분 어른에게만 관련 있는 권리입니다. 어린이들에게 인간의 기본적인 권리, 어른이 되어서 누릴 권리에 대해 배우는 것도 중요하지만, 지금 현재의 내가 누려야 할 권리가 무엇인지를 아는 것이 훨씬 더 어린이의 삶과 가깝고 의미 있는 배움이 될 것입니다.

인간은 다양한 권리를 가지고 있어요. 남의 간섭과 억압을 받지 않고 자유롭게 생활하는 자유권, 불합리한 이유로 차별을 받지 않는 평등권과 같은 기본권이 있고요. 좀 더 적극적인 권리인 일정 수준 이상의 교육을 받아야 하는 교육권과 국가로부터 피해를 받거나 요구 사항이 있을 때 자신의 의사를 알릴 수 있는 청구권도 있어요. 최근에는 좀 더 깨끗한 환경에서 사람답게 살고자 하는 사회권이나 행복추구권도 관심을 받고 있고, 나의 대표를 내가 직접 뽑거나 내가 직접 정치에 참여할 수 있는 정치권도 중요한 권리로 주목받고 있답니다.

학교에서는 학급 선거와 전교 어린이회장 선거 행사가 있을 때마다 계기 교육으로 국민의 권리에 대해서 가르치고 있는데요. 5학년 어린이들을 가르치던 해였습니다. 3월에 전교 어린이회장 선거를 하게 되어서 선거 전날 어김없이 아이들에게 정치에 참여할 수 있는 참정권을 포함해서 다양한 국민의 권리와 의무를 가르치고 있었어요. 그때 재석이라는 친구가 수업 중간에 질문했어요.

"선생님, 근데 권리와 의무 중에 저희가 지금 할 수 있는 건 별로 없는데요. 저희는 세금도 안 내고, 군대 가려면 멀었잖아요."

"그렇긴 하지. 미리 배우는 거야. 나중에는 해야 할 일이니까."

재석이는 제 대답을 듣고도 별로 수긍하는 것 같지 않았어요. 사실 저는 그 질문에 당황했거든요. 생각해 보니 정말 재석이의 말이 맞았어요. 그날 제가 아이들에게 알려주었던 권리와 의무는 대부분 어른이 되어야 누릴 수 있거나 지켜야 할 것들이었어요. 재석이는 나중에 커서 우리가 할 수 있는 것과 해야 할 것보다는 지금 당장 내가 반 친구들과 할 수 있는 게 무엇인지에 관심이 더 많았던 거예요.

그래서 저는 그날 이후로 인권 수업과 권리와 의무를 가르칠 때 꼭 함께 알려주는 것이 있어요. 바로 '아동의 권리'입니다. 우리가 사회 수업 시간에 배우는 건 '국민의 권리'라고 부르는데, 특별히 아동들이 누릴 수 있는 권리라고 해서 '아동의 권리'라고 이름 붙여주고 있어요. 우리 어린이들은 '국민의 권리'를 보장받

고는 있지만 어른이 받고 있는 권리를 동일하게 보장받고 있지
는 못하죠. 그래서 '아동의 권리'가 따로 있는 것이고요.

실제로 재석이랑 함께했던 몇 년 전에는 2009 개정 교육과정
사회 교과서로 수업을 했는데요. 그 당시에는 '아동의 권리'에 대
해 교과서에서 따로 제시하고 있지 않았어요. 인권의 개념과 중
요성, 인권 존중을 위한 노력이 그 단원의 핵심 주제였죠. 또 '국
민의 권리와 의무'라는 단원을 별도로 구성해서 법에 명시된 권
리와 의무를 아주 자세하게 다루었답니다. 이렇다 보니 아이들
은 대한민국 국민의 권리에 대해서는 자세히 배웠지만 자신들이
누릴 수 있는 권리에 대해서는 배울 기회가 없었어요. 사실 '아
동의 권리'는 아동일 때 배워야 훨씬 더 의미가 있잖아요. 그래서
더욱 이 주제에 대한 수업이 필요했답니다.

다행히 2015 개정 교육과정에서는 '아동의 권리'에 관심을 갖
기 시작했어요. 5~6학년군 사회 교과서의 〈인권을 존중하는 삶〉
단원의 마지막 차시 이야기 자료에서 '유엔아동권리협약'을 소
개하고 있거든요. 국민의 권리와는 별도로 어린이가 누릴 수 있
는 권리에 대한 자료를 제시했다는 점에서 아주 큰 발전이지요.
하지만 사회과 교육과정의 성취기준, 내용 체계 속의 핵심 개념
이나 내용 요소로 아직 '아동의 권리'가 다루어지지 않고 있는
것은 아쉬운 부분입니다.

수업은 이렇게 :
나의 아동 권리 침해 경험 말하기, 이야기 속 아동 권리 침해 찾기

어린이들이 '아동의 권리'에 대해 이해하고 일상생활 속에서 권리를 침해당한 경험에 대해 나눌 수 있는 사회 수업을 구성해 보았습니다. 1차시에는 주로 자신의 경험을 나눠보도록 하고, 2차시에서는 심화 활동으로 그림 동화를 보기로 해서 총 2차시로 진행하였습니다.

도입 단계에서는 같은 어린이지만 어린이로서 존중받지 못하고 노동에 시달리고 있는 어린이의 모습을 보여줍니다. 파키스탄에서는 나이 어린 아동들이 종일 앉아서 축구공을 만들고 있다고 해요. 아직 어른들의 보호를 받으면서 학교에서 교육을 받으며 축구를 즐겨야 하는 아이들이 축구공을 만들고 있는 것이지요. 수업에 참여한 반 아이들은 자신들의 삶과 너무 다른 세상의 아이들이 있는 것을 알고 꽤 충격을 받았습니다. "선생님, 저런 건 너무 옛날이야기 아닌가요?", "축구공을 왜 기계가 안 만

276

들고 어린 친구들이 만들어요?" 등 많은 질문이 쏟아졌습니다. 같은 시대에 살고 있는 친구들이지만 지구 곳곳에는 아직도 아동의 권리를 찾지 못하는 경우가 참 많다는 것을 나와 내 친구의 생활과 비교하여 인식할 수 있습니다.

구분	교육 내용	참고
학습 주제	• '아동의 권리'에 대해 이해하고, 아동 권리 침해 사례 찾아보기	
도입	• 교육을 받지 못하고, 축구공을 만들고 있는 어린이의 모습을 보고 나의 생활과 비교하기	네이버 지식백과 '국제연합아동권리선언'
전개	• '유엔아동권리협약' 내용을 보고, 나의 아동 권리 침해 경험에 대해 모둠 친구들과 이야기하기 • 우리 반 친구들이 공감하는 아동 권리 침해 사례 뽑기 • '헨젤과 그레텔' 이야기를 듣고, 헨젤과 그레텔이 어떤 권리를 침해당했는지 찾아보고, 이야기 속 어른들에게 편지쓰기	• 스쿨잼 '아동의 권리! 함께 지켜주실 거죠?' • 공감하는 침해사례를 함께 나눈다. • 《헨젤과 그레텔》그림책 준비
정리	• 아동 권리 지킴이 다짐하기	

이 수업을 통해 키울 수 있는 핵심역량
1. 의사소통 및 협업 능력 : 친구들과 지신의 아동 권리 침해 사례 경험을 이야기하면서 기를 수 있어요.
2. 비판적 사고력 : 이야기를 듣고, 아동 권리 침해 사례를 찾아보고 자신의 생각을 표현하는 활동을 하면서 기를 수 있어요.

어린이 시민을 위한 핵심 질문!
1. 어린이 친구들이 직접 경험하였거나 본 아동 권리 침해 사례에는 어떤 것이 있나요?
2. '헨젤과 그레텔' 이야기에서 헨젤과 그레텔은 어른들로부터 어떤 권리를 침해당했나요?

첫 번째 활동에서는 먼저, '유엔아동권리협약' 다섯 가지를 소개합니다. 유엔아동권리협약은 1989년 11월 유엔총회에서 채택한 협약입니다. 과거에는 아동을 단순히 성인의 축소판 또는 보호의 대상으로만 보았던 것이 사실인데요. 이제 아동은 인격체로서 존엄성을 가지고 자신의 권리를 누리고 주장할 수 있는 존재가 되었습니다. 다섯 가지 권리를 통해 아동도 존재 자체만으로도 존중받아야 한다는 것을 이해시킵니다. 안전과 건강을 위한 권리부터 폭력과 차별을 당하지 않고, 자신의 의견을 말하고 놀 권리를 가지는 것까지 총 다섯까지의 권리를 구체적인 예와 함께 교사가 설명해 주는 것이 좋습니다.

두 번째 활동은 권리협약 내용 중에 자신의 침해 경험에 대해 친구들과 나누는 것입니다. 유엔이 정한 다섯 가지의 권리는 모두 어떻게 보면 당연해 보일 정도로 어린이의 삶에서 중요한 권리들이에요. 그런데 대부분의 어린이는 이 중 하나 이상의 권리를 과거는 물론 현재에도 침해당하고 있답니다. 이런 경험을 서로 공유하기 위해 먼저 자신의 침해 사례를 활동지에 적어보고, 모둠 친구들에게 자신의 경험을 이야기합니다. 그리고 전체 반 전체 친구들에게 모둠에서 나온 공감되는 사례를 나누는 것이에요.

이때 중요한 것은 어린이들의 말할 권리를 지켜주는 것이죠. 저도 처음에 조별로 한 사례씩 뽑아서 발표하게 했더니 한 친구가 이렇게 이야기했어요.

"선생님, 네 번째 권리를 침해하신 것 같은데요?"

'아동의 권리' 수업 활동지

어린이가 주인공인 사회	아동의 권리를 지켜주세요!
	이름_____

학습 문제	• 아동의 권리를 이해하기 • 아동 권리 침해 사례를 찾아보기
유엔 아동 권리 협약	1. 안전하고 건강하게 자랄 권리 : 영양가 있는 음식을 먹고, 아프면 병원에서 치료를 받으며 안전하게 지낼 수 있는 곳을 가질 권리 2. 폭력으로부터 보호받을 권리 : 어린이들의 허락 없이 만지거나, 때리거나 괴롭힘을 당하지 않을 권리 3. 차별받지 않고 존중받을 권리 : 내가 외국인이라고, 장애를 가졌다고, 키가 크든 작든, 몸이 뚱뚱하든 말랐든 평등하게 대우받을 권리 4. 의견을 말하고 참여할 권리 : 어른들이 하는 일에 우리 어린이도 나의 생각을 말할 권리가 있어요. 어린이들도 어른들과 함께 할 수 있는 것은 참여할 수 있는 권리 5. 교육받을 권리와 놀 권리 : 학교에 갈 나이가 되면, 학교에 가서 공부할 권리가 있어요. 또, 우리 동네의 또래 친구들과 신나게 놀고 즐겁게 생활하는 것도 어린이가 누려야 할 권리
아동 권리 침해 경험 나누기	모둠 친구들과 아동 권리를 침해당한 경험이 있다면 적어보고, 친구들과 나눠보세요. 1) 나의 침해 경험 : 2) 친구들의 경험 중 반 친구들과 나누고 싶은 이야기 하나를 포스트잇에 적으세요.
아동 권리 침해 찾아 보기	헨젤과 그레텔 이야기를 듣고, 헨젤과 그레텔이 어떤 권리를 침해당했는지 찾아보고, 헨젤이나 그레텔이 되어 이야기 속 어른에게 편지를 써보세요.

네 번째 권리가 바로 '의견을 말하고 참여할 권리'거든요. 아동의 권리 수업을 하면서 권리를 침해할 순 없겠죠? 그러니 먼저 조별로 공감이 가는 사례를 발표하게 하고, 이후에도 자신의 경

험을 말하고 싶은 친구들에게 기회를 주는 것이 좋습니다. 어린이들에게 권리 침해 경험은 정말 다양합니다.

· 친구들이 내 생각을 말할 때 듣지 않으려고 한다.
· PC방에 갔는데 어떤 아저씨가 어리다며 날 혼냈다.
· 부모님이 놀지는 못하게 하고 공부만 하라고 한다.
· 엄마와 오빠가 말을 할 때 내가 말할 틈이 없다. 나도 말을 하고 싶다.

역시나 아이들은 가족과의 관계에서 자신의 의견을 말할 권리를 침해당하고 있다고 생각했어요. 이 부분은 저를 포함한 선생님들도 혹시나 우리 반 학생들의 말할 권리를 빼앗지는 않는지 생각해 볼 필요가 있죠. 그리고 '5. 교육받을 권리와 놀 권리'에 대한 경험도 많았는데요. 재밌는 건 다 부모님을 원망했는데 교육을 못 받는다고 경험을 말한 친구는 없고, 모두 놀지 못하게 한다고 말했어요. 아마 부모님들은 너무 놀기만 하니까 공부도 조금 하라고 말한 것뿐인데 부모님 관점에서는 억울할 수도 있을 것 같습니다. 어린이들에게 하루 내내 놀 수 있게 해주면 교육받을 권리를 침해당했다고 말할까요? 갑자기 궁금해지네요.

그리고 세 번째 활동으로 어린이들이 일상생활에서 많이 경험하는 침해 공감 사례를 뽑습니다. 친구들의 경험을 하나씩 읽어주고 공감 가는 것에 손을 들게 해서 많은 친구들이 공감하는 경험을 포스트잇에 적어서 칠판에 붙여줍니다. 저 같은 경우는 5명 이상의 친구들이 공감하는 내용을 적었습니다.

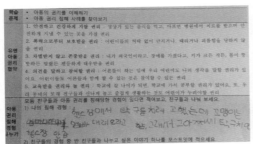

네 번째 활동은 심화 활동입니다. 바로 문학작품 속에 나오는 아동 권리 침해 사례를 찾는 것이죠. 나와 우리 반 친구들의 경험을 나누었으니 이제는 시야를 조금 더 넓혀서 다른 이야기 속 사례를 찾아보는 것입니다. 저는 명작 동화《헨젤과 그레텔》그림책을 보여주었어요. 저의 첫째 아들에게 이 그림책을 보여주는데 읽다 보니 어른들이 너무 못됐더라고요. 그래서 꼭 '아동 인권' 수업 때 써먹기로 했었죠.

이야기를 들려준 후 어린이들에게 이야기 속에서 헨젤과 그레텔이 어떤 권리를 침해당했는지 찾게 합니다. 아이들은 다양한 권리 침해 사례를 찾습니다. 먼저 헨젤과 그레텔은 아빠와 계모로부터 편안한 집에서 지내야 하는 '안전하고 건강하게 자랄 권리'를 빼앗겼다고 이야기하고요. '폭력으로부터 보호받을 권리'를 침해당했다고도 말했어요. 헨젤을 감옥에 가두고 살을 찌우고 잡아먹으려는 마녀의 모습에서 폭력을 찾는 아이들도 있었고, 숲속에 아이들을 버리고 온 아빠와 계모의 행동을 폭력이라고 말한 친구들도 있었죠. 그리고 헨젤과 그레텔이 열심히 놀고 교육을 받을 나이인데 마녀에게 갇혀서 제대로 놀지도 못하고, 공부도 하지 못했으므로 '교육받을 권리와 놀 권리'를 침해당했다고 말하는 친구들도 있었습니다.

혜민이는 마녀가 그레텔에게는 집안일을 시키고, 헨젤에게는 먹을 것을 준 내용을 보고 '남녀차별'을 했다고 지적했어요. 날카로운 지적이었죠. 동화 속에서도 집안일을 하는 것은 여자의 몫인 건가? 하는 의문이 들었던 것이죠. 이렇게 《헨젤과 그레텔》 동화는 하나의 이야기 속에서 상당히 많은 권리 침해 사례를 찾아볼 수 있는 좋은 수업 자료가 됩니다.

헨젤과 그레텔 이야기

헨젤과 그레텔의 아빠와 새엄마는 너무나도 가난해서 먹을 것이 부족해지자 헨젤과 그레텔을 숲속에 버릴 계획을 세웠어요. 똑똑한 헨젤과 그레텔은 혹시나 해서 조약돌을 모았어요. 어느 날 아빠와 새엄마가 헨젤과 그레텔을 불러 나무를 하러 가자며 숲속으로 가서는 헨젤과 그레텔을 두고 사라져버렸어요. 하지만 미리 길에 떨어뜨려놓은 조약돌을 보면서 무사히 집으로 돌아갈 수 있었어요.

그런데 아빠와 계모는 더 깊숙한 숲속에 헨젤과 그레텔을 버리고 왔어요. 이번에는 헨젤과 그레텔이 집에 갇혀 있는 바람에 조약돌을 구하지 못했어요. 대신 먹던 빵 조각을 떨어뜨리면서 숲속에 갔지요. 하지만 빵 조각들을 새들이 다 먹어 치워서 집을 찾아갈 수가 없었어요.

그러다 숲속에서 맛있는 과자와 사탕으로 만들어진 집을 발견했어요. 그곳에서 할머니를 만나게 되었는데 알고 보니 그 할머니는 못된 마녀였어요. 헨젤을 살찌워서 잡아먹으려고 감옥에 가두고, 그레텔은 하녀처럼 부려 먹었죠. 그런데 헨젤은 마녀가 눈이 잘 보이지 않는다는 것을 알아채고 고기를 다 먹고 남은 뼈로 마녀를 속였어요. 헨젤이 살찌기를 기다리던 마녀는 참지 못하고 헨젤을 잡아먹기로 하고, 불을 지폈어요. 그때 그레텔은 마녀를 난로로 밀어 헨젤을 지킬 수 있었답니다.

헨젤과 그레텔은 마녀의 집에서 금은보화를 발견하고 집에 돌아갔고, 집에는 아빠가 기다리고 있었어요. 새엄마는 이미 병으로 세상을 떠난 후였답니다. 그렇게 헨젤과 그레텔은 아빠와 행복하게 살았답니다.

마지막 활동으로 내가 헨젤이나 그레텔이 되어 어른들에게 편지를 써보는 활동을 했어요. 이 활동은 이야기 속 인물의 마음에 공감하고, 어린이로서 의견을 말할 수 있는 권리가 있다는 것을 알려줄 수 있는 활동입니다. 우리 반 친구들은 동화 속 어른인 아빠와 계모, 마녀에게 따끔한 충고를 해줬습니다. 어른들은 아동의 권리를 보호해 줘야 할 의무가 있다고 말했어요.

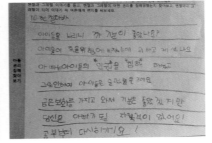

- 우리가 죽을 위험에 빠졌는데, 아빠는 뭐하셨나요? 당신은 아빠가 될 자격이 없어요!
- 새엄마! 왜 우리를 버렸나요? 우리가 얼마나 무서웠는지 아나요?
- 아빠 그리고 새엄마! 우리도 맛있는 것을 먹고, 건강하게 자랄 권리가 있다는 것 모르시나요?
- 마귀 할머니! 왜 우리를 놀지도 못하게 하나요? 우리도 놀고 싶어요!

정리 활동으로는 나 자신도 나보다 어린 친구나 또래 친구들의 권리를 지켜주겠다는 '아동 권리 지킴이' 다짐을 작성했어요. 나보다 어린 동생의 말에 귀 기울여주고, 친구들을 때리거나 괴롭히지 않겠다는 약속을 하며 수업을 마무리했습니다. 어린이만이 가질 수 있는 특별한 권리인 '아동의 권리'에 대해 알게 되고, 자신의 경험과 책 속의 권리 침해 사례를 살펴봄으로써 어린이들은 자신을 사랑하고 존중하는 법을 배울 수 있었습니다.

이런 질문 꼭 있어요!

민창 선생님! 저는 권리를 침해당한 적이 없는데요?

박쌤 민창아, 그런 경험이 없으면 한 번 상상을 해봐. 부모님이나 어른들, 아니면 형과 누나, 친구들이 너한테 어떻게 하면 기분이 나쁠 것 같아? 그런 내용을 생각해서 적어보는 것도 좋아!

이런 수업은
어때요?

영화를 보고 아동 권리 침해 사례 찾기

어린이들과 함께 보면 좋은 영화 중 '아동 권리'에 대해 생각해 볼 수 있는 작품들이 많이 있습니다. 그중 제가 반 학생들과 함께 봤던 영화는 〈개를 훔치는 완벽한 방법〉입니다.

이 영화의 주인공 지소는 초등학생으로 나오는데요. 어느 날 집에 가니 아빠는 사라지고, 집에서는 쫓겨나 엄마, 동생과 함께 작은 트럭에서 지내게 되었어요. 그렇게 어린 지소가 힘든 생활을 하면서 일어나는 재밌지만 슬픈 이야기가 영화 속에 담겨 있어요.

주인공 지소는 트럭 생활에서 벗어나서 가족이 살 수 있는 집을 사기 위해 다양한 작전을 계획하는데요. 그러면서 여러 어른들과 다양한 사건에 휘말리게 된답니다. 그 속에서 지소가 누려야 할 아동의 권리도 많이 침해당하고 말아요. 예를 들어, "넌 어리니까 엄마 말을 들어야지!", "초등학생은 몰라도 돼!"라는 이야기를 듣고 지소는 화가 나곤 하죠.

이 영화를 보고 교실에서 어린이들과 '아동 권리'에 대해 이야기 나누어보는 것은 어떨까요? 지소와 지소 동생, 그리고 지소의 친구가 어떤 권리를 침해당했는지 이야기해 보거나 '내가 지소라면 어떻게 했을까?' 같은 질문을 통해 아이들의 생각을 들어본다면 어린이가 주인공인 사회 수업을 만들어나갈 수 있습니다.

9

우리 동네
어린이 중심지 선정하기

- **이 수업의 핵심 개념** 어린이 중심지

- **왜 배워야 할까요?** 사회 교과서에는 어린이들이 익혀야 할 다양한 용어가 등장합니다. 그런데 어린이들은 교과서에 나오는 용어를 어렵게 인식하지요. 그 이유가 무엇일까요? 그건 교과서 속의 개념들이 주로 어른들의 사회 생활에서 등장하는 용어들이기 때문입니다. 그중 대표적인 것이 바로 '중심지'입니다. 어린이가 주인공인 사회 수업을 만들기 위해 '어른의 중심지'와는 다른 '어린이 중심지'를 찾아볼 필요가 있습니다.

"고장의 중심지에는 기차역이나 터미널, 시장 같은 곳이 있어요."

중심지는 사람들이 많이 모이는 곳으로 정의할 수 있죠. 교과서 속에 등장하는 예를 반 친구들에게 읽어주었습니다. 그런데 윤성이는 이해가 안 되는 표정을 짓고 있습니다.

"윤성아, 왜? 선생님이 설명한 것 중에 혹시 질문할 것 있니?"

윤성이가 대답했습니다.

"아니, 책에 나와 있는 곳들 중에는 사실 제가 자주 안 가는 곳이 많은 것 같아서요."

그날은 책의 내용을 빠르게 수업한 뒤 창체 시간과 연계해서 '우리 동네 어린이 중심지 선정하기' 활동을 하려고 했거든요. 그 찰나에 윤성이가 적절한 질문을 해준 것입니다.

"맞아. 사실, 책에 소개되어 있는 장소와 시설들은 당연히 중심지가 맞아요. 그런데 윤성이와 같은 질문을 할 수 있어요. 책에 나온 것처럼 일반적인 중심지가 있고, 우리 반 친구들처럼 어린이들이 자주 가는 중심지는 따로 있겠지?"

학습자에게 요구되는 고차적 사고력 중에 비판적 사고력이 있습니다. 비판적 사고력은 어떤 진술에 대해서 그것이 적절한지 아닌지를 평가하고 판단해 보는 사고 과정을 통해 길러지는 것입니다. 이번 수업에서 윤성이는 비판적 사고를 통해서 질문을 찾았던 것이죠.

대부분의 사회과학 개념이나 용어들은 '일반화'로 만들어집니다. 일반적인 사람들이 인정하고 공통된 생각을 공유할 때 만들어지는 것이지요. 그런데 특수한 경우도 많아요. 어른들에게는 딱 들어맞는 개념이지만 어린이들에게는 안 맞는 개념이 존재하는 것이죠.

'중심지'라는 개념도 마찬가지입니다. 사회 교과서에는 '우리 고장의 중심지', '우리 지역의 중심지'라고 해서 다양한 시설들에 대해 소개합니다. 시장, 터미널, 기차역, 쇼핑시설이 대표적이죠. 물론 이 설명이 틀린 것은 아닙니다. 어찌 보면 당연히 알아야 할 가장 중요한 개념이죠. 그런데 아쉬운 점은 어린이의 중심지에 대해서는 소개하지 않았다는 것입니다. 교과서의 뒤에 읽기 자료로 '어린이의 중심지는 어디일까?'라고 소개했다면 훨씬 더 중심지에 대해 잘 이해하고, 친근하게 느꼈을 테니까요.

이 수업과 관련 있는 사회과 성취기준

[4사01-01]우리 마을 또는 고장의 모습을 자유롭게 그려보고, 서로 비교하여 공통점과 차이점을 찾아 고장에 대한 서로 다른 장소감을 탐색한다.
[4사03-02]고장 사람들의 생활과 밀접하게 관련이 있는 지역의 다양한 중심지(행정, 교통, 상업, 산업, 관광 등)를 조사하고, 각 중심지의 위치, 기능, 경관의 특성을 탐색한다.

수업은 이렇게 :
나와 친구들이 자주 가는 곳 말하기,
우리 동네 어린이 중심지 선정하기

어린이들에게 전 차시에 동네를 둘러보고, 내가 자주 가는 우리 동네 장소들을 간단히 적어오도록 과제를 내주었습니다. 그리고 본 수업에서는 모둠별로 어린이들의 중심지를 선정하는 수업을 진행했습니다.

구분	교육 내용	참고
학습 주제	• 우리 동네 어린이 중심지 선정하기	

도입	• 내가 자주 가는 우리 동네 장소 말하기	전 차시 과제 제시 – 우리 동네 자음, 우리 동네 색깔
전개	• 모둠별로 각자 자기가 자주 가는 곳 말하기 • 모둠별로 어린이 중심지 선정 기준을 생각하기 • 모둠에서 어린이 중심지를 선정하고 선정한 이유를 적어보기 • 모둠별로 선정한 어린이 중심지를 반 친구들 앞에서 발표하기	친구들과 토의하여 다양한 중심지 선정 기준을 정한다.
정리	• 우리 반 어린이 중심지 선정하기	모둠에서 많이 등장한 중심지를 선정하거나 투표를 통해 결정한다.

이 수업을 통해 키울 수 있는 핵심역량

1. 의사소통 및 협업 능력 : 친구들과 자신이 자주 가는 곳에 대해 이야기하고 모둠별로 어린이 중심지를 선정하는 과정에서 기를 수 있어요.
2. 문제 해결력 및 의사 결정력 : 다른 모둠 친구들이 선정한 어린이 중심지를 보고 우리 반 어린이 중심지를 결정하면서 기를 수 있어요.

어린이 시민을 위한 핵심 질문!

1. 우리 동네의 어린이들이 자주 가는 곳은 어디인가요?
2. 어린이 친구들이 생각하는 중심지의 선정 기준은 무엇인가요?

도입 단계에서는 전 차시에 내준 과제를 간단히 확인합니다. 어린이 중심지를 정하기 위해서는 반 아이들이 우선 동네와 친해지는 것이 중요합니다. 우리 동네를 잘 둘러보고 와야 내가 자주 가는 곳, 나와 같은 또래들의 중심지가 어디일지 생각해 볼 수 있거든요. 그래서 전 차시에 우리 동네 둘러보기 과제를 내주었습니다.

과제 : 우리 동네 둘러보기 – 1번과 2번 모두 하거나 둘 중 하나 하기

1) 우리 동네 자음
- 우리 동네를 둘러보면서 떠오르는 장소나 사물을 자음순으로 적습니다.
예) ㄱ: 가로수 길, ㄴ: 냉면집, ㄷ: 달맞이 공원
• ㄱ부터 ㅎ까지 모든 자음을 다 채울 필요는 없습니다. 그리고 한 자음에 2개 이상을 적어도 좋습니다.

2) 우리 동네 색깔
- 우리 동네를 둘러보면서 떠오르는 장소나 사물을 색깔별로 적습니다.
예) 빨강: 우체국, 주황: 떡볶이 집 간판, 노랑: 유치원 건물
• 무지개 색깔을 떠올리면서 쓰고, 검정이나 흰색 등 다른 색깔을 적어도 됩니다. 색깔별로 2가지 이상 적어도 좋습니다.

　단순히 자주 가는 곳을 적어오게 하는 것보다 위와 같이 놀이 형태의 과제를 제시하면 확실히 흥미를 느낍니다. 활동에 몰입하게 되는 것이죠. 온라인상에 과제에서 적은 장소나 사물 사진을 찍어 올리게 해서 친구들과 공유하게 하는 것도 서로의 장소감과 공감대 형성에 효과적이죠. 도입 단계이므로 3~4명의 어린이들에게 과제를 발표하게 하고 바로 본 활동으로 넘어갑니다.

　본 활동으로는 먼저 모둠 활동을 진행하는데요. 모둠 안에서 한 명씩 번갈아가며 자신이 자주 가는 곳, 어린이 중심지로 생각하는 곳이 어떤 곳인지 발표합니다. 이때 모둠 안에서 서로 중복되어서 나오는 장소가 모둠의 중심지가 될 가능성이 높겠죠. 또 중심지가 되는 기준에 대해서도 서로 토의하게 합니다. 기본적으로 사회과에서 나오는 중심지는 '사람들이 많이 모이는 곳'으로 정의되어 있는데요. 이외에도 모둠에서 생각하는 다양한 기

준을 창의적으로 만들어낼 수 있습니다. 학급 친구들이 말한 기준들 중에는 '어린이들이 좋아하는 곳', '어린이들만 가도 괜찮은 곳', '집에서 걸어서도 갈 수 있는 곳' 등 정말 다양한 기준들이 나왔습니다.

각자 자주 가는 곳과 기준을 협의했으면 우리 모둠의 어린이 중심지를 선정합니다. 저는 따로 중심지의 개수를 정해 주지 않았는데요. 많게는 10개까지도 적는 모둠이 생깁니다. 모둠 인원을 6명으로 정하게 되면 개인의 의견을 하나라도 반영해야 하므로 많은 중심지가 나오게 되죠. 사실 모둠이 잘 협의해서 중심지의 수를 줄여나가는 의사결정 과정을 해나가야 하지만, 3~4학년 아이들의 경우 이런 과정에서 또래 갈등이 발생하기도 합니다. 따라서 학습자의 수준과 성향에 따라 교사가 적절히 잘 판단을 해주어야 하는 부분입니다.

모둠에서 어린이 중심지를 선정할 때 중요한 것은 중심지 선정 이유를 적게 하는 것입니다. 그냥 이유를 적으라고 하면 대부분 '자주 가니까', '사람이 많아서'라는 답변만 적게 되지만 앞에

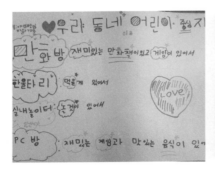

서 '기준'에 대해서 토의를 했기 때문에 다양한 이유들이 나올 수 있습니다.

어떤 모둠 친구들은 어린이 중심지를 선정할 때 '~이 있어서'라고 기준을 정했어요. 만화방에는 만화책과 게임이 있고, 한울타리에는 먹을 것이 있고, PC방에는 게임과 음식이 있는 것이죠. 학급 친구들이 정한 어린이 중심지를 살펴보면 다음과 같습니다.

4학년 어린이들이 정한 우리 동네 어린이 중심지	
1. 만화방	6. 실내 놀이터
2. 분식집	7. 학원
3. PC방	8. 문구점
4. 편의점	9. 코인노래방
5. 아파트 놀이터	10. 밀크티 카페
	11. 동네 공원

대부분 어느 정도 짐작이 가능한 장소와 시설들입니다. 아쉽게도 학교 근처에 있는 시립도서관이 빠져 있네요. 그리고 패스트푸드점도 몇 군데 있는데 그곳도 빠져 있습니다. 대신 분식점과 편의점이 정말 많이 나오더라고요. 이렇게 어린이 중심지를 살펴보면서 확신이 생겼습니다. 어른들의 중심지와 어린이의 중심지는 완전히 다르다는 것을요.

모둠별로 종이에 작성한 우리 동네 어린이 중심지를 발표하고 발표 내용에 대해 질문하는 시간을 가졌습니다. 역시나 '편의점은 왜 없나요?', '문구점은 왜 없나요?'와 같이 우리 모둠에는 있는데 다른 모둠에는 없는 장소에 대한 질문이 대부분이었죠. 대답은 한 가지였습니다. '우리가 그곳에 잘 안 가니까.' 같은 어린이들이지만 개인별로 자주 가는 곳이 다른 건 너무나 당연한 것이죠. 이렇게 또 아이들은 나와는 다른 친구의 생각에 대해 이해하게 됩니다. 타인의 생각을 이해하는 공감과 배려 능력이 길러지게 됩니다.

마지막 활동으로 우리 반 어린이 중심지 세 곳을 정하는 시간을 가졌습니다. 모둠별로 가장 많이 나온 곳을 우선 뽑고 그중에 전체 투표로 결정하려고 했는데 신기하게도 딱 세 곳이 자연스럽게 고득점으로 추려졌습니다. 1위는 '아파트 놀이터', 2위는 '편의점', 3위는 '문구점'이었습니다. 놀이터는 친구들이 함께 신체활동을 하는 공간이고, 편의점은 주로 식사를 하거나 간식을 사는 공간이죠. 문구점은 사고 싶은 물건을 사는 곳입니다. '우리 반 BEST 어린이 중심지 3'가 이렇게 결정되었습니다.

이런 질문 꼭 있어요!

승효 선생님! 저는 주로 집에만 있는 편이라 생각나는 곳이 별로 없는데요?

박쌤 승효야, 당연히 그럴 수 있지. 집에서 친구들과 노는 것을 좋아하는 편이지? 그러면 혹시 가족들과 함께 갔던 곳이나 최근에 친구와 집 앞 장소 중에 간 곳 중 기억에 남는 곳은 없니?

승효 아, 기억났어요. 은우가 지난번에 놀러왔을 때 같이 아이스크림 사먹으러 슈퍼에 갔어요. 그럼 슈퍼를 적을게요.

우리 반 어린이의 생활권은 어디? [35]

'같은 용어지만 어른들과 어린이에게는 완전히 다르다?'

사회과 개념 중에는 특히 이런 용어들이 많지요. 이번 주제에서 등장하는 중심지도 그런 개념입니다. 어른들이 생각하는 중심지와 어린이가 생각하는 중심지가 다른 것이죠. 또 하나의 대표적인 개념은 바로 '생활권'입니다.

'생활권'은 5학년 1학기 사회 1단원 〈국토와 우리 생활〉에 등장합니다. 1980년도와 2018년도의 교통도를 비교하면서 생활권 개념이 나오는데요. 경부고속도로가 완성되면서 전 국토가 '1일 생활권'으로 연결되었으며, 2004년에 고속철도가 완성되면서 '반나절 생활권'도 가능해졌다고 서술되어 있습니다.

표현이 꽤 어렵죠? 그리고 서울에 사는 어린이 관점에서는 강원도나 경상도가 생활권이라는 것에 의문을 제기하기도 합니다. 생활권을 국어사전에서 찾아보면 '행정 구역과는 관계없이 통학이나 통근, 쇼핑, 오락 따위의 일상생활을 하느라고 활동하는 범위'라고 나와 있어요. 즉 학교를 다니거나 회사에 출퇴근하거나 쇼핑이나 오락을 즐기기 위해 갈 수 있는 범위인데요. 과연 서울 사람들이 부산을 생활권이라고 생각할지는 미지수입니다. 사람들마다 생각하는 것이 다르겠죠. 서울과 부산을 출장 때문에 자

---

35 문현진(2019) 선생님의 박사학위 논문에서 소개된 '생활권'에 대한 논의에서 아이디어를 얻었습니다.

주 다니는 사람은 생활권이라고 느낄 수 있고, 서울에서 부산을 한 번도 가보지 못한 학생이라면 전혀 생활권이라고 느끼지 못할 것입니다. 이렇게 보면 생활권은 매우 주관적인 개념이라는 것을 알 수 있습니다.

그렇다면 어린이들에게 생활권은 어떤 의미일까요? 어른들보다 당연히 그 범위가 좁을 수밖에 없습니다. 교과서에 나오는 생활권은 전 국토를 생활권이라고 말하지만, 이건 어린이들에게는 전혀 공감이 되지 않는 것입니다. 그래서 '우리 반 어린이의 생활권'이 어디인지 범위를 찾아보는 수업을 진행해 볼 수 있습니다.

먼저, 우리 학교 주변, 우리 동네 주변 지도를 어린이들에게 나눠줍니다. 그리고 자기가 생각하는 생활권을 표시해 보는 것이죠. 이때 아래와 같은 조건을 줍니다.

1. 우리 집에서 내가 학교를 다녀도 괜찮은 곳까지 표시하세요.
2. 내가 친구들과 놀거나 물건을 사러 가도 괜찮은 곳까지 표시하세요.
3. 내가 주로 일상생활을 하는 곳이라고 생각하는 곳까지 표시하세요.

이런 조건을 주고 우리 집을 중심으로 영역을 그려서 생활권을 표시하게 하는 것입니다. 이러면 각자 어린이들의 생활권이 만들어집니다. 정말 한 명 한 명의 생활권은 모두 다릅니다. 그리고 전체 발표를 통해 나의 생활권과 친구의 생활권을 비교해 보면 재미있는 사회 수업이 됩니다.

10

우리는 이럴 때 싸우고,
이렇게 화해해요!

- **이 수업의 핵심 개념** 갈등 해결, 또래조정

- **왜 배워야 할까요?** 사회 교과서에는 사회적 갈등을 해결하는 내용이 나옵니다. 갈등이 왜 발생하는지, 그리고 갈등을 원만하게 해결하는 다양한 방법에 대해 제시되어 있는데요. 정작 어린이들은 학급 내에서 또래 간에 생기는 갈등을 해결하는 데에는 어려움을 겪고 있어요. 작은 사회라고 볼 수 있는 교실 속에서 갈등을 해결하는 방법을 알아가는 것은 우리 어린이들에게 중요한 '사회' 공부가 됩니다.

"선생님! 창현이랑 민준이 싸워요!"

점심을 먹고 강당에서 아이들과 체육 활동을 하고 있었는데 우리 반 여학생이 허겁지겁 뛰어와서 이야기합니다. 교실에서 친구들끼리 싸움이 붙은 것이죠. 막상 가보면 싸우지 않아도 될 문제인데 싸우는 경우가 참 많습니다. 오해가 있거나 장난으로 시작했는데 진지해지는 것이죠.

싸움이 이미 일어난 것은 어쩔 수 없습니다. 대신 화해를 잘해야 합니다. 교실은 작은 사회이자 공동체이기 때문에 특별한 일이 있지 않은 이상 매일같이 얼굴을 보아야 하는 가족 같은 관계를 맺고 있어요. 그래서 갈등이 생긴 뒤 해결하지 못하면 참 불편한 관계가 이어지기 마련입니다.

저도 처음에는 반에서 친구들끼리 싸우면 제가 직접 해결을 많이 해주었어요. '왜 싸웠니?', '네가 잘못한 것은 뭐니?', '친구에게 빨리 사과하렴.'이라고 말하면서요. 그러면 원만히 잘 해결되는 경우도 있지만 화해하려고 하지 않거나 제 앞에서만 화해를 하고 뒤에서 다시 싸우거나 관계가 나빠지는 일도 많았죠. 제 딴에는 친구들의 마음을 공감해 주고 문제를 해결해 주었다고 생각했는데 근본적인 해결이 되지는 못했던 것입니다.

그러다 몇 년 전에 또래조정과 관련된 책을 읽게 되었습니다. 학교폭력예방과 관련된 내용이었는데 친구들끼리 싸움이 일어났을 때 같은 또래 친구가 조정자가 되어서 문제를 해결해 주는 것이었지요. 또래 친구가 조정을 해주다 보니 선생님이 해줄 때보다 자신이 원하는 것, 그때의 감정, 앞으로 어떻게 해결을 하고 싶은지에 대해 훨씬 더 편안하고 솔직하게 이야기할 수 있다는 장점이 있었어요. 또래조정에 대해서 잘 교육을 받은 친구들이 이 일을 해나간다면 자기효능감도 키울 수 있고, 감정조절 능력, 갈등해결 능력 등 다양한 역량을 기를 수 있을 것 같았습니다.

또 교실을 작은 사회로 보았을 때 친구들 간의 싸움은 '사회적 갈등'으로 해석할 수 있어요. 사회 교과서에서 배우는 '사회적 갈등'은 주로 어른들의 문제를 다루다 보니 실제 교실에서는 교과서에서 나오는 갈등을 찾아보기 어렵거든요. 그래서 갈등 해결 실천의 경험을 할 수 없는 것이 문제였죠. 그런데 또래조정을 잘 알려주고 경험하게 한다면 사회적 갈등의 해결 경험까지 줄 수 있어서 학급경영, 생활지도, 사회 교과에서 추구하는 시민성 함양까지 많은 것을 이룰 수 있는 좋은 교육 소재가 되는 것입니다.

사회 수업 시간이나 도덕 시간, 창체 시간 등을 활용해서 어린이들에게 또래조정에 대해서 알려주고 직접 친구들 간에 생기는 갈등을 해결해 줄 수 있는 힘을 길러주기로 하였습니다.

이 수업과 관련 있는 사회과 성취기준

[4사04-06]우리 사회에 다양한 문화가 확산되면서 생기는 문제(편견, 차별 등) 및 해결 방안을 탐구하고, 다른 문화를 존중하는 태도를 기른다.
[6사08-03]지구촌의 평화와 발전을 위협하는 다양한 갈등 사례를 조사하고 그 해결 방안을 탐색한다.
[6사05-04]민주적 의사 결정 원리(다수결, 대화와 타협, 소수 의견 존중 등)의 의미와 필요성을 이해하고, 이를 실제 생활 속에서 실천하는 자세를 지닌다.

교육과정에는 사회 문제와 갈등을 찾아보고 해결 방안을 생각해 보는 성취기준이 제시되어 있습니다. 다른 문화를 존중하는 태도에 대해 배우게 되는데요. 같은 반 친구와 나는 같은 문화를 공유하고 있기는 하지만 그래도 성격도 다르고 차이점이 많지요. 크게 보면 친구와 나는 다른 문화를 가지고 있다고도 할 수 있어요.

구분	교육 내용	참고
학습 주제	• 친구들의 갈등을 해결해요	
도입	• 친구와 싸운 경험, 언제 화가 나는지 말하기	다양한 갈등 경험 발표하기
전개	• 우리 반 친구들이 주로 언제 싸우는지 이야기하기 • 반 친구들의 갈등 상황을 원하는 방법으로 표현하기 　– 대본, 동화, 4컷 만화, 그림 등 • 친구들이 표현한 작품을 보고 또래조정 역할극 꾸미고 발표하기	• 친구들의 실제 이야기를 표현해도 좋고, 상상해서 적어도 좋음. • 다양한 갈등 상황을 또래조정 역할극으로 꾸며 본다.
정리	• 또래조정 합의서 적어보기	내가 또래조정자가 되어 합의문을 적어본다.

이 수업을 통해 키울 수 있는 핵심역량

1. 의사소통 및 협업 능력 : 나의 경험을 이야기하고, 역할극을 준비하면서 기를 수 있어요.
2. 창의적 사고력: 우리 반 갈등 상황을 다양한 방법으로 표현하거나 또래조정 역할극으로 꾸밀 때 기를 수 있어요.

어린이 시민을 위한 핵심 질문!

1. 우리 반 친구들이 주로 언제 싸우나요?
2. 친구가 나의 갈등을 해결해 주면 어떤 점이 좋은가요?
3. 또래조정을 할 때 가장 중요한 마음가짐은 무엇인가요?

2차시로 수업을 진행하였습니다. 첫 번째 차시에는 우리 반 친구들이 언제 어떻게 싸우는지에 대해 생각해 보는 시간을 갖습니다. 그리고 두 번째 차시에는 앞의 수업에서 나온 친구들의 사례를 보고 공감 가는 것을 골라 또래조정으로 해결하는 역할극을 꾸며봅니다. 이 수업을 진행하기 전에 아이들과 또래조정에 대해 미리 공부하는 것이 좋습니다. 추천하는 자료는 경기도 부천 회복적 생활교육연구회에서 만든 《또래에 美치다》라는 자료집입니다. 이외에도 각 교육청에서 만든 또래상담 및 또래조정 자료집을 참조해서 필요한 부분을 창의적 체험활동 시간이나 아침 활동 시간에 먼저 공부하고 이 수업을 해야 훨씬 더 또래조정과 갈등 해결에 대해 어린이들이 쉽게 이해할 수 있습니다.

도입 단계에서는 나의 갈등 경험에 대해 이야기해 보게 합니다. 친구들의 갈등을 해결해 주려면 우선 나의 감정에 대해 이해하는 것이 우선이겠죠. 그래서 내가 화가 난 경험이나 화를 푸는 방법에 대해서 이야기하게 함으로써 갈등에 대한 나의 대처에 대해 이해하도록 해줍니다.

첫 번째 활동으로 우리 학급의 친구들이 언제 주로 싸우는지를 간단히 적어보게 합니다. 도입 단계에서 내가 화나는 시기, 나의 갈등을 다뤘다면, 활동1에서는 우리 학급 친구로 스케일을 키워서 생각하게 합니다. 내가 직접 싸운 일도 있을 것이고, 들은 것도 있을 것입니다. 아이들이 적은 것을 읽어보면 정말 다양한 상황이 등장합니다. 체험학습 때 버스를 타고 가는데 의자를 뒤로 젖혀서 싸운 일, 급식소에서 먹고 남은 음식을 섞는 것이 지저분해 보여서 다툰 일, 분리배출 봉사를 하는데 자신이 가장 들기 무겁고 힘든 것을 들어서 속상한 일 등 수업 시간, 쉬는 시간, 점심시간 등 시간을 가리지 않고 에피소드가 등장합니다.

　자신이 적은 이야기를 모둠 친구들과 먼저 나누고, 반 친구들에게도 일부 친구들은 발표합니다. 이때 친구가 적은 상황에 대해 공감을 하거나 어떤 상황인지 구체적으로 알고 싶은 친구들이 있다면 질문을 하게 해서 활발한 발표 분위기를 만들 수 있습니다.

　다음 활동은 갈등 상황을 다양한 방법으로 표현하기입니다. 자신이 직접 적은 갈등 상황을 표현해도 좋고, 친구들에게 들은 이야기 중 공감 가는 장면을 표현해도 좋습니다. 방법도 다양하게 동화처럼 이야기를 만들 수도 있고 영화나 연극의 시나리오로 꾸며보게 할 수도 있습니다. 우리 반 친구들은 4컷 만화 그리기로 많이 표현하였습니다.

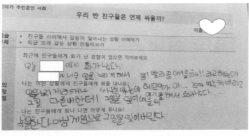

어린이가 주인공인 사회	
우리 반 친구들은 언제 싸울까?	
	이름_____

학습 문제	• 친구들 사이에서 갈등이 일어나는 상황 이해하기 • 학급 또래 갈등 상황 만들어 보기
나의 감정 조절	· 최근에 친구들에게 화가 난 경험이 있으면 적어보세요. · 나는 어떤 상황에서 친구들에게 화를 내나요? · 나는 친구들에게 화가 나면 어떻게 푸나요?
우리 반 친구 들의 갈등	· 우리 반 친구들이 주로 언제 싸우는지 적어보고, 친구들과 이야기해보세요.
우리 반 친구 들의 갈등 상황 표현 하기	· 위에서 친구들과 나눈 우리 반 친구들의 갈등상황을 원하는 방법으로 표현해보세요. 예) 역할극처럼 대본으로 적기, 동화처럼 이야기로 적기, 4컷 만화로 그리기, 그림으로 그리기 등

　　다음 활동은 역할극으로 표현하기입니다. 칠판에 반 친구들의 작품을 모두 붙여놓고, 분단별로 나와서 친구들의 작품을 쭉 살펴보게 했습니다. 자신이 직접 표현한 이야기로 역할극을 꾸밀

수도 있지만 다른 친구의 작품을 보고 역할극으로 꾸미고 싶어
하는 친구들도 있거든요.

그 후에 4명을 한 모둠으로 구성해서 대본을 짜보도록 합니다.
이때 단순히 친구들이 싸운 내용만 다루는 것이 아니라 갈등을
해결하는 과정도 함께 들어가도록 안내했습니다. 특히 또래조정
자를 한 명 이상 등장시켜서 싸운 친구들의 이야기를 들어주고,
원하는 것이 무엇인지 확인한 후에 갈등을 해결해 주도록 했죠.
반드시 화해하고 좋은 결말을 맺으라고 해서 모두 훈훈하게 끝
나 조금 싱거운 느낌도 있었지만 또래조정자의 역할에 대해 아
이들이 스스로 느낄 수 있었던 시간이었습니다. 싸우는 장면을
어찌나 리얼하게 표현하는지 여학생들은 서로 머리를 잡고, 남
학생들은 장비를 만들어서 싸우기까지 했습니다.

아이들이 진지하게 역할극 대본을 쓰고, 갈등의 발생과 화해의

또래조정합의서

조정번호: 2019-15
조정날짜: 2019. 11. 22. (요일)

합의자 1			
이름	김	소속	4-1

(김)은 다음의 내용에 합의합니다.

김 에게 욕을 하기 않고, 놀리지 않는다
앞으로 싸우지 않는다
김

합의자 2			
이름	김	소속	4-1

(김)은 다음의 내용에 합의합니다.

김 을 밀거나 때리지 않기 스티커주기 안기
앞으로 싸우지 않는다
김

우리들의 약속
1. 매일 아침 인사하기
2. 하루 한 번 친찬하기
3. 물건 잘 빌려주기

조정자는 두 사람이 합의하였음을 증명합니다.

또래조정친구: (인)
또래상담친구: (인)
또래상담친구: (인)

과정을 세심하게 이야기로 꾸며 시연하는 것을 보면서 스스로 자신들의 문제를 해결하는 또래조정이 아이들의 사회성과 문제 해결력, 감정 조절력 등을 길러줄 수 있다는 것을 확인할 수 있었습니다.

마지막 정리 활동으로는 또래조정 합의서를 작성해 보는 시간을 가졌어요. 또래조정 합의서는 싸운 두 친구들이 또래조정자 친구의 안내에 따라 서로 친구에게 약속을 하는 것입니다.

싸운 친구가 현재 원하는 것이 무엇인지 이해하고 그것을 이행하겠다는 약속을 하고, 함께 지켜야 할 약속도 정해서 적습니다. '놀리지 않겠습니다.', '아침에 만나면 반갑게 인사하겠습니다.'와 같은 내용이 들어갈 수 있죠. 이때 또래조정자는 친구들이 약속을 잘 실천하는지를 가까이서 지켜보고 관계가 좋아질 수 있도록 도와주는 역할을 하면 됩니다.

이렇게 사회 시간에 또래조정에 대해 공부를 한 후에는 학급 경영에 활용해야 합니다. 배운 것을 실천하지 않으면 의미가 없으니까요. '이 달의 또래조정자'를 월별로 2명씩 선정해서 학급에서 친구들끼리 갈등이 생기면 그 친구들이 친구들과 상담을 해주고 문제를 해결해 주는 역할을 하였습니다.

이런 질문 꼭 있어요!

수정 선생님! 싸우고 화해한 다음에 또 싸울 수도 있잖아요. 친구가 조정자 역할을 해줘도 별로 소용이 없는 것 같아요.

박쌤 수정아. 사람은 누구나 살면서 크고 작은 갈등을 겪게 된단다. 그렇다고 '어차피 또 일어날 갈등인데 해결해서 뭐해?'라고 생각하는 건 좋지 않아. 싸우고 화해하는 과정 속에서 서로에 대해 잘 이해하게 되고 나를 돌아보는 시간이 되기도 하거든. 또 친구에게 화가 났다가도 또래조정을 하면서 화가 풀리면 감정 조절 능력도 기를 수 있어.

우리 학교 생활규정 톺아보기

학교의 교육 3주체는 학생, 교사, 학부모입니다. 교육 3주체의 의견을 수렴해서 학생들의 학교생활에 대한 규칙을 만들어놓은 것이 바로 '생활규정'인데요. 학교마다 다르지만 생활규정에는 보통 두발, 복장, 핸드폰 사용, 생활교육, 소지품 검사, 교육벌 등 우리 학교에서 생활하는 데 필요한 규칙들이 자세히 담겨 있습니다. 그런데 초등학교에서는 이런 생활 규정을 잘 숙지하고 학교생활을 하는 경우가 흔치는 않아요. 저도 학교에서 생활부장을 맡기 전에는 생활규정이 있는지, 있더라도 잘 쓰이는지에 대해 생각해 본 적이 별로 없거든요. 일반적으로는 학급의 담임 선생님과 어린이들이 학급 규칙을 만들고 그것을 따르는 경우가 많지요. 하지만 학교의 생활규정은 공식적으로 선생님들과 학부모, 학생의 의견을 모두 듣고 합의의 과정을 거쳐 만든 공식적인 규정이기 때문에 교육의 당사자인 학생들이 잘 이해하고 실천해야 하는 내용입니다.

그래서 사회 시간에 '생활규정 톺아보기'를 어린이들과 함께 해 볼 것을 추천합니다. 법 교육을 하거나 어린이들의 참여를 배울 때 유용한 소재가 됩니다. '톺아보기'는 '샅샅이 훑어가며 살피다'라는 순우리말입니다. 한마디로 꼼꼼히 자세히 읽어본다는 것이죠. 생활규정 조항 중에 나와 관련 있는 내용을 찾아보고 혹시 바꾸고 싶은 내용이 있다면 선생님이나 학생회에 의견을 냅니다. 이런 과정을 통해 실제로 생활규정을 개정하는 경우가 많은데요. 내가 낸 의견으로 생활규정이 바뀐다면 정말 주인공이 된 느낌이 들겠죠? 실천하는 멋진 어린이 시민의 모습입니다.

사회 수업으로
어린이의 삶 들여다보기

어린이가 주인공이 되는 사회 수업을 준비하고, 실천하고 책으로 정리하면서 가장 좋았던 건 제가 아이들의 삶을 이해할 수 있었다는 점입니다. 우리 반 어린이가 좋아하는 것이 무엇인지, 최근 무엇에 관심이 있는지 왜 수업을 어려워하고 싫어하는지를 곰곰이 고민하다 보니 아이들과 눈높이를 맞출 수 있었습니다.

저는 초등학교 교사에게 가장 중요한 자질이 공감하는 능력이라고 생각해요. 아이들의 생활지도와 상담을 할 때는 물론이고 교과 수업을 할 때도 반드시 필요합니다. 아무리 교사가 수업 기술이 뛰어나고, 교육과정을 완벽하게 이해하고 있다고 해도 수업을 계획하고 실천하는 과정에서 아이들의 마음을 이해하지 못한다면 그 수업은 실패할 가능성이 높아집니다. 어린이들과 수업하다 보면 계획한 대로 수업이 흘러가지 않는 경우가 많기 때문이지요.

하지만 수업을 구성할 때 '어린이'를 중심으로 학습목표를 짜고 수업의 소재를 정한다면 그만큼 변수가 많이 사라집니다. 우리 선생님들은 '우리 반 친구들은 요즘 관심사가 뭐더라?', '얼마 전에 친구들이 이런 이유 때문에 싸웠지?', '지난번에 운동장에 나갔을 때 아이들이 불편한 점이 있다고 했는데.'와 같은 관심과 고민을 항상 하고 있으니까요. 우리 반 아이들을 가장 잘 알고 이해하는 것은 바로 담임 교사입니다. 내가 하는 수업이 우리 반 친구들에게는 최고의 수업, 아이들이 주인공이 되는 수업이 되는 것이죠.

제가 이 책의 실천 사례로 소개한 수업들은 어떤 학교, 어떤 아이들에게도 적용하기가 쉬운 주제들입니다. 활동지를 제외하고는 특별히 복잡한 수업 자료를 사용하지 않았습니다. 아무리 좋은 수업이라도 수업 준비에 많은 시간을 들여야 해서 접근이 어렵다면 그건 그냥 '그림의 떡', 현실과는 영 딴판인 먼 나라 이야기가 되어버리니까요. 어느 학교에나 어린이들이 다니는 길은 있고, 어떤 아이들이나 자주 가는 중심지는 있지요. 즉, 어떤 특정 지역이나 특정 학교에서만 적용 가능한 수업이 아니라 모든 학교, 모든 어린이들이 쉽게 해볼 수 있는 주제들로 구성하였습니다.

또한 앞에서 소개한 모든 수업은 교사의 설명보다는 어린이들의 활동에 초점이 맞춰져 있습니다. 한마디로 교실이 시끌시끌하고 활기찬 삶의 공간이 되는 수업들이죠. 수업의 주제도 '어린이'가 주인공이고, 수업 활동의 주체도 '어린이'가 되는 사회 수업인 것입니다.

그래서 저는 이 책을 읽으시는 선생님들이 사회 시간이 되었든 창체 시간이 되었든 가끔 한 주제씩 가볍고 편안한 마음으로 실제로 함께 활동해 보기를 권합니다. 제가 시도했던 많은 수업들 중에서 별로 반응이 뜨겁지 않았거나 '어린이'가 주인공이라고 생각하고 만들었지만 실제로 해보니 어린이들이 적극적으로 참여하기 어려웠던 수업들은 이 책에 넣지 않았습니다. '이 수업은 재미있을 것 같아요.'가 아니라, '제가 직접 해보았더니 좋았어요.'라고 생각되는 수업만 담은 경험의 결과물이라고 생각해 주시면 좋겠습니다.

이 책을 쓰면서 저 또한 교사로서 많은 성장을 한 것 같습니다. 어린이가 주인공이 되는 사회 수업을 준비하는 과정에서 저는 아이들의 삶을 간접적으로 들여다볼 수 있었고, 함께 수업을 하는 중에는 어린이 시민으로서 성장해 가는 모습을 직접 볼 수 있었습니다. 또 수업을 마친 후 아이들이 제출한 수업 결과물을 보면서 우리 반 친구들의 또래 관계, 생활지도의 방향도 생각해 볼 수 있었습니다. 조금씩 아이들을 알아가기 시작한 것이죠.

초등 교사의 전문성은 어린이에 대한 공감과 경청에서 나온다고 생각합니다. 이 책이 선생님들이 어린이를 보는 관점을 변화시키고, 교사로서의 전문성 신장에 조금이나마 도움이 되면 좋겠습니다.

이 책에 도움을 준 도서와 연구물 --------

단행본

경기도 부천 회복적 생활교육 연구회(2017). 《또래에 美치다》.

권재원(2019). 《별난 사회 선생님의 수상한 미래 수업》. 우리학교.

권정화(2015). 《지리교육학 강의노트》. 푸른길.

기애경 외(2019). 《프로젝트 수업으로 교육과정을 디자인하다》. 맘에드림.

김향금(2013). 《내 친구가 사는 곳이 궁금해》. 열린어린이.

김희진(2019). 《아동인권》. 푸른들녘.

미하이 칙센트미하이(2004). 《몰입》. 최인수 역. 한울림.

박남정(2008). 《초딩, 자전거 길을 만들다》. 소나무.

박상준(2018). 《사회과 교육의 이해》. 교육과학사.

배성호(2016). 《우리가 박물관을 바꿨어요!》. 초록개구리.

배성호(2017). 《안전 지도로 우리 동네를 바꿨어요!》. 초록개구리.

신광재 외(2011). 《토론을 알면 수업이 바뀐다》. 창비.

신봉석(2019). 《초등 한국사 레시피1》. 테크빌 교육.

역사교육연구소(2015). 《어린이들의 한국사》. 휴먼어린이.

이관구(2014). 《초등한국사! 진짜 역사수업을 말한다》. 즐거운학교.

임은진 외(2018). 《사회과 활동 중심 수업과 과정 중심 평가》. 교육과학사.

정진(2016). 《회복적 생활교육 학급운영 가이드북》. 피스빌딩.

최용규 외(2014). 《사회과 교육과정에서 수업까지》. 교육과학사.

필립 아리에스(2003). 《아동의 탄생》. 문지영 역. 새물결.

헬레나 노르베리 호지(2007). 《오래된 미래》. 양희승 역. 중앙북스.

교육부(2018). 2015 개정 교육과정 교수학습자료 3~4학년 사회.

한국청소년상담복지개발원(2019). 솔리언 또래상담 워크북.

Barr, R., Barth, J.L, Shermis, S. S.(1978). The Nature of the Social Studies. 최충
옥 외 공역(2001). 사회과 교육의 이해. 양서원.

Freire, P. 저(1970), 성찬성 역(1995). 페다고지: 억눌린 자를 위한 교육. 한마당.

Schön, D. A.(1983). The reflective practitioner: How professionals think in
action, N.Y: Basic Books.

학위논문 및 학술논문

기성준(2015). 초등 사회과 지역화 학습을 위한 프로젝트 수업의 설계 및 실행 : 통합 청주시 지역을 사례로. 청주교육대학교 대학원 석사학위 논문.

김봉석(2011). 생활세계론에 기반한 초등 역사교육의 이론과 실제. 공주대학교 대학원 박사학위 논문.

남상준(2005). 학교교육과정의 개발과 사회과 교육과정 지역화의 상보성. 지리교육논집. 49. 104-117.

문현진(2019). 초등 사회과 교실 생태계 부조 연구. 한국교원대학교 대학원 박사학위 논문.

박현진(2019). 초등 사회과 교육과정의 시민성 개념 변화에 대한 진화론적 분석. 한국교원대학교 대학원 석사학위 논문.

서영석(2019). 역사덕후들의 흥미는 어떻게 만들어지는가?. 한국교원대학교 대학원 석사학위 논문.

석임복(2008). 학습 몰입의 성격 분석 연구. 교육공학연구. 24(1). 187-212.

송현정(2003). 사회과 교육의 목표로서의 시민성의 의미에 대한 연구. 시민교육연구. 35(2). 45-70.

오소영(2018). 초등 사회과 활동의 본질로서 놀이적 성격 연구. 한국교원대학교 대학원 석사학위 논문.

이지영(2018). 모험놀이 중심 초등지리교육활동의 구성과 실천. 한국교원대학교 대학원 박사학위 논문.

정혜영 · 조연순 · 정광순 · 박주연(2004). 초등학교 아동이 수업에 몰입하는 맥락에 대한 연구. 초등교육연구. 17(2). 181-206.

채유정(2018). 먹거리 시민성 함양을 위한 초등 사회과 환경교육 프로그램의 개발과 적용. 한국교원대학교 대학원 박사학위 논문.

한국교원대학교(1992). 제6차 교육과정(사회과)개발 연구 위원회 보고서.

한희경(2009). 교실 연구의 최근 동향과 '교실 공간 메타포포' 연구. 대한지리학회지. 44(6). 832-850.

홍혜경(2016). 임파워먼트에 기반한 초등사회과 협동학습 원리의 재탐색. 한국교원대학교 대학원 석사학위 논문.

기타 참고 자료

교육부. 교수요목~2015 개정 교육과정 총론 및 사회과 교육과정.

스쿨잼 블로그 – 학교 밖 즐거운 세상(https://blog.naver.com/naverschool)

촉선생의 지리 지리지 블로그(https://blog.naver.com/hne55).

어린이가 주인공이 되는
사회 수업 이야기

1쇄 발행 2020년 11월 5일
지은이 박현진
발행인 윤을식

펴낸곳 도서출판 지식프레임
출판등록 2008년 1월 4일 제 2016-000017호
주소 서울시 서초구 효령로26길 9-12, B1
전화 (02)521-3172 | **팩스** (02)6007-1835

이메일 editor@jisikframe.com
홈페이지 http://www.jisikframe.com

ISBN 978-89-94655-87-1 (03370)